信頼にいたらない世界

権威主義から公正へ

数土直紀
Sudo Naoki

勁草書房

まえがき

本書が扱うテーマは、「自由である」ことの困難が私たちの社会においてどのように現れているかを明らかにすることであり、そしてその困難を乗り越えるためにどのような社会的な信頼を私たちが必要としているかを論じることである。

そのために第I部では、とくに結婚と就職の問題に注目しつつ、私たちはかつてよりも自由になったけれども、ひとびとの間から相互的に生み出される不確定性によって、かえって真に「自由である」ことが困難になっていることを論じた。そして、このような不確定性に満ちた社会において私たちが「自由である」ことを手放すことなく生きるために必要とされるものは、私たちの選択を根拠あるものにする社会的な信頼であることを主張した。そのような信頼が与えられることによって、私たちは、自分たちの大切な選択を運や偶然に任せたギャンブルにするのではなく、未知なる可能性への前向きな挑戦にかえていくことができるからである。

第Ⅰ部での議論をうけて第Ⅱ部では、私たちの選択を根拠あるものにする社会的な信頼がどのような信頼であるのか、このことを検討した。そして、私たちが「自由である」ことを手放すことなく不確定性に満ちた社会を生きるために必要とされる信頼が、権威主義的な性格をもつ「タイプⅠの信頼」ではなく、平等感覚・公正感覚にもとづいた「タイプⅡの信頼」であることを主張した。このタイプⅡの信頼は、民主主義を社会に根づかせることでその社会の公的な制度の性格を変えていき、そのようにしてタイプⅡの信頼にもとづくことになった公的な制度を今度は批判的な知性をもったひとびとが支えていくことにより、社会全体に浸透していくことになる。

いっけんすると眉唾ものの壮大にすぎる議論であるが、できる限り論理的に検討し、そして実証的にも裏付けていくことを試みた。その成否についてはもはや読者の判断に委ねるほかないが、自分としては力の限りを尽くしたつもりである。

本書で示したアイディアは、実はかなり以前から人知れず（?）抱いてきたものである。しかし、そのアイディアをきちんと展開し、議論することを、これまでおこなってこなかった。もちろん、さまざまな業務に追われ、この問題について本格的に検討するだけの余裕がなかったことも理由の一つであったかもしれない。しかしそれ以上に、本書で論じられている問題が必然的に自身の抱えている問題とシンクロしてしまうことを恐れていたがゆえに、問題を検討する勇気をもてなかったというのが最大の理由であろう。

本書の第I部では、「自由である」がゆえに「自由である」ことが困難になっていく過程を、晩婚化・非婚化、そして就職難を事例にして描写した。しかし晩婚化・非婚化の問題は、まさに現在進行形で自分自身が関わってきた問題であった。また就職難の問題は、文系の大学院に進学し、あえて新卒一括採用というレールから外れることを選択した自分にとって、とうてい他人ごととはいえない問題であった。もちろん今となっては、それらの問題はすでに過去のものになってしまったかのようにみえる。しかし、当時の自分を捉えていたいいようのない不安を、私は決して忘れることができない。忘れたくても忘れられない不安を喚起させられるがゆえに、この問題に真正面から取り組むことができなかった。それは、自分の弱さであっただろう。

にもかかわらず、これまで避けてきたテーマを取り上げ、論じることにしたのは、四〇代も半ばを過ぎて、残された人生よりも過ごしてきた人生の方が長くなったことを意識するようになったからである。今さら自分のことを心配するよりも、今まさにそうした不安のただ中におかれているひとびとに向けて何かを考えてみたい。だいそれた思い上がりだが、そう感じたのである。

書きあげていつも思うことだが、自分の書いたものが他人にどう読まれるのか、ほんとうに怖くて仕方がないものである（あるいは、そもそもいったいどれくらいの他人に読んでもらえるのか、そういった恐怖もあるのだ）。しかしもはや賽は投げられたのだから、今となっては一人でも多くの人に本書を手に取ってもらい、一人でも多くの人の心のなかに何かを残したい。ただそう願うばかりである。

最後に、忘れてはいけないいくつかの事実を記すことにしよう。

この研究は、科学研究費補助金（No. 24530599）、櫻田会政治研究助成（三〇－一）、そしてＳＳＰプロジェクト（http://ssp.hus.osaka-u.ac.jp/）による研究成果の一部である。また、本書でもちいられた一九八五年及び二〇〇五年「社会階層と社会移動に関する全国調査」データの使用については、二〇〇五年ＳＳＭ調査研究会の許可をいただいた。さらに、SSP-W2012データの使用についてはＳＳＰプロジェクトの許可を、SSP-I2010データの使用については統計数理研究所共同研究プログラム（二五－共研－一〇一五）に基づきＳＳＰプロジェクトの許可を得た。

また本書の出版にあたっては、勁草書房の松野菜穂子さんにたいへんお世話になった。盛山和夫先生の退職記念論集を出版した際に松野さんとお話しする機会があり、松野さんに本書の出版を勧めていただいた。このようなことがなければ、この企画が陽の目をみることはなかったであろう。

両親には、これまで自由な生き方を認めてもらってきた。妻の和歌子にも、日々の生活をともに過ごすなかで、多くのものを与えてもらった。それらは実にさまざまな形で本書のなかに反映されている。

もちろん、本書の作成にあたってはここに挙げたひとびと以外にも多くの方に支えていただいた。それらすべてのひとの名を逐一挙げることはできないが、すべてのひとに等しく、そして深く感謝している。あらためて心からの御礼を述べたいと思う。

二〇一三年夏

数土直紀

信頼にいたらない世界／目次

権威主義から公正へ

目次

第Ⅰ部　信頼にいたらない世界

第一章　自由は増え、信頼は失われる

第1節　当たり前は当たり前でなくなる

私たちは憲法によって基本的な人権を認められ、いわば自由社会を生きていることになっている。しかしながら、法律によって自由を権利として認められていることと、私たちが日常においてきちんと自らの考えで行動を選択していることとは、直ちに同じことを意味するわけではない。問題は、私たちは実際の日常においてどのくらい自分の判断で自身の行動を自覚的に選択しているかである。

私たちは日常において実に多くのことを選択しながら生きている。たとえば、私は朝起きたその瞬間からその日の服装であるとか、あるいはその日の食事のメニューであるとか、あるいはテレビでどういった番組を視聴するかとか、こうしたことをその都度自分たちで決めながら生きている。しかし、確かに私たちはこうしたことをその都度選択しながら生きているのだけれども、では私たちがそうした一つ一つの選択をどの程度まで真剣に考えながらおこなっているかというと、やや心もとないところもある。実際には、私たちは、そうした選択のほとんどをさして深く考えることもなく、なんとなく惰性でおこなっているのではないだろうか。

とはいえ、私たちが日常の振る舞いのほとんどを惰性で決めており、深く反省的に検討しながらおこなっているわけではないということが何か大きな問題なのであり、批判的に論じられなければならないことなのかといえば、もちろんそうではない。むしろ、日常のごく些細なことまでいちいち反省的に検討して決めなければならないとするならば、それは私たちにとって大きな負担となるであろう。したがって、そういった些細なことは、いちいち深く考えることなく、過去の体験をつうじて形成してきた習慣にしたがって決めることの方が合理的である。私たちの意識の容量には限界があるので、すべての事柄について均等に意識を振り分けるのではなく、ほんとうに大切なことに対してだけ意識を集中し、そうでないことについては過去の習慣に委ねて、深く考えないようにすることが重要なのである。だからこそ私たちは、日常の些細なことについてはできるだけ自動的に処理できるように定型化し、そしてそのパターンを維持することに腐心するのである（Schutz [1932] 1960＝2006; Schutz & Natanson 1962＝1983-1985; Berger & Luckmann 1967＝1977）。

いいかえれば、私たちが日常をスムーズに生きていくうえで、当たり前のことは当たり前でなければいけないのであり、だからこそその当たり前さが疑われるようなことがあってはならない。当たり前のことが当たり前であるのは、それが当たり前だからではない。むしろ、私たちが自由な存在であるならば、私たちは当たり前のことを当たり前でなくすることができる。たとえば、目上のひとに対しては敬語や丁寧語で話をすることが当たり前であるとしよう。しかし、それは単に習慣としてそうなっているだけであり、その気になればいつだって私は目上のひとに対しても乱暴で粗雑な言葉づかいをすることができる。しかし、もし私にあえて目上のひとに対して乱暴で粗雑な言葉づかいをしたいと考える特別な理由がないのであれば、私は習慣にしたがって目上のひとと敬語や丁寧語で話すようにしておけば、私は自身の意識を言葉づかいの選択の適否にではなく、そのひととの会話の内容に集中させることができる。当たり前のことが当たり前であるのは、それが当たり前だからではなく、それを当たり前にしておくことにメリットがあるからなのである。

当たり前のことが当たり前であると思うこと、これはいわば世界に対する基本的な信頼だということができる（Giddens 1984）。当たり前だと思っていたことが、実は当たり前ではなかったことが明らかにされたとき、私たちは混乱のただ中におかれることになるだろう。たとえば、H・ガーフィンケルがおこなった有名な違背実験の結果などをみれば、こうしたことは直ちに理解される（Garfinkel 1967＝1989）。実際に、当たり前だったはずのことが当たり前でなくなってしまったとき、私たちは何が適切な選択で、何が不適切な選択なのか、そのことを判断するための拠って立つ前提を失ってしまうことになる。とうぜんそのような状況では、私たちは、かりに選択の自由を認められていたとしても、実質的な選択をおこなうことなどできなくなってしまう。つまり、当たり前のことが当たり前として通用せず、いわば世界に対する信頼が失われてしまった状況では、私たちは（かりに形式的には自由であることを認められていたとしても）ものごとを自由に選択することが困難になってしまうのである。

したがって、私たちの日常の世界は常識や慣習などによってある程度定型化されているけれども、そうした基本的な決まりごとがあることと私たちが自由であることとが直ちに対立するとは限らない。むしろ、私たちが実質的に自由に生きるためにこそ、私たちの世界はある程度定型化されている必要があるのである。

このとき注意しなければならないことは、定型化された世界で成り立っている当たり前のことを「当たり前」として維持することは、私個人の努力だけでは達成しえないということである。たとえ私がそれまで当たり前だと思っていたことをこれからも当たり前のままで維持しようと思っても、私以外の多数の他者がそのような決まりごとを一斉に無視する、あるいは別の決まりごとに変えてしまうといったことをしてしまえば、私一人の努力はまったく無力であり、それはもはや当たり前でなくなってしまうだろう。いわば、定型化された日常世界とは、ひとびとの間の協同的な努力によって達成されており、そして維持されるようなものなのである。

もちろん、「当たり前のことを当たり前として維持しなければいけない」としても、それはつねにいえることではない。もし私たちの日常における振る舞いが一〇〇％完璧にひとびとによって協同的に達成されている決まりごとによって支配されているのだとしたら、それこそ私たちは自由でなくなってしまうだろう。だとすると、自由の問題を考えることの難しさの一つは、ここにあるといってていいかもしれない。私たちが自由であるためには、私たちは他者との間で成り立つさまざまな約束ごとを尊重する必要がある。しかし、だからといってその約束ごとにとらわれ過ぎてしまってもいけない。このように、いっけんすると相反する二つの要請に同時に応えることが必要になるのである。

けっきょく、私たちは「自由である」からといってすべてのことを自分で決める必要はないし、もしそうしなければいけないとしたら「自由である」ことは私たちにとって単なる苦痛でしかなくなってしまうだろう。大切なのは、その気になれば自分で決めることができるということであり、そしてそれがほんとうに重要なことであれば積極的に自分で決めようとすることなのである。

人間の自由意思ということについて、脳科学はさまざまな興味深い研究を明らかにしている（Damasio 1996＝2000, 2003＝2005；Libet 2004＝2005；下條 1996, 1999；大澤 2010a, 2010b）。脳科学が明らかにするところによると、私たちが自分の意思で自分の振る舞いを制御しているように思っていても、それは必ずしも事実ではない。多くの場合、ひとは状況に対して理性的に判断するよりも以前に身体的にはすでに反応を開始しており、いわば行動に先立って意思があるのではなく、意思に先だって行動がある。このことはいっけんすると人間の自由意思というものが錯覚であり、人間の選択はいわば生物学的に決定されているのだということを示唆しているようにみえる。実際に、私たちの日常の多くの行為は、必ずしも熟慮のうえ選択されているわけではなく、いわば惰性によって選択されている。こうしたことを考慮するならば、複雑な社会的行為についても、人間の自由意思といったものは単なる錯覚でしかなく、いわば行為というものは社会的に決定されるようなものなのだといいたくなってしまう。

しかし、このような脳科学の知見を、安易に社会的行為にひろげて適用してしまうことは危険であろう。なぜならば、社会的行為はつねに何らかの社会関係を前提にして選択されているからである。私たちが社会のうちにおいて「自由である」ということの意味は、私の振る舞いは私以外の他者によっては決定されていないということにあった。したがって、もし私を他者とみなす個人にとって、私の振る舞いが何らかの不確定性をもち、確実には予見できないとするならば、その他者にとって私は自由な存在とならざるをえない。なぜならば、その他者は私の振る舞いを決定しておらず、私の振る舞いはその他者にとって与件にしかならないからである。逆に、もし私にとって他者の振る舞いが何らかの意味で不確定性をもち、予見のしがたさをもっているとすれば、私はその他者を自由な存在としてみなさざるをえなくなる。ようするに、他者との関わりを前提とせざるをえない社会的な行為については、それがどのような内的プロセスを経て選択されたかに関係なく、互いの振る舞いが互いに対して不確定なものとして現れている限り、ひとびとは社会的には「自由である」ことになってしまう（数土 2000）。

このことをやや直観的にいえば、相手が大人であるか、子どもであるかに関係なく、また理性的に判断されたうえでの振る舞いなのか、それとも単に感情的な振る舞いにしかすぎないのかに関係なく、その振る舞いが私にとって予見しがたいものであったなら、それは他者が自由であったことの証左として扱わなければならないということである。だから、もしかりにこの世界のどこかに私の行動を一〇〇％確実に予見できる存在がいたとすれば、そのような神の目をもった存在を前にしたときには私はもはや自由ではないだろう。そして、自然科学が人間の自由意思というものは錯覚であると主張するとき、実はこのような神の目が暗黙のうちに前提とされてしまっているのである。しかし、私たちの社会を構成する一般のひとびとはこのような神の目をもちえないし、神の目をもちえない限りは「社会は、自由な個人の相互行為によって構成されている」と考えることの方が妥当にならざるをえない。

もちろん、だからといって個人が周囲に関係なく自分だけの判断で自身の振る舞いを決めているといっているわけではない。脳科学をもちだすまでもなく、ひとびとの意識や行動が環境に影響されていることは自明のことであり、ひとびとがそうしたものから完全に独立しているわけではないことはいうまでもない。ただ、環境がひとびとの意識や行動に与える影響には個人差が大きく、最終的には個人が決めていると考えざるをえないということである（数土 2010）。

ただいずれにしても、かりに人間が社会において自由であるにしても、自由であるあり方がつねに他者との間で相互化されていることは重要である。なぜならば、自由であることが他者との間で相互化されているということは、同時に「自由であることは、自身の行為（そして、その行為に帰結される結果）を制御できることと同じではない」ことを含意してしまうからである（この意味でも、「自由である」ことを「自身の振る舞いを自身の意思で制御できる」ことと同一視することは適切でない）。

たとえば、結婚を具体的な例にして考えてみることにしよう。

ひとにとって家族は、もっとも基本的な社会の単位だと考えることができる。そして家族のなかでは、ひとは比較的限られた人数の相手と相対的に長い時間を過ごすことになる。だからこそ、誰と結婚するかは、そのひとの人生において大きな意味をもっている。もし望ましくない相手と結婚したならば、結婚はそのひとの人生にとってネガティブな影響をもつことになるだろう。逆に、もし望ましい相手と結婚することができたならば、そのことはそのひとの人生にとってポジティブな影響をもつことになるはずである。このような大切な意味をもっている結婚だからこそ、「誰と結婚するか」は、誰か別のひとに勝手に決められるのではなく、自分の意思で決めたいと、多くの人が考えるだろう。

しかし、「自分の意思で結婚相手を決められる」ということがすべてのひとに同時にあてはまるなら、それはいま私がまさに結婚を望んでいる相手にもあてはまることでなければならない。つまり、私がそのひとと結婚するためには私はそのひとの自由意思によって選ばれるのでなければならず、いいかえれば私がそのひとと結婚できるかどうかは私の意思（だけ）によっては決定されないということなのである。私は誰とも結婚できるけれども、それは「私は望んだ相手と結婚できる」

ことを保証するものではまったくない。

実はまったく同様のことを、仕事を例にしてもいえる。

ひとにとって仕事は、生きていくうえでのもっとも基本的な営みの一つである。どのような仕事に就くかによって、生活水準が変わってこざるをえないし、また何よりも人生に対する満足度に影響する。だからこそ、どのような仕事に就くかは、そのひとの人生において大きな意味をもっている。もし望んでいなかった仕事に従事しなければならないとするならば、そのことはそのひとの人生にとってさまざまなネガティブな事態をもたらすことになるだろう。逆に、もし望んだ仕事に就くことができたとするならば、そのことはそのひとの人生にとってポジティブな影響をもたらすはずである。このような大切な意味をもっている仕事だからこそ、「どのような仕事に就くか」は、何か社会的な拘束によって自身の希望と関係なく勝手に決められてしまうのではなく、ほかならぬ自分の意思で決めたいと、多くのひとが考えているはずである。

しかし、「自分の意思で仕事を決められる」ということがすべてのひとに同時にあてはまるなら、私は望んだ職に就くために私と同じ職に就くことを希望するほかのひとびととの競争に勝つことが必要になる。つまり、その仕事に就き、かつその仕事でもって生活するのに十分な収入をえることができるためには、私は私と同じようにその仕事に就くことを希望しているほかのひとびととの競争に打ち勝つ必要があり、いいかえればかりに自分で自分の仕事を選べたとしても、希望した仕事でもって生計を立てられることまでが保証されたわけではない。私は自分の意思で仕事を決められるけれども、それは「自身の望んだ仕事で生きていくことができる」ことを保証するものではまったくない。

誰もが自由である社会では、ひとびとの間で自由が相互化されているために、かえってひとは不自由を体験しなければならない。いわばそれは、「誰もが自由である」ことの帰結なのである。しかしそれでも強調しておきたいことは、「自由」社会では誰もが自分の意思で結婚相手を決めているし、そして誰もが自分の意思で仕事を決めているということである。

もちろん、ひとびとの実際の結婚相手の決め方をみると、あるいは実際の仕事の選び方をみると、周囲の意見に影響されていたり、あるいはとくに深く考えるわけではなく単なる惰性で決めてしまっていたり、真の意味で「自由である」とはいいがたい選択しているという批判はありうるかもしれない。しかし、かりにそうだとしても、周囲の考えに影響されること、あるいはただただ流れに身を任せることもいわば選択の一つなのである。確かにそれはきわめて消極的な選択であり、そういった意味でその選択の選択としての質を問題視することは可能である。しかしながら、もしそのひとにそうではない選択をなしうる可能性・能力があったのだとしたら、選択の質が低いからといってそのひとは「自由でなかった」というのは筋違いであろう。

しかも、このような意味での自由ですら、かつては必ずしも自明ではなかった。現代社会を生きる私たちは、（そのひとが自分との結婚を承諾してくれるかどうかはともかくとして）誰と結婚するかは自分の意思で決められるということを、また（成功できるかどうかはともかくとして）何の仕事に就くかは自分の意思で決められるということを当たり前のことだと考えている。しかしこれらのことは、現在と数十年前とではあてはまる度合いがかなり異なっている。

今でこそ、結婚といえば恋愛結婚であることが当たり前になっているが、しかしかつては恋愛を経て結婚するよりも、お見合いによって結婚するものの割合が多かった。いいかえれば、結婚相手を選べる度合いは、昔は今よりも小さかったといえる。また今でこそ、仕事をしているひとのほとんどが雇用者であり、仕事に就くことと雇われることとはほぼ同じことを意味してしまっている。しかしかつては、少なくない人が自営の家に生まれ、家業を継ぐことを期待されつつ育てられていた。いいかえれば、仕事を選べる度合いの低いひとが、昔は今よりも多かったといえる。

もちろん今でも、家の都合で本人の意思に関係なく結婚相手が決まってしまうひともいるだろうし、家の都合で本人の希望に関係なく家業を継ぐことが決まっているひともいるだろう。しかし、そのようなひとが全体に占める割合は、かつてと比較すると確実に小さくなっており、社会全体をみると自分の意思で結婚相手を決めることのできるひとや、あるいは自分の意思で就く仕事を決められるひとが増えている。あまつさえ現在はなかなか結婚しないことが問題視される時代となっており、さらにいえば若いひとたちがきちんと定職に就かないことが問題として議論される時代となっている。そしてこのような変化は、私たちが生きている日本社会においてわずか数十年の間に起きた変化なのである。しかしこのような変化は、ひとびとが望むことで生じた変化だったのだろうか。あるいはこのような変化は、ひとびとにとってほんとうに望ましい変化であったのだろうか。

確かに、「自分の意志で結婚相手を選ぶことができる」方が、「自分の意志に関係なく結婚相手が決まってしまっている」よりもはるかに望ましいようにみえる。また、「自分の意志で就く仕事を選べる」方が、「自分の意志に関係なく就く仕事が決まってしまっている」よりもはるかに望ましいようにみえる。しかしそれは、「自分の意志で結婚相手を選ぶことができる」ことや「自分の意志で就く仕事を選べる」ことが、誰もが望む相手と結婚できることや、誰もが希望する仕事で成功できることを意味しているかのように錯覚されているからにすぎない。実際には、自分の意志で結婚相手を選ぶことができても、だからといって望む相手と結婚できるわけではないし、また自分の意志で就く仕事を選ぶことができるからといって、その仕事で成功し、身を立てることができるわけではない。

このように考えると、むしろ選択の範囲が拡がったことによって、多くのひとが結婚や就職について悩み、そして苦しむようになったといえるかもしれない。したがって、過去数十年の間に起きた変化は、必ずしもひとびとによって望まれたものではなかったのである。

しかし、もしそうなのだとすると、かつてよりも自由になったことで悩み苦しむようになった現代のひとびとに対して、いったいどのような社会環境を用意していくことが適切なのか、このことを真剣に考える必要があるのではないかと、筆者は考えている。「選べるのに選べないのは、本人の責任」と断じる前に、「選べる」ということがいったい社会的にどのような意味をもっているのか、このことをきちんと検討し、そのうえで適切な選択をおこなえるよう社会環境を整えていくことが重要になる。

第2節　晩婚化・非婚化の趨勢——結婚の場合

私たちの社会では多くのひとが結婚をし、そして家族をもつ。しかし、私たちはどのようにして結婚相手と出会い、そして結婚に至るのだろうか。国立社会保障・人口問題研究所が実施している出生動向基本調査（国立社会保障・人口問題研究所 2011）によると、二〇〇五年から二〇〇九年にかけて初めて結婚した人の八八％が恋愛結婚となっている。したがって現在の日本社会では、ひとびとはまず恋愛をし、そしてその結果として結婚するのだと考えることができる。

もちろん、ひと口に恋愛といってもさまざまであり、相手との出会い方もさまざまであろう。二〇一〇年に実施された第一四回出生動向基本調査によると、恋愛結婚のうち、友人や家族を通じて相手と知り合った人、あるいは職場や仕事をきっかけにして相手と知り合った人がほぼ並んでおり、それらに次いで多いのが学校で相手と知り合った人である。しかしそのほかにも、旅先で出会ったり、趣味・サークルで出会ったり、あるいはバイト先で出会ったりと、結婚相手との出会い方は実にさまざまである。

いいかえれば、私たちの社会では結婚をするためにはまず「恋愛をする」ことが大前提となっている。しかしこれは、過去を振り返ると、必ずしも自明のこととはいえない。なぜなら、戦前の日本社会では、恋愛結婚は少数派であり、ほとんどの場合は見合い結婚であったからである。

出生動向基本調査によると、一九三〇年から一九三九年にかけて初めて結婚した人の六九％が見合い結婚であり、それに対して恋愛結婚が占める割合は一三・四％にしか過ぎない（残りは、その他・不詳）。また一九四〇年から一九四四年にかけて初めて結婚した人をみても、見合い結婚が占める割合は六九・一％であり、恋愛結婚が占める割合はやはり一四・六％にしか過ぎない（残りは、その他・不詳）。恋愛結婚がそうであったように、ひと口に見合い結婚といってもその内実はさまざまであろう。しかし、結婚する相手を選べる度合いを考えれば、一般的にいって見合い結婚は恋愛結婚よりも選択の自由度が低かったといえるはずである。したがって、かつてのひとびとは、現代のひとびとよりも結婚相手を自由に選ぶことが難しかったのである。

このように考えると、戦前から現代にかけて結婚という社会制度について大きな変化があったことがわかる。その変化を一言で要約するならば、「誰と結婚するかを、自分で決められる」ようになったということである。かつては、誰と結婚するかについて（見合いをお膳立てしてくれる）周囲の意向が大きな影響力をもっていた。しかし現在は、結婚する相手は恋愛をした相手であり、そして恋愛相手との出会い方はひとによってさまざまなのである。結婚はそのひとの人生においてもっとも重要な決断の一つであるから、その決断を誰か他人に決められてしまうのではなく、自分の意志で決められるというのはいっけんすると望ましいことであるようにみえる。そして自由社会は、そのような自由をすべてのひとに認めることを是とする社会だったのである。

では、結婚相手を選択できる自由度の増大は、実際にどのような影響を私たちの社会にもたらしているのだろうか。この点を、もう少し詳しく検討してみよう。

たとえば、出会ってから結婚に至るまでの平均的な交際期間の長さを取り上げてみよう。出生動向基本調査では、出会ってから結婚に至るまでの平均的な交際期間の長さを調べている。一九八七年に実施された出生動向基本調査では、過去五年に結婚した初婚同士のひとの平均的な交際期間は二・五四年になっており、恋愛結婚に限れば三・一五年となっている。それに対して、二〇一〇年に実施された出生動向基本調査では、やはり過去五年に結婚した初婚同士のひとの平均的な交際期間は四・二六年と長くなっており、さらに恋愛結婚に限れば四・四八年となっている。昔と比べて平均的な交際期間が長くなっているということは、ひとびとは結婚をするかどうかについて昔よりも慎重に判断しているということである。また、恋愛結婚に限ることで交際期間がさらに長くなることを考慮すると、ひとびとは自由に結婚相手を選択できるようになったことで、結婚相手の選択についてより慎重になり、そして時間をかけるようになったことがわかる。

しかし、結婚相手をかつてよりも慎重に選び、時間をかけるようになったことで生じる現象とは何であろうか。

それは晩婚化だといえるだろう。実際に、厚生労働省が発表している人口動態統計をみると、男性の平均初婚年齢は一九七〇年の時点では二六・九歳であったのに対して二〇一一年の時点では三〇・七歳と三〇歳を超えている。同様に、女性の平均初婚年齢は一九七〇年の時点では二四・二歳であったのに対して二〇一一年の時点では二九・〇歳となっており、三〇歳に迫っている。したがって、結婚するタイミングはかつてよりも確実に遅くなっており、晩婚化は現代日本社会の大きな特徴の一つになっている（渡邊ほか編 2004: ch3）。

もちろん、晩婚化（そして、非婚化）が進行している理由は、ひとびとが結婚相手の選択に昔よりも時間をかけるようになったことだけで説明されるようなものではなく、とうぜんそれ以外のさまざまな社会的要因が絡んでいる。しかし、選択の自由度が増し、ひとびとが結婚相手の選択に時間をかけるようになったことも、晩婚化をもたらした要因の一つなのだとはいえる。

また晩婚化に関連して注意しなければならないことは、平均初婚年齢の上昇にともなって、初婚年齢の分散も高まっているということである（落合［1994］2004）。

かつての日本社会では、結婚適齢期について強い社会規範が存在していた。単に結婚相手を選ぶ自由度が低かったというだけではなく、何歳で結婚するかについても自由度はさほど高くなかった。図1−1と図1−2は男性と女性の年齢階級別初婚率を、一九七〇年と二〇一一年とで比較したものである(1)。まず男性をみると、二〇代後半の初婚率は一〇〇人（人口千対）を超えていて突出している。その次に多いのが二〇代前半であるがその初婚率は四二・〇人となっており、二〇代後半の半分もない。次に女性をみると、二〇代前半の初婚率は一〇〇人を超えていて突出している。その次に多いのが二〇代後半であるがその初婚率は四五・九人となっており、やはり二〇代前半の半分もない。つまり一九七〇年頃の日本社会では、男性は二〇代後半で結婚することが当たり前であり、女性は二〇代前半で結婚することが当たり前であった。結婚適齢期に関する規範的拘束力が、今よりも相当に強かったのである。

しかし、二〇一一年のデータをみると、結婚適齢期に関する規範的な拘束力はほとんどなくなっていることに気がつく。

図1－1をみると、男性の初婚率がもっとも高いのは二〇代後半で一九七〇年のときと変わらないがその値は大きく減少している。そして、二〇代前半を除いた残りの年齢階級における初婚率は一九七〇年のときよりもむしろ高くなっている。同様に図1－2をみると、女性の初婚率がもっとも高いのは二〇代前半から二〇代後半に移行しているけれども、その値は一九七〇年での二〇代前半の初婚率の値と比較するとさほど高くはない。むしろ目立つのは、二〇代前半を除いた残りの年齢階級における初婚率が一九七〇年のときよりも二〇一一年のときの方で高くなっていることである。つまり、初婚年齢は単に平均が上昇しただけでなく、分散も大きくなっている。かつてはほとんどの人はほぼ同じような年齢で結婚していたけれども、現在では早く結婚するものがいれば遅く結婚するものもおり、その差が拡がったといえる。これは、結婚適齢期に関する規範的な拘束力が弱まった結果だといえる。

こうしてみると、ひと口に晩婚化といっても、みんながいっせいに同じ程度に結婚の時期を遅らせるようになったというのとはかなり違うことがわかる。日本において一貫して進んできた晩婚化の特徴は、平均初婚年齢の上昇とともに「ある年齢になれば結婚するもの」という暗黙の約束ごと

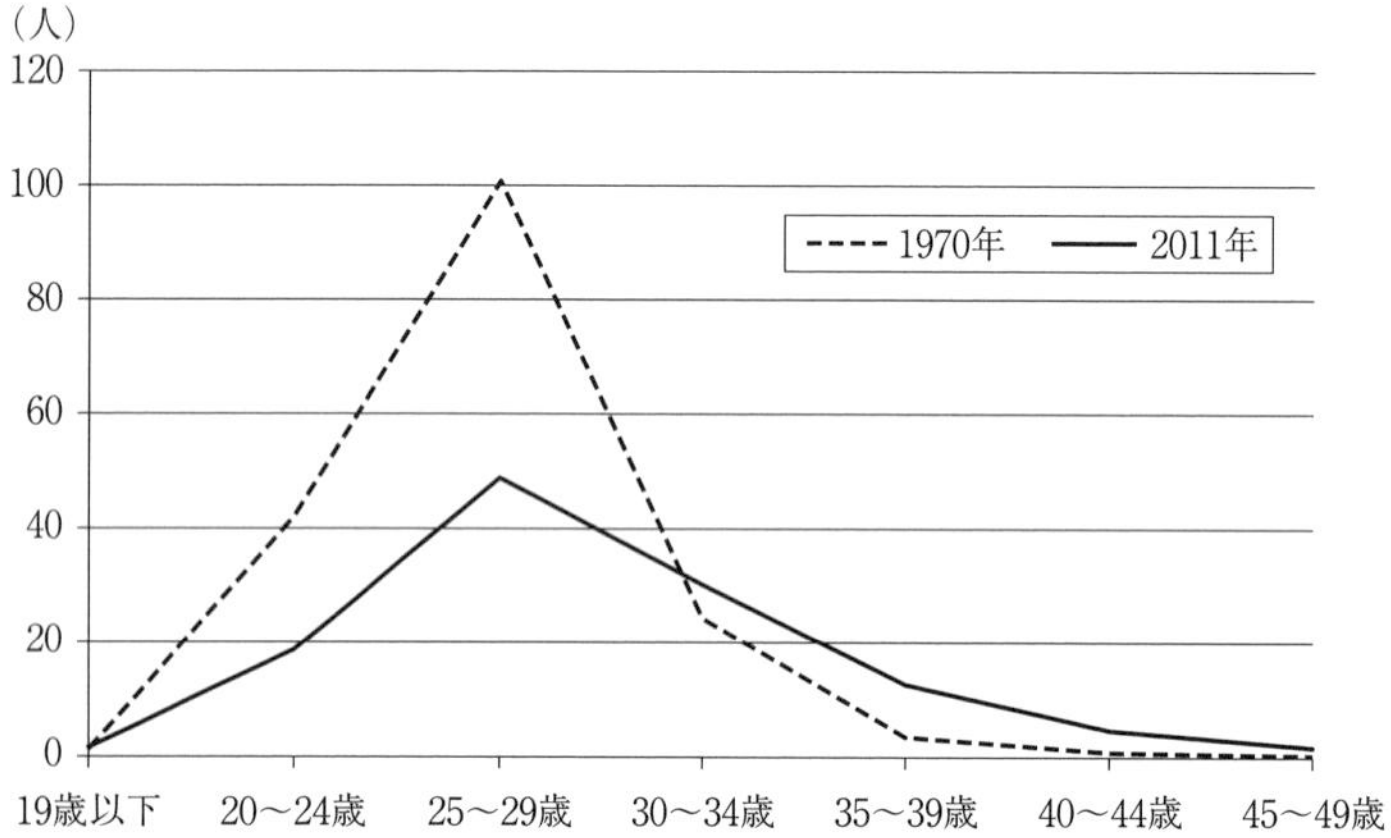

出典：厚生労働省人口動態統計

図 1-1　男性の年齢階級別初婚率（人口千対）

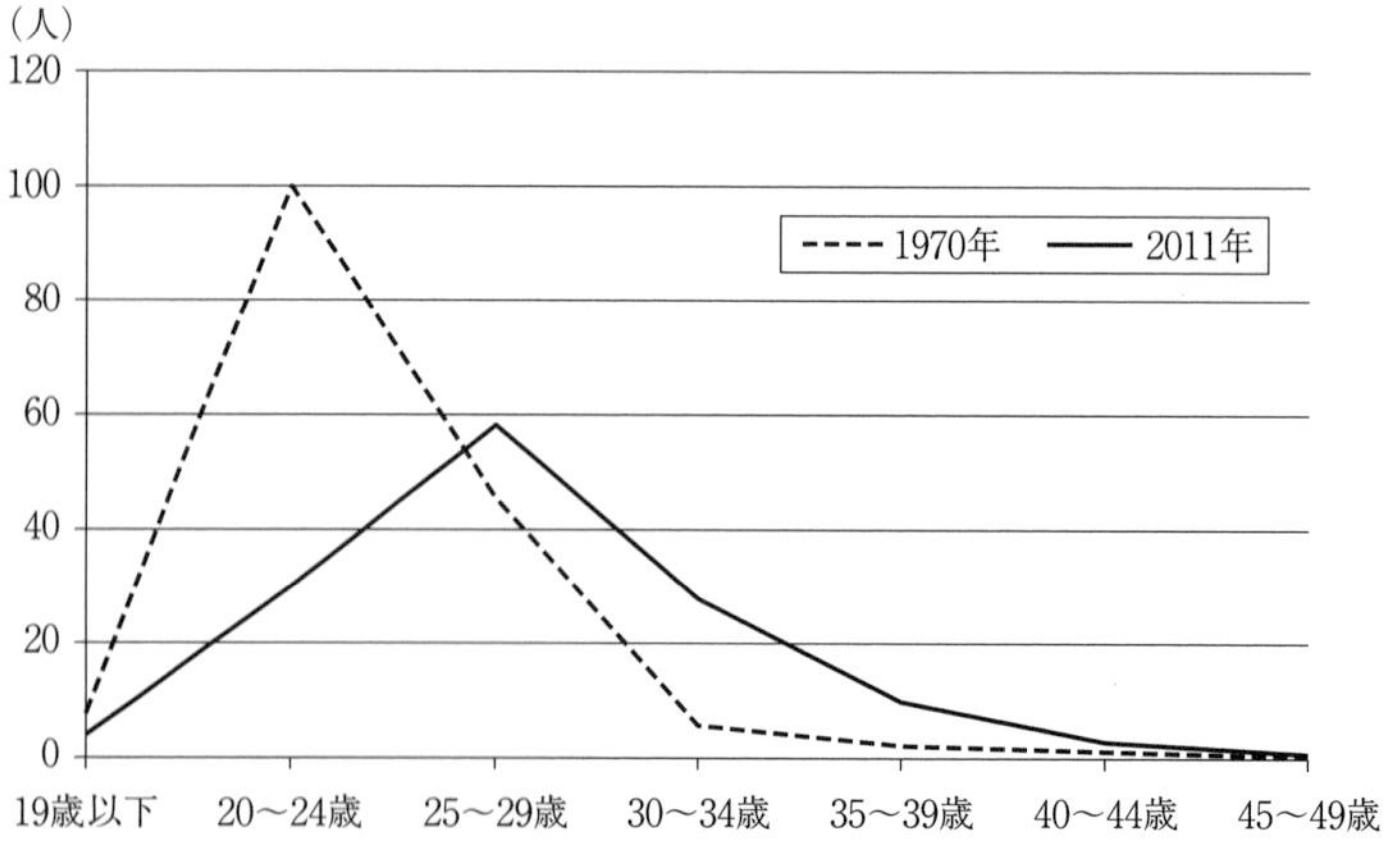

出典：厚生労働省人口動態統計

図 1-2　女性の年齢階級別初婚率（人口千対）

が崩れ、それぞれが各自勝手に「いつ結婚するか」を決められるようになったことにあるといえる。その結果、平均よりもかなり遅く結婚するものもいれば、平均よりもかなり早く結婚するものもおり、結婚のタイミングについても自由度が増したのである。

単に、結婚する相手を自由に決められるようになっただけではない。いつ結婚するか、結婚のタイミングをも自由に決められるようになった。もちろん、年齢階級別初婚率のグラフ曲線が完全にフラットになっているわけではないので、依然として「相対的に多くのひとがだいたいこの年齢で結婚する」という意味での結婚適齢期は残っているかもしれない。しかし今となっては、それは目安程度の意味合いしかない。かつてのように「ほとんどのひとがだいたいその年齢で結婚する」といった状態とは大きく離れているからである。

実際に生きていくうえで、結婚という選択は、職業の選択と並んで、いや場合によっては職業の選択以上に、そのひとの人生にとって大きな意味をもっている。したがって、「誰と結婚するか」や「いつ結婚するか」といった選択を、周囲のひとびとや社会の慣習によって決められてしまうのではなく、まさに自分の意志で決められるようになったということは、いわば自分で自分の人生を設計できるようになったということであり、「自由を生きる」ことが可能になったということである。結婚相手を自分で決めることができ、そしていつ結婚するかを自分で決められるようになったということは、たとえば経済成長によって社会が豊かになったことでスーパーマーケットに多種多様な商品が並ぶようになったとか、貨幣システムが発達して「クレジットカードを利用すれば、好きなときに好きなものを買える」ようになったとか、そういった単なる表面上の変化とはまったく異なった意味をもっている。結婚をめぐる自由は、いわばひとびとの人生設計に関わるもっとも根本的な問題の一つなのである。

したがって、このように人生設計に関わるもっとも根本的な問題について選択の自由度が増したということは、自身の意思をよりよく反映する充実した生をえることのできる可能性が増したことを意味しているようにみえる。このように考えれば、結婚について選択の自由度が増した社会を生きる私たちは、かつてよりも望ましい社会を生きているはずである。私たちは、誰にも遠慮することなく、好きな人と好きなときに結婚できるのだから。

しかしこのときに注意しなければならないことは、どのようなことにも必ず裏面が存在するということである。確かに、私たちは自分の意志で結婚相手を決めることができるようになり、そして自分の意志でいつ結婚するかを決めることができるようになった。しかし、このように結婚について選択の自由度が増した結果、私たちはかつて保証されていた結婚の機会を失うリスクに晒されるようになったのである。

実際に、好きなときに好きなひとと結婚できるようになったといっても、それはあくまでも「結婚する相手がそのことに合意してくれたのであれば」という条件がつく。結婚したいと思っていても、結婚したいと思っている当の相手によって結婚の申し出が拒否されれば（あるいは、その相手がそのような申し出をしてくれないのであれば）、どのようにがんばっても結婚することなどできない。

そして、「一人では結婚できない」という当たり前の事実が、結婚を考えている個人にとっては重要な意味をもつことになる。なぜならば、結婚の成否が「他者の意思」という私にはコントロールのできない不確定性をもつことによって、かえって私にとって制御しがたい不自由なものとして顕現することになるからである。もちろん、このことは相互的に成り立つことである。私は他者がもっている不確定性によって結婚について不自由を感じているかもしれないけれども、同時に他者も私がもっている不確定性によって結婚について不自由を感じているはずだからである(2)。

かつては「結婚適齢期になれば、しかるべき人と結婚できるよう、周囲がお膳立てしてくれる」という社会的な期待が存在したことを、データから推測することができた。かつては見合いで結婚する人が過半を占め、しかもほとんどが似たような年齢で結婚をしていたからである。しかし、現在の未婚者は、このような社会的な期待を抱くことはできない。ほとんどの人が恋愛で結婚をし、しかも結婚する年齢が人によって実にさまざまなのである。したがって、もし「結婚したい」と思えば、その人は周囲の助力に期待するのではなく、自分で何とかしなければならない。しかも、自分で何とかしようと思って行動を起こしたとしても、その行動が思い描いた結果に結びつくとは限らない。なぜならば、私が結婚する相手と時期を自由に選ぶことができるように、相手も結婚する相手と時期を自由に選ぶことができるからである。そして相手に「NO!」といわれてしまったとたんに、私の努力は水泡に帰してしまうのである。こうして、私は結婚の成否について不安のただ中におかれるようになる。

では、このような結婚の成否に関する不安は、どのような形で現実化しているのだろうか。実は、結婚の成否に関する不安は、年齢階級別の未婚率をみることによって伺い知ることができる。

国勢調査によると、一九五〇年の時点では三〇代後半で未婚であるものの割合は男性で三・二％でしかなく、女性で三・〇％でしかない。ほとんどの人は三〇代後半までに結婚を体験していた。しかし、二〇一〇年の時点では三〇代後半で未婚であるものの割合は男性で三五・六％であり、女性で二三・一％となっており、かなりの人が結婚を体験していないことがわかる。つまり、未婚状態は男女を問わずかなり長期化しており、「将来的には結婚するかもしれないけれど、しかし今の段階ではまだ結婚していない」という不安定な状態におかれている人が増えている。もちろん、「結婚年齢は単に遅くなるだけであり、いつかは必ず結婚できる」という保証があるならば、未婚状態が多少長くなってもそれほど大きな問題ではないかもしれない。(3) 問題は、未婚状態の長期化が「この先ずっと結婚できないかもしれない」というリスクを伴いながら進行しているという事実なのである。

やはり国勢調査によると、一九五〇年の時点では生涯未婚率は男性については一・四五％でしかなく、女性については一・三五％でしかない。しかし、これが二〇一〇年になると男性の生涯未婚率は二〇・一四％にもなっており、また女性についても一〇・六一％となっている。やや大雑把な言い方をすれば、三〇代後半に未婚である男性は生涯にわたって結婚できない可能性を半分以上もっており、同様に三〇代後半に未婚である女性もやはり生涯にわたって結婚できない可能性を半分近くもっている。この場合、三〇代後半に未婚である男性あるいは女性は、かりにこの先何年かで結婚することになったとしても、少なくともそれまでの間は（結婚に関していえば）何らかの不安を抱きながら生きることになる。もちろん、このような不安は三〇代後半のひとびとにだけ起こるものではない。とうぜん、こうした不安は、生涯未婚率の高まりとともに、程度の差はあってもすべての年代に徐々に浸透していくことになるだろう。平均初婚年齢は単に遅くなっているだけではない。それは、結婚する人もしない人もある種の不安に巻き込みつつ遅くなっているのである。

もちろん、このようないい方は、「結婚することが望ましい」ということを暗黙のうちに前提としたいい方になっている。とうぜん、「ひとは結婚することの方が幸せなのだ」というのは一つの価値観でしかなく、もしそのひとが「自分は結婚したくないのだ」と思っているならば、そのひとに対して「あなたは結婚すべきなのだ」ということは特定の価値観の押しつけになってしまうだろう。したがって、あくまでもそのひとの自由意思によって「結婚しない」ことが選択されているのなら、周囲がそのことを問題視することはおかしいという議論もとうぜん成り立つ（中村 2011）。

だが問題は、そのひとはほんとうに自身の意思で結婚しないことを選択しているのかということである。実は、調査データをみる限り、自ら好んで自身を未婚の状態においているものよりも、不本意に未婚の状態におかれているものの方が多いと判断できる。出生動向基本調査では、独身者にも調査を実施しており、独身者に生涯の結婚意志の有無を尋ねている。その結果、二〇一〇年においても一生結婚するつもりはないと答えている独身者は、男性で九・四％しかおらず、女性では六・八％しかいない（ちなみに、男性も女性も九割弱がいずれ結婚するつもりと答えている）。しかし、この数字は生涯未婚率と照らし合わせれば明らかに低く、裏を返せば不本意に未婚の状態にあるものが相当程度存在していることを示唆している。

したがって、「ひとは結婚することが幸せなのだ」とはいえないにしても、少なくとも「結婚することを望んでいるにもかかわらず、それを実現できない」ひとが相当数存在するのだとすれば、未婚状態のままで人生のなかの長い期間を過ごすひとが増えている事実をこのまま放置してよいとはいえない。しかも結婚をめぐる不安は、最近になっても緩和されるどころか、むしろいっそう深刻化している。出生動向基本調査によると、二〇〇〇年代になって独身者の結婚意欲は減退するどころかむしろ強まっているのに、未婚率は依然として上昇し続けているからである。

もちろん、晩婚化そして非婚化がこれほどまでに進行した理由はさまざまであろう。晩婚化・非婚化がひとびとの結婚意欲の減退だけでは説明できないように、結婚をめぐる選択の自由度が増すことで（二重の）不確定性が増大したことだけが晩婚化・非婚化をもたらしたわけではないだろう。しかし、ひとびとの選択の自由度が増したことがかえってひとびとを不安のただ中におき、その結果として必ずしも望んだわけではない状態に追いやられているひとが大勢いることは否定できない。

では、このようにして不安のただ中におかれることになったひとびとは、いったいどのような意識の変化を被ることになるのだろうか。この点は、第二章においてあらためて検討することにしたい。

第3節　社会移動の趨勢――仕事の場合

前節では結婚を事例に自由の増大がもたらす問題を議論したが、本節では仕事を事例に自由の増大がもたらす問題を議論したいと思う。

まず、戦後になって日本社会の職業構造はどのように変化したのかを確認することにしよう。一〇年毎に実施されている国勢調査が明らかにしているところによると、戦後日本社会の職業構造のもっとも大きな変化は、農林漁業に従事しているものの割合の激減である。たとえば、第二次世界大戦が終わってまもない一九五〇年の時点では、全就業者のなかで農林漁業従事者が占めている割合は四八・〇％となっており、ほぼ全体の半分となっていた。しかし、そこから三〇年を経た一九八〇年の時点では農林漁業従事者の占めている割合は一〇・八％となっており、わずか三〇年で社会の多数派から少数派に転じてしまっている。そしてその後も農林漁業従事者の割合は増大することなく、さらに三〇年を経た二〇一〇年の時点では農林漁業従事者が全就業者のなかに占めている割合はわずか三・九％にまで減少してしまった。かつては全体の半分を占めていた農林漁業従事者が今や全体の五％にも満たないのだから、これはきわめて大きな変化だったといえるだろう。

では、農林漁業従事者がかつて占めていた座に取って代わったのは、どのような職業に従事しているひとたちなのだろうか。

二〇一〇年国勢調査（総務省 2013）によると、上層ホワイトカラー職に就いているもの（専門的・技術的職業従事者、管理的職業従事者）の割合は一六・九％であり、下層ホワイトカラー職に就いているもの（事務従事者、販売従事者、サービス職業従事者、保安職業従事者）の割合は四五・一％である。さらにブルーカラー職に就いているもの（生産工程従事者、輸送・機械運転従事者、建設・採掘従事者、運搬・清掃・包装等従事者）の割合は二八・四％となっている。この数字をみると、現在の日本社会において多数派を形成しているのは事務・販売・サービスに従事している下層ホワイトカラー職に就いているものたちなのだといえる。二〇〇九年に日本標準職業分類（総務省 2009）が見直されているために必ずしも単純な比較をおこなうことはできないけれども、過去三〇年間、この割合は相対的に安定しており、日本社会の職業の中心には下層ホワイトカラーがあったといえる。

では、社会の中心的な職業が農林漁業から下層ホワイトカラーに変化したという職業構造の変動は、社会を生きるひとびとにとっていったいどのような意味をもっていたのだろうか。

実は、農林漁業に従事しているものと、事務・販売・サービスに従事しているものとの間には、従業上の地位について大きな違いがある。二〇一〇年の国勢調査によると、農林漁業に従事しているもののうち、雇用者は二〇％にも届かない（男性で一七・九％、女性で一一・八％）。農林漁業に従事しているもののほとんどは、自営業主であるか、もしくは家族従業者のいずれかなのである。それに対して、下層ホワイトカラーに就いているもののほとんどは雇用者であり、八割以上が何らかの形で雇用されている。つまり下層ホワイトカラーは、基本的には雇用者だと考えてよいのである。そして農林漁業に従事しているものと下層ホワイトカラーとの間にあるこの違いは、親から子どもへの職業の継承されやすさについて大きな違いを生んでいる。社会学では親の職業が子どもの職業選択にどのような影響を与えているかを明らかにする社会移動研究が盛んであるが、社会移動研究は農林漁業では際立って職業の継承性が高いこと、それに対して下層ホワイトカラーでは親の職業と異なる職業に就くものがきわめて多いことを明らかにしている（安田 1971；富永編 1979；直井・盛山 1990；原・盛山 1999；石田ほか 2011）。これは、農林漁業従事者が自分たちの職業を家業として意識してきたことを意味していると考えてよいだろう。

いいかえれば、農林漁業が社会の中心的な職業であった時代は、多くのひとびとにとって「家業を継ぐこと」が暗黙の前提であったのであり、自身の意志で職業を選択できる余地はあまり大きくなかった。それに対して、下層ホワイトカラーが社会の中心的な職業になった現代では、多くのひとびとは自身の意志で自身の職業を決めることができるようになった。

職業選択について自身の意志で選択できる余地が拡がったということは、ひとびとはかつてよりも自由になったことを意味しており、これだけを取り上げれば望ましい変化であったようにみえる。しかしこのとき忘れてはいけないことは、下層ホワイトカラーは基本的に雇用者がほとんどであったことである。私が望む職に就くことができるかどうか、そしてその職をこれから先も継続できるかどうか、これらは雇用主との関係で決まっており、私は望む職をえるために（雇用主という）他者がもたらす不確定性にいやおうなく向き合わなければならなくなったのである。

さらに問題にしなければいけないことは、たとえ自分の意志で自身の職業を選択できる余地が拡がったとしても、そのことが職業選択の自由度の実質的な意味での増大を必ずしも意味していたとは限らないということである。

確かに、ただ単純に親の職業と本人の職業が一致するかしないかをみたときには、親の職業とは異なる職業に就いているひとびとの割合が増えているという意味での、世代間での職業の流動性は増している（石田・三輪 2009）。しかし、親の職業とは異なる職業に就いているといっても、そのことは直ちに「自分の意志だけで自身の職業を決めた」ことを意味するわけではない。極端なことをいえば、親と本人の双方が家業を継ぐことを期待していたにもかかわらず、経営上の理由から家業を維持することが難しくなり、やむをえず親とは異なる職業に就くことになったといったケースもあるだろう。その場合、条件さえきちんと整えばそのひとは親と同じ職業を選択していたはずなのであり、したがって親と異なる職に就いたそのひとの選択は、いわば強制された選択だったのである。

ひとびとの職業選択は、そのひとの個人的な選好だけでなされるわけではない。ひとびとの職業選択は社会全体の産業構造や職業構造にも影響を受けており、したがって産業構造や職業構造が大きく変化すればその変化によって親と異なる職業に就かざるをえなくなるひとびとが出てくる。社会移動研究では、職業構造の変化によって発生する社会移動を強制移動（安田 1971）、構造移動

（原・盛山 1999）、あるいは絶対的移動（石田 2000）と呼んできた。もしかりに親と異なる職業に就くひとが増大するという世代間での社会移動の高まりが、主としてこのような構造移動の増大によって引き起こされていたのだとすれば、社会移動が増えたとしても、それは必ずしも職業選択の自由度が増したことを意味しないだろう。したがって、社会移動の時代的な変化を分析する場合には、こうした構造移動による影響を割り引いて考える必要がある。

実は、職業構造の変化によって生じる社会移動の影響を割り引いて考えると、子どもによる親の職業の引き継ぎやすさは今も昔もあまり変わっていないことがわかる（石田・三輪 2009）。確かに表向きは昔と比べて自分の意志で仕事を選択しているひとが増えているようにみえる。しかしそれは、必ずしもひとびとによって望まれた結果ではなかった。いわばそれは、自分で自分の仕事を決めざるをえないひとびとが構造的に生み出された結果なのである。ちなみに、子どもによってとりわけ継承されやすい職業は農林漁業であることをすでに指摘しておいたが、農林漁業の次に継承されやすい職業は専門職を中心とした上層ホワイトカラーである(4)。つまり、農林漁業や、比較的恵まれた上層ホワイトカラー層を中心に、親と子どもの職業を介した階層的な結びつきは昔も今も実質的にはそれほど大きくは変わっておらず、社会移動は量的に増大したけれども、だからといってひとびとの職業選択の実質的な自由度が高まったのかというと、決してそうではなかったのである。

また社会移動についていては、さらに注意しなければならない問題がある。それは、親と異なる職業に就くとき、その職業が親の職業と比べて上にあるのか、それとも下にあるのかということである。

「職業に貴賤なし」という立場に立てば、職業に上下があるというい方はやや奇異に感じられるかもしれない。しかし、期待される収入の高低や雇用身分が安定している程度などについて、職業間に差異が存在することは否定できず、それゆえ相対的に恵まれた職業と恵まれていない職業とにわけて考えることができる。戦後日本の産業構造や職業構造の変動は、いわば産業化による急激な経済成長によってもたらされたものであるから、そうした変動によってもたらされた社会移動は主として上昇移動であったといえる。そして、このような社会移動は、社会移動を経験した個人にとってもポジティブな意味をもっていたと考えることができる。

しかし、十分に産業化が達成され、もはや高い経済成長を期待できなくなると、産業構造や職業構造はあまり大きくは変化しなくなる。そうすると今度は、下降移動のリスクを無視することができなくなる（石田・三輪 2009）。直観的にいえば、学歴が高く、そしてホワイトカラーであるような親をもつ子どもが増えると、その子どもにとって社会移動は直ちに下降移動を意味することになり、そうした子どもにとって社会移動はネガティブな意味をもつことになる。いいかえれば、かつては親と異なる職業に就くことは多くの子どもにとって達成すべき目標であったけれども、現在では親と異なる職業に就くことを回避すべきリスクとみなす子どもが相対的に増えてきているのである。これは、社会移動に対する不安がひとびとの間で高まってきていることを意味する。

このように考えると、戦後の日本社会における職業構造の変動は、ひとびとの生のあり方に大きな影響を与えていたことがわかる。職業構造の変動がひとびとの生のあり方に与えた影響をひと言でまとめるならば、それは職業を選択する自由の増大だったといえる。その社会における中心的な職業が農林漁業から下層ホワイトカラーに移行することで、「親の職業を継がなければならない」という拘束力が弱まり、ひとびとは親の職業に関係なく、さまざまな職業に就くことが可能になった。

社会を生きるひとびとにとって、誰と結婚するかがきわめて重要な意味をもっていたように、どのような職業に就くかが非常に大きな意味をもっている。実際に、ひとびとは有限の人生のなかで多大な時間を「働く」ことに費やしている。だからこそ、「どのような仕事に就くか」はそのひとの人生にとって安易に考えることのできない選択となっている。そのような重要な意味をもっている職業選択だからこそ、かつてよりも自由に職業を選ぶことができるようになったという社会変化は、いっけんすると望ましい変化であったようにみえる。

しかし、「職業を選べるようになった」ということは、同時に「職業を選ばなければならなくなった」ことをも意味している。また、「職業を選べるようになった」からといって、それは「すべての人が希望する職業に就けるようになった」ことを意味しているわけではないことにも注意しなければならない。私がどのような仕事に就けるかは、労働市場における需給関係に決定的な影響を受けており、たとえ私がプロスポーツ選手や職業作家になることを希望したとしても、実際にプロスポーツ選手や職業作家になることのできる可能性は（確かに、ゼロではないかもしれないが）かなり小さなものになっている。したがって、「職業を選べるようになった」という変化は、生きるうえでの選択肢の幅が拡がったという意味では望ましい変化であったけれども、同時に「私たちは職業を選ぶことを強いられるようになったのであり、しかも自分の希望は実現するかどうかが定かでない」という意味では、苦痛をともなう変化でもあったのである。

しかし、「職業を選べるようになった」という変化のネガティブな側面は、これまで社会移動研究ではあまり強調されてきたとはいえない。このことについてはさまざまな理由があるだろうが、一つの理由としては増大した社会移動の方向性があったと考えられる。産業化によってホワイトカラーの社会的な需要が高まり、社会全体で急激に高学歴化とホワイトカラー化が進んだような社会変動の下では、増大する社会移動のほとんどは上昇移動となる。ひとびとは自分の親よりも高い学歴を取得し、そして自分の親よりも威信の高い職業に就く。たとえその経路が職業構造の変動によって強いられたものであったとしても、それが上方への社会移動である限り、ひとびとはそのことに不満を抱くことはない。だからこそ、かりにその選択が強いられた選択であったとしても、ひとびとは直ちにそのことに対して不安を感じることはなかったのだと考えられる。

しかし、状況は変わりつつある。農林漁業部門で働く人の数が減少する一方で、ホワイトカラー部門で働く人の数が増大し、多くの人が上昇移動を経験することができた。しかしそのような職業構造の変動は、基本的には一九九〇年頃までには終焉を迎えた。農林漁業部門で働く人の数は依然として減少しているものの、社会全体に占める割合そのものがきわめて小さいものになったために、社会全体に大量の上昇移動をもたらす力を今はほとんどもっていない。またホワイトカラー部門で働くひとびとの割合はほとんど増えておらず、せいぜい数%程度の伸びである。したがって、ホワイトカラー部門に参入することで上昇移動を経験するものの割合も減少せざるをえない。しかも、かりに父親の職業が上層ホワイトカラーであったとすれば（ホワイトカラー層はかつてよりも大きくなっているため、そのような個人はかつてよりも増えている）、その個人にはもはや上昇移動は存在しない。その個人にとって望ましいのは親と同程度の職業階層に参入することであり、いいかえればそうした個人にとって社会移動はもはやネガティブな意味しかもっていない。このような個人にとって、「職業を選ばなければならない」（しかも、選んだからといって、希望が叶えられるとは限らない）という状況は、将来の見通しに対して希望よりは不安を喚起させる事態であり、できれば回避したい状況なのである。

確かに、世代間での社会移動が多い社会と、世代間での社会移動がほとんど存在しない社会とを比較したとき、より望ましいのは前者の社会移動の多い社会だといえる。社会移動が多いということは、自分の職業が親の職業によって決定される度合いが小さく、自分で自分の職業を選ぶことのできる可能性が高いということだからである。もちろん社会全体について当てはまることが、そのままますべての人に直接的に当てはまるとは限らない。たとえば相対的に恵まれた階層を出身階層とする個人は、社会移動の多い社会よりも、むしろ社会移動のほとんどない社会を好む可能性が高いかもしれない。かりにそのような例外があったとしても、しかし一般的にはすべての人に平等に機会が与えられていることが社会全体にとっては望ましく、それは社会移動の多い社会の方がより望ましいということなのである。

しかしこのとき気をつけなければいけないことは、そのような社会移動の望ましさは、ただ単純に社会移動を経験したひとの割合だけをみていたのではわからないということである。私たちは、ただ単純に社会移動を経験したひとの割合に注目するだけでなく、その割合の変化がほんとうに実質的な選択の自由度の増大を伴っているのかに注意しなければならない。

このように考えるならば、戦後日本社会における社会移動の増大を額面通りに受け取ることは危険であり、もっともっと慎重に検討しなければならない。「職業構造の変動によって生じる移動の増大の影響を取り除けば、親の職業階層によって自身の職業階層が決まる程度に過去からそれほど大きな変化はなかった」ということは、職業を実質的に自由に選ぶことのできる度合いに昔と今とでさほど違いはないということを意味する。したがって、もしこのことが事実であるとするならば、社会移動が増大したとしてもそのことによって私たちの社会がより平等な社会になったとはなかなかいえないのである。

もちろん、過去の構造移動は主として上昇移動を促すように作用していたのだから、実質的な選択の自由度の増大を伴っていないからといって、「構造移動によってもたらされた過去の社会移動の増大にはさほど意味がない」とはいえない。そのような社会移動の増大は、多くのひとびとの社会的な地位を改善したという意味では確かに望ましい面があった。しかしその一方で、実質的な選択の自由度を増大させていないという意味では、その望ましさを過大に評価することは危険なのである。

すでに述べてきたように、職業構造の変動は戦後直後から一九八〇年頃にかけて急激に生じており、一九九〇年代以降は相対的に安定してきている。したがって、職業構造の変動によってもたらされた構造移動も、戦後直後から一九八〇年代頃までは増大する傾向があったけれども、一九九〇年代以降は減少に転じることになる。そして、構造変動の減少は、職業構造の変動によってもたらされた上昇移動の効果がなくなることを意味していた。いいかえれば、構造移動が減少することで、出身階層による職業的地位達成の機会格差がよりはっきりとみえるようになる。たとえその格差の程度が過去に存在した機会格差とさほど変わらないものであったとしても、構造移動による上昇移動のかさ上げ分がなくなることで、かつては隠れていたものが表に出てくるようになるのである(石田・三輪 2009)。

一九九〇年代末から二〇〇〇年代にかけて、格差社会というフレーズが人口に膾炙した。しかし、少なくとも職業的地位達成の機会に関しては、社会調査データの分析結果は「格差がこの時期に急激に拡大した」という見解を支持していない。にもかかわらず、ひとびとがかつてよりも格差の存在を強く意識するようになった背景には、上昇移動を促していた構造移動の弱化が何らかの形で影響を及ぼしていると考えることができる。

確かに自分で自分の職業を決められる度合いは、かつてよりも増している。しかしそれは、職業構造の変動によって家業の継承を期待される人が減少したことの反映でしかない。雇用者化が進み、ひとびとはむしろ自分で自分の職業を決めることを強いられるようになった。そしてこのとき問題になるのは、にもかかわらずひとびとに与えられている選択肢の幅は必ずしも同じではなく、いってしまえば平等ではないのである。

かりに自分で自分の職業を決められるようになったとしても、誰もが自分の望む職業に就けるようになったわけではない。自分の望む職業に就けるかどうかは、自分の意思だけで決まるのではなく、自分以外の他者の意思や、自分をとり囲むさまざまな環境的要因によって左右されている。そして、自分で自分の職業を決めざるをえなくなった個人は、かつては気にせずにすんだ他者の思惑や社会の動向に関心をもたざるをえなくなり、自身と他者との差異にも敏感にならざるをえなくなる。自身の希望を実現できるかどうか、それが不確定になればなるほど、ひとびとは不安になり、格差の存在を意識するようになっていく。

第4節　しかし、それは自由な選択なのか？

第2節と第3節では、結婚と職業に注目して、戦後日本社会における社会変動を検討した。その結果、明らかにされたことは、戦後の日本において生じた社会変動は、ひとびとの選択の自由を増大させるようなものであったということである。

たとえば、戦後日本社会の家族において生じた社会変動によって、ひとびとはかつてよりも結婚相手を自分で決めることができるようになったし、またひとびとはかつてよりも結婚する時期を自分の意志で決めることができるようになった。同様に、戦後日本の職業構造について生じた社会変動によって、かつてよりも自分の仕事を自分で決めることができるひとびとの割合が大きくなった。しかも、戦後日本において職業構造について生じた社会変動は、高学歴化を伴っており、父親よりも職業威信の高い職業に就くという上昇移動を多く発生させたのである。

家族も職場もひとびとにとって重要な生活の場であり、どのような家族をもち、そしてどのような職で身をたてるかは、そのひとがどのような人生を送るかにとって、大きな影響を与えることになる。したがって、実際に社会を生きるひとびとにとって、自分の仕事の内容や自分が結婚する相手について単に形式的に選択の自由が認められているというだけでなく、内容的にも自らの意志で選択できるようになったことは、相対的に望ましい社会変化であったといえるはずである。実際に、結婚する相手を自分の意志に関係なく勝手に決められてしまうような社会や、あるいは自分の意志に関係なく自分の就く仕事が決まってしまっているような社会に戻したいと考えるひとは、さほど多くはないだろう。しかし、かりにこうした社会変化が多くの人にとって基本的には望ましいものであったとしても、だからといってそうした社会変化がひとびとの生活になにも問題をもたらさなかったわけではなかった。

あることについて実質的に自分で選択できるようになったということは、今までであれば事前に定まっていたことを、自身の責任で判断し、決めなければいけなくなったということである。そしてそれは、かつてであればきちんと定まっていたことが、現在ではきちんとは定まっておらず、将来の見通しについて不確定性が増したということである。そのため、ひとびとはかつてよりも不安のただ中におかれるようになった。

確かにひとびとはいつ結婚するかを自分の意志で選択できるようになったかもしれない。しかしそのために、ひとびとは「結婚できないかもしれない」というリスクを抱え込むようになった。実際に生涯未婚率は、統計的には一貫して増大しているのである。

また確かに自分の意志で自分の就く仕事を選ぶことができるひとびとがかつてよりも増えたかもしれない。しかしそのために、ひとびとは「仕事に就けないかもしれない」というリスクを抱え込むようになった。実際に若年層を中心に失業率は過去数十年にわたって上昇する傾向にあり、またその一方で雇用身分の安定した正規雇用の割合が減少し、雇用身分の安定しない非正規雇用の割合が一貫して増大しているのである。確かに雇用問題はそのときどきの経済情勢によって説明される部分が大きいけれども、職業構造の変化といった長期的な社会変動によって説明される部分も無視することはできない。

しかし、ひとは自由になると、なぜかえって決めることができなくなるのだろうか。

自由に結婚できるにもかかわらず結婚しないのだとすれば、それはそのひとが結婚することを望んでいないからだと、私たちは考えてしまいがちである。また自由に仕事を選ぶことができるにもかかわらずきちんとした仕事に就かないのだとすれば、それはそのひとが働くことを望んでいないからだと、私たちは考えてしまうだろう。実際に、自分の意志で自由に選択できることが保証されているのだとすれば、ほかに理由を考えることは至難のことなのである。

もちろん、実際に結婚することを望まず、だから未婚のままでいるひともいるだろう。あるいは、実際にフルタイムで働くことを望まず、だからフリーターやニートをしているひともいるかもしれない。しかし、すべての未婚者が望んで未婚のままでいるわけではないし、同様にすべてのフリーターやニートが望んでそのような立場に自身を置いているわけでもない。むしろ、結婚することを欲しているにもかかわらずその願いを叶えることができていないひとびとの方が多いし、そしてきちんとした定職に就くことを望んでいるにもかかわらずその希望を実現できていないひとびとも決して少なくないのである。こうしたひとびとは、自由であるにもかかわらず、自分の意志でもって人生の重大事を決めることができないのである。

自由であるにもかかわらず決めることができないのは、この社会において自由であるのはただ一人でなく、すべてのひとが同時に自由であるからである。もしこの社会において自由であるような存在が私一人しかいないのだとすれば、私は自身の判断だけで自身の行動を決めることができるだろう。しかし、この社会において自由であるような存在が私一人だけではないために、どれほど私がそうすることを欲していても、必ずしもそれが実現されるとは限らない。私が結婚したいと思っても、自分と結婚してくれる相手がいなければ、私は結婚することができない。しかし、私が自由であるようにそのひとも自由であるとするならば、私がどれほど結婚することを希望しても、相手にその意志がなければ、とうぜん私は結婚することができない。同じことは、仕事についてもあてはまる。どれほど私が仕事に就くことを希望していても、（もちろん私がどのような仕事に就くことを希望しているかによるけれども、）私を雇ってくれるひとがいなければ、私はその仕事で身を立てることはできないのである。

いいかえれば、すべてのひとが自由であるような社会において私が自身の希望を実現できるために必要なことは、「他者によって、私が選ばれる」ことがまずもって必要なのである。私が好きなときに好きなひとと結婚できるためには、私を結婚相手として選んでくれるだろうひとが自分の傍にいてくれるのでなければならない。また私が好きな仕事で身を立てるためには、私の能力を評価し、私がその気になりさえすればいつでも私を雇ってくれるような雇用主が直ちにみつかるのでなければならない。かりに私が自由であったとしても、望む結果を手に入れようとすれば私は他者に依存せざるをえないし、とりわけ人生における重大事を選択しようとするときには私は（自由であるからこそ）他者に徹して従うことになってしまう（数土 2005）。だがこのとき、私が人生における重大事を他者に依存してしか決めることができなかったとしても、しかしそれは私が他者との上下関係を含んだ権力関係に囚われていることを意味するわけではない。

社会関係において、その関係に取り込まれている個人の間に選択の自由度について大きな差があるとき、いいかえれば行為の選択について高い自由度をもっている個人と逆に行為の選択についてさほど自由度をもっていない個人とが同時に存在するとき、ギデンズはそのような社会関係を権力関係であると考えた（Giddens 1979＝1989, 1981, 1984, 1985＝1999）。つまり、高い選択の自由度をもっている個人を権力者だと考えたのである。したがって、もし私と他者との関係において、他者だけが選ぶ能力をもち、私には何も選ぶことのできる能力を与えられていないのだとするならば、私と他者との関係は権力関係であり、その他者は私に対して権力を行使していることになる。

しかし私の自由は、このような権力の行使によって妨げられているのではなかった。確かに、誰もが自由に選択できるという状況のなかで、私が私の望むことを実現するためには、他者から選ばれることが必要になるかもしれない。しかし、だからといって、そのときの関係を権力関係だということは難しい。なぜなら、確かに私は他者から選ばれることが必要だったかもしれないけれども、しかし同時に他者も私から選ばれる必要があったからである。このとき、私と他者との選択の自由度に差はなく、私と他者との関係はあくまでも対等である。にもかかわらず私は他者に対して徹して従うことになるし、それは同時に、他者は私に対して徹して従っていることをも意味している。

誰もが自由に自身の行為を決められるときに生じるこのような問題が行為者自身によって自覚されているとき、この問題はさらに複雑な様相を帯びることになる。

私は、自身の行為を自身で決められることを知っているけれども、しかし実際に自身が直面する結果は自身の行為だけによって決定されるのではなく、他者の行為によっても同時に決定されていることを知っている。このとき私は、少しでも自分にとって望ましい結果を実現するためには「相手がどのような行為を選択するか」を事前に知っている必要がある。もちろん、相手の行為を知っているといっても、実際にはその行為は相手の自由意思によって選択されるのだから、私にとっては確定されたものではありえない。したがって、この場合における「事前に知っている」ということの実際上の意味は、ある程度の蓋然性をもって予測できるということである。しかし、相手の行為を予想し、その予想にあわせて行為を決めようとすると、そしてそのことを私と他者が同時におこなおうとすると、そのことが問題を引き起こす。

互いの不確定性が二重化されているために、互いに自身の行為を決めることができなくなってしまう状況、つまり「自由であるのに、いや自由であるからこそ、自身の行為を決めることができなくなってしまう」状況は、たとえば結婚の前段階におかれる恋愛においてしばしばみることのできる状況である。Aは「もしBが私を恋愛の相手として選んでくれるなら、私は喜んでBとつきあいたい」と考えており、その一方でBも「もしAが私を恋愛の相手として選んでくれるなら、私は喜んでAとつきあおう」と思っている。このとき、AもBも自分に自信がなくただ相手の顔色を伺い合うばかりで、自分からは決して行動を起こさないために、二人は想い合っているにもかかわらず、何も起きない。いわば、このような状況である。

このケースでは、私は自身の行為の選択を他人の行為の選択に依存して決定していることになり、いいかえれば他者に従っていることになる。しかしこのことは、私だけにではなく、相手についても相互的に成り立っている。つまり、このとき相手は自身の行為の選択を私の行為の選択に依存して決定していることになり、いいかえれば私に従っていることになる。しかし、私は相手が選択する行為が決まってはじめて自身の行為を決めることができ、そして相手は私が選択する行為が決まってはじめて自身の行為を決めることができるのだとするならば、私と相手との相互行為において「はじまり」がなくなってしまうことになる。互いが相手の様子をみあうだけで、どちらも自身の行為を決めることができなくなってしまうからである。ちなみに、このように相手の行為選択を自身の行為選択の前提として互いにとりこんでしまっているために堂々巡りが生じてしまい、相互に行為を決められてなくなってしまう状況を、T・パーソンズやN・ルーマンは二重の不確定性という概念で記述した。

このとき気をつけてほしいことは、広い意味では、「選択しない」ことすらも一つの選択になっているということである。現実社会では、「結婚しない」ということは「独身でいる」ことを選択していることと同じであるし、「働かない」ということは「ニートでいる」ことを選択していることと同じになる。かりにそれらが本人の意志によって積極的に選択されたものではなかったとしても、しかし当人に別様にも行動することができたはずだという能力を認める限り、それもまたそのひとの選択として了解されてしまうのである。

そして、「選択しない」ことも一つの選択であるとするならば、けっきょくのところ、ひとは選択しないで生きていくことはできない。もしひとがこの事実を自覚するならば、そのことはひとに対して選択への強い圧力を生むことになるだろう。あえて「ニートでいる」ことを選択しているのだと周囲のひとびとに思われたくないのだとしたら、私はとにかく何か行動を起こさなければならないし、いつまでも選択を先延ばしにすることはできない。

このとき、ひとびとが感じる選択への圧力の体験のしかたを、大きく二つにわけて考えることができる。

一つは、「選択をいつすべきか」が厳格には定まっていないことによって生じる選択への圧力である。選択をするタイミングが厳格に定まっていないということは、私はその選択をよりよいものにしてくるもっともよいタイミングを決めなければいけないことを意味する。つまり、このときひとは、時間をかければもっとよい選択ができたのではないかという後悔と闘いながら選択をおこなうことになる。

このような圧力を感じさせる選択の典型は、結婚である。第2節では、日本社会は、単に結婚する相手を自由に選ぶことができるようになっただけでなく、いつ結婚するかを選ぶことができるような社会に変わってきたことを明らかにした。しかし、結婚する相手を自由に選べるようになっただけでなく、いつ結婚するかまでも自由に決められるようになったことで、ひとびとは正しい選択への強い圧力をも感じるようになったと考えることができる。私は、結婚を決めようとするとき、このタイミングで結婚することがベストなのかどうかをも同時に考慮することを迫られる。しかし私は、過去はどうであったか、そして現在はどうであるか、こうしたことはある程度知っているけれども、しかしこの先の未来がどうなっているかについてはまったく知らないのである。そのために、私は、まだ知らぬ未来と現在とを比較しながら、「現在の方がよりよいタイミングなのだ」と思いこむことで選択をおこなわなければならない。しかし、現在を未来という不確実なものと比較しながら評価しているのだから、私の判断にはつねに不確実性がともなわざるをえない。そうした不確実性に敏感に反応するようなひとは、自身の選択に対して自信をもつことが難しくなるし、そして「あえて今、それを選択する」ことに慎重になってしまうのである。

もう一つは、「選択をいつすべきか」が厳格に定まっていることによって生じる選択の圧力である。選択をするタイミングが厳格に定まっているということは、来るべきそのときまでにすべての準備を整えておかなければいけないということを意味する。つまり、このときひとは、準備が間に合わず、正しい選択ができずに終わってしまう恐れと闘いながら選択をおこなうことになる。

このような圧力を感じさせる選択の典型は、就職であろう。第3節では、日本社会が雇用者として雇われるひとびとを中心にして構成される社会に変わってきたことを明らかにした。その結果、ひとびとは自分で自身の仕事を決められるようになったけれども、そのことによって正しい選択への圧力をも感じるようになってきた。終身雇用と新卒一括採用を特徴とする日本型雇用慣行は、この正しい選択への圧力をより強めるような効果をもっている。なぜならば、終身雇用と新卒一括採用がセットになることで、ひとびとは自身の一生の仕事を選ぶタイミングが卒業を間近に控えた相対的に短い間に限定されてしまうからである。準備ができていようがいまいが、そんなことにお構いなく、そのときが来れば、ひとは否応なく自身の一生の仕事を決めなければならない。もちろん、ひとによって、学校を卒業するタイミングではなく、多くのひととは異なるタイミングで就職をおこなうかもしれない。確かにそのような選択も可能ではあるけれども、日本型雇用慣行のもとでは、そのような選択は条件のよい就職を難しくしてしまうのである。

私は、仕事を決めようとするとき、この仕事が一生の仕事としてほんとうにふさわしいものであるのかどうかを考慮しながら選択することを迫られる。終身雇用と新卒一括採用がセットになった社会では、「ちょっと試しに、挑戦してみようか」という軽い気持ちでは、仕事を選ぶことができない。しかし、それまで人生の大半を学校で過ごしてきた私には、仕事に対する深い知識や十分な経験が与えられていないことが普通なのである。したがって、多くのひとは、不確実な知識や不十分な経験でもって、一生の仕事を決めなければならなくなる。けっきょく私は、「この仕事が自分にもっともふさわしい仕事なのだ」と思いこむことで選択をおこなうしかない。しかし実際にその仕事に就いて働き始めるまでは、私の判断にはつねに不確実性がともなう。仕事の具体的な内容については不確実な知識や不十分な経験しかもっていないのだから、私の判断にはつねに不確実性がともなわざるをえない。そうした不確実性に敏感に反応するようなひとは、自身の選択に対して自信をもつことは難しいし、そして時間切れを怖れつつ迷いながら「それを選択する」ことになってしまうのである。

確かに、ひとは結婚相手も仕事も自由に選ぶことができるようになったかもしれない。しかし、このとき注意しなければならないことは、自由に選ぶことができるかもしれないが、選択の回数は限られているということである。もちろん、可能性としては何度も結婚することができるだろうし、また何度も就職することができるだろう。しかし日本社会では、離婚や離職・退職はその個人にさまざまなリスクをもたらすことになる。できれば、結婚も就職も「一回で終わらせる」ことが理想であり、したがってひとは失敗ではない結婚をしたいと考えるし、失敗ではない就職をしたいと考える。結婚も就職も、「うまくいかなければ、うまくいくまで、何度でも挑戦すればよい」とは簡単にはいえない性質をもっている。そして、単に選択の回数が限られているだけでなく、ひとは与えられた選択肢について深い知識も十分な経験も与えられないまま、不確実性に晒された状態のなかで選択することを迫られている。これでは、結婚も、就職も、単なるギャンブルになってしまう。

結婚も就職も、その選択に成功するか、それとも失敗するかは、人生にとって大きな意味をもっている。確かにそれだけ大きな意味をもった選択であれば、他人任せにするのではなく、自分で決められることの方が望ましいだろう。しかし、かりに自分で決めることができたとしても、選択の回数が限られ、そして十分な知識や経験も与えられないまま選択することだけを迫られるのであれば、それはひとにとって大きな苦痛をもたらすことになるだろう。

自由でありさえすればいいのではない。どのように自由であるかが問題なのである。もちろん、私たちの世界からすべての不確実なものを消し去ることはできない。だから何か選択をおこなうとき、私たちはどこかで不確実なものを受け容れることが必要になる。しかし、その負担を軽減することは可能であるはずだし、私たちの自由の内実を高めていくためには、そのための努力を積極的におこなう必要がある。そして、選択にともなう不確実さを軽減するもの、それは何かといえば、世界に対する新しい信頼を構築することなのである。それは、「うまくいかなければ、うまくいくまで、何度でも挑戦できる」ことへの信頼であり、また「正しい努力をすれば、正しい結果へ近づいていく」ことへの信頼なのである。

第二章　自由は増え、アイデンティティは傷つく

第1節　自分のことは自分で決められる（決めなければいけない）時代

私たちは、何かの選択をおこなう場合、与えられている選択肢が多いほど選択の自由度が増すと考えがちである。実際に、選択肢の数が実質的に一つしかないのであれば、そこに選択の自由が存在しないことは明らかである。またかりに複数の選択肢が提示されていたとしても、与えられている選択肢の数が少なく、しかも各選択肢の間に明確な違いがなければ、意味ある選択をおこなうことは難しいだろう。しかし、かりに与えられている選択肢の数が限られているときには意味ある選

択をおこなうことが困難になることを認めたとしても、このことはただちに「選択肢の数が増えれば増えるほど、また選択肢の間の多様性が増せば増すほど、私たちは意味のある選択をおこなうことができるようになる」ことを意味しているとはいえない。確かにいっけんすると、選択肢が多ければ多いほど、私たちは自分にとってより納得のいく選択ができるかのように考えられる。しかしそれは、ほんとうのこととはいえない。

たとえばS・アイエンガー（Iyengar 2010＝2010）の実験をみれば、「選択肢が増えれば増えるほど、私たちはよりよい選択をできるようになる」とは単純にいえないことを直観的に理解することができる。アイエンガーは、スーパーマーケットの試食コーナーを利用してジャムを販売する実験をおこなったが、その結果はいわば私たちの直観を裏切るようなものであった。アイエンガーは、試食コーナーに二四種類のジャムを提供した場合と、六種類のジャムを提供した場合と、それぞれの売り上げを比較したが、より売り上げがあったのは品揃えを豊富にした前者ではなく、品揃えを限定した後者の方であったのである。

「品揃えを豊富にした結果、かえって売り上げが落ちてしまった」理由は、簡単である。商品の種類があまりにも増えすぎてしまうと、ひとびとは多くの種類から購入すべき商品をどう選択すればよいのかがかえってわからなくなってしまい、結果として商品の購入を見送ってしまったからである。つまり、この場合、多すぎる選択肢はかえって消費者を惑わせてしまい、結果として消費者に適切な選択をおこなわさせることを妨げてしまったのである。

アイエンガーが明らかにした事実はあくまでも一例でしかないけれども、この一例からでも、選択肢は多ければ多いほどよく、私たちがよい選択をおこなうためには豊富な選択肢が不可欠であると単純にはいえないことがわかる。むしろ、選択肢が多くなりすぎて、その数が私たちの情報処理能力を超えてしまった場合には、多すぎる選択肢は、私たちにとって取り扱いが厄介なものになってしまい、むしろよりよい選択をおこなうことを難しくしてしまうのである（Simon 1977 = 1979, 1996 = 1999；大澤 2008）。

確かに、与えられている選択肢の数がきわめて限られている場合には、選択の余地が少ないということで、それは私たちにとってはあまり望ましくない状況となる。しかし、与えられている選択肢の数が多すぎても、すべての選択肢について十分な検討を加えることができなくなってしまい、それは私たちにとって望ましくない状況となる。選択肢の数が少ないことは、確かに問題である。しかしそれと同時に、選択肢の数が多すぎることも問題なのであり、選択の質と選択肢の数との関係は決して単純なものではない。

選択肢が増えすぎると、かえってスムーズに決めることができなくなってしまうという説明は、いわれてみれば納得できる説明ではある。しかしそれでも、選択肢が増えすぎるとひとは自分の判断で選択することが難しくなり、かえって自由の質は下がってしまうのだというのは、やはりどこか奇妙に聞こえる。選択肢が増えすぎると、なぜひとはかえって自由でなくなってしまうのだろうか。

選択肢が増えすぎると自由でなくなってしまうのは、選択肢の数が増えるにつれて考慮すべき条件が多くなり、選択のための判断の基準を定めることが困難になるからだと考えられる。もしそうだとすれば、このことは私たちが自由であるということについて、重要な事実を示唆しているように思われる。それは、私たちが自由であるためには、「何をもとに選択肢の良し悪しを判断すべきなのか」、その基準があらかじめ定まっていなければならないということである。

あるひとが「自由である」ということは、そのひとに与えられている選択肢のなかから最終的に何が選ばれるのか、このことが事前には定まっていないということである。だからこそ、そのひとは与えられた選択肢のなかから自分の意志で選択を決めることができる。そして、あるひとが「自由である」ことを社会的に保証するということは、そのひとが与えられた選択肢のなかから何を選んでも、それが社会的に受け入れられるということである。

たとえば、いま私はAもしくはBという選択肢を与えられているとしよう。このとき、私に選択の自由が認められているということは、社会的には二つの選択肢からAが選ばれてもよいし、Bが選ばれてもよいということでなければならない。もしかりに社会的には「Aが選ばれてはならない」とするならば、そして私は「Aを選んではいけない」という社会的な要請に従わなければならないとするならば、それは要するにBという選択肢しか与えられていないことと同じであり、私は自由でなかったことになる。もちろん実際には、そのひとが「Aを選んだ」ことを望ましくないと感じたり、あるいはそのような選択をしたことを不快に思ったりするひともいるかもしれない。しかしだからといって、そうしたひとたちがそのひとにBを選択するように強制することは許されてならない。社会的には、Aが選ばれようが、あるいはBが選ばれようが、どちらが選ばれても正しい選択としてそのまま受け入れられなければならない。

しかし、Aが選ばれても、あるいはBが選ばれても、どちらが選ばれても構わないというのは、あくまでも社会全体にとっては、という意味である。実際に選択肢を与えられて、そして選ぶ自由を与えられている本人までもが、「Aであろうが、Bであろうが、どちらでもかまわない」という態度をとってしまうと、途端にそのひとは実質的には自由ではなくなってしまう。もしほんとうにそのひとが「Aであろうが、Bであろうが、どちらでもかまわない」と考えているのだとすれば、そのひとによってAが選ばれようとも、あるいはBが選ばれようとも、それは「くじで選んでいる」ことと本質的な違いがなくなってしまう。いっけんするとそのひとは選択しているようにみえるけれども、しかし実際のところそのひとは選択していないのである。

つまりひとは、単に形式的に自由であるだけでなく、実質的にも自由であるためには、他人にとっては「Aであろうが、Bであろうが、どちらでもかまわない」ことであっても、自分にとっては「Aでなければならない（あるいは逆に、Bでなければならない）」理由をもつ必要がある。そして、もしそうした理由がなければそのひとは実質的には自由でなくなってしまうとするならば、私を実質的に自由な存在として成り立たせているものは、私だけがもっている私に固有の判断基準によってなのである。

したがって、あるひとが実質的に自由であるとき、そのひとの選択はその選択を評価する視点に対応して「異なる評価」が与えられていなければならない。

そのひと以外の視点からその選択を判断するときには、そこでなされる選択は「Aであってもよかったし、Bであってもよかったけれども、たまたまAが選択された」という偶有性を帯びていなければならない。もしその選択が「Aが選択されなければならない」という社会文化的な要請（あるいは強制）にしたがってなされたものであるならば、そのひとは実質的には自由でなかったことになってしまう。

しかし、その人自身の視点からその選択を判断するときには、そこでなされる選択は「Bではなく、Aでなければならない」という不可避性を帯びていなければならない。もしその選択が選んだその人自身によって「Aであってもよかったし、Bであってもよかったけれども、たまたまAを選んだにすぎない」と考えられているならば、そのことをわざわざ私の意志で選択をおこなう必要はなく、くじで決めても実質的な違いがなかったことになってしまう。その場合には、そのひとは形式的には自由であったかも知れないが、選択した本人自身が選択にコミットしていないということで、そこに実質的な自由をみいだすことが困難になってしまう。つまり、あるひとが実質的に自由であるためには、そのひとの選択がそのひとの内的視点からは必然として理解される一方で、外的視点からは偶然として理解されなければならないのである。

このことをいいかえれば、「自由な個人は、自身の選択に対してアカウンタビリティーをもっていなければならない」ということになるだろう。そのひとが自由であるとき、そのひとによって選択された行為の理由を説明できるのは、その人自身でなければならない。自由な意志でもってその行為が選択されたのだとしたら、選択をした当人以外のひとは、その行為が選択された理由を推測することはできるかもしれないけれども、行為を選択した当人の内面を直接に知る手立てはないので、その説明はつねに推測にとどまってしまわざるをえない。それが偶有的であるということである。しかし、その行為を選択した当人であれば、その行為が選択された理由を、自身の内面にある選択の基準に言及することで説明できなければならないし、少なくともそうであることが期待されている。それが不可避的であるということである。

もちろんこれは、「自由である」ことを理想的に考えればということであり、しばしば現実はこのようにはなっていない。いやむしろ、多くの場合、わたしたちはその理由をはっきりと自覚せずに行為を選択しており、私たちが自身の行為に対しておこなう説明は単なる後付けにしかすぎないことが普通なのである（Damasio 1996＝2000, 2003＝2005）。しかし私たちは、「自由でなければならない」と考えてしまっているとき、「それを選択する」理由を自身の内部に探し求め、思い悩み、そしてかえって選択できなくなってしまうのである。

たとえば、結婚を例にしてこのことを考えてみよう。婚姻の自由が認められていれば、私は誰といつ結婚するかを自分の意志で決めることができる。いいかえれば、私がA子さんと結婚したとしても、あるいはB美さんと結婚したとしても、相手との合意があれば、何か特別な理由でもない限り、それは正しい結婚として社会的に受け入れられる。けっきょくのところ社会的には、私がA子さんと結婚しようと、あるいはB美さんと結婚しようと、その間に違いはないということである。

しかし、同じことを私についても当てはめることはできない。もちろん場合によっては、「結婚する相手はA子さんでもよかったし、B美さんでもよかったけれども、たまたまA子さんがそばにいたので、A子さんと結婚したのだ」というひともいるかもしれない。しかし、「そのような選択のしかたは、人生の重大事を決めてしまうやり方としてはきわめて軽率で、不適切である」と、多くのひとは考えるであろう。むしろ「B美さんではなく、あえてA子さんと結婚したのだ」とするならば、（B美さんではなく）A子さんでなければならなかった理由が私の内部にあったはずであり、私は私の内面にある私に固有の判断基準にしたがってそのひとを結婚相手に選んだのだと、多くのひとは考えるだろう。そして、そのような選択を可能にしてくれることが「自由である」ことだったのであり、私が私の心のなかにある私に固有の判断基準にしたがって結婚する相手を選ぶことを「自由を行使する」ことなのだと考えてきたのである。

同じようなことは、就職についてもいえるだろう。ひとびとに職業選択の自由が認められているとするならば、私はどのような職業に就くかを自分の意志で決めることができる。いいかえれば、私が漁師になったとしても、あるいは医師になったとしても、それらの職業が法に触れるようなものでなければ、その職業に就くことを社会的に妨げられることはない。けっきょくのところ、私が漁師になろうとも、あるいは私が医師になろうとも、社会的にはどちらでもかまわないということである。

しかし私にとっては、「漁師になるか、それとも医師になるか」ということに本質的な違いはないとは、とてもいえない。もちろん、ひとによっては、「漁師になろうとも、あるいは医師になろうとも、別にどちらもでもかまわなかったのだが、たまたま知り合いに医師になることを勧められたので、医師になったのだ」というケースもあるだろう。しかしやはり、「そのような選択のしかたは、人生の重大事を決めるやり方としては浅慮に過ぎ、一生のことであればもっと真剣に考えるべきであった」と、多くのひとは考えるであろう。「漁師ではなく、あえて医師になることを選択したのだ」とするならば、(漁師ではなく)医師になることを目指した理由が私の内部にあったはずであり、私は私の内面にある私に固有の判断基準にしたがって医師になることを決断したのだと、多くのひとはそのように考えるはずだ。少なくとも、自身の価値判断にしたがった選択をすることを可能にしてくれるから職業選択の自由が大切だったのであり、いいかえれば自身の価値判断にもとづいて自身の職業を決定することこそが「職業選択の自由を行使する」ことでなければならなかったのである。

このように考えると、実質的にも自由であるためには、そのひとのなかに自前の判断基準が用意されていなければならないということがわかる。しかし問題は、この判断基準をどうやって用意するかなのである。

もしこの判断基準が外部から強制されたものであって、しかも私は外部から強制されたその基準にしたがって自身の選択をおこなっているとするならば、私は自分の行為を自分で決めているのではなく、外部に決められてしまっていることになる。したがって、もし私が実質的にも自由であろうとするならば、そのような判断基準を自力で探し出さなければならなくなる。しかし、そのようなことはほんとうに可能なのだろうか。

選択肢の数が限られていて、考慮しなければいけない条件が単純なものであれば、あるいはそうした判断基準を容易にみつけだすことができるかもしれない。あるいは、自分の判断基準に多少自信がもてなくても、選択を迫られている状況がさほど深刻なものでなければ、曖昧な判断基準であってもそれでもって選択することができるかもしれない。しかし、選択肢の数が増え、考慮しなければいけない条件が複雑になると、そうした判断基準をみつけ出すことが容易でなくなる。あるいは、かりに何とか判断基準を定めたとしても、選択を迫られている状況がきわめて深刻なものであれば、あやふやな判断基準で選択を決めてしまうことにひとは怖れを感じるかもしれない。

選択肢が増えたとき、かえってひとが自分の自由を見失ってしまうのは、ひとは選ぶための判断基準をあらかじめ与えられているわけではなく、自分の力でその基準を探しだすことを求められていたからなのである。したがって、自分の力で容易にその判断基準を探しだすことができるような状況であれば自由を行使することができるかもしれないが、自分の力では容易にその判断基準をみいだせなくなったときには、私は何を選択していいかわからなくなり、自由を行使することができなくなってしまうのである。

I・カントは、自身の道徳哲学の基盤として、悪がなされる可能性に抗して意志の力でもって法則を実現する能力をもっていることに人間が自由であることの可能性をみいだした（Kant 1785＝1976, 1788＝1979）。このときカントは、そのような法則は先験的に与えられており、理性に照らし合わせれば、その法則を明らかにすることができるはずだということを前提にしている。しかし、現代を生きる私たちにとっては、カントがおいた前提をそのまま受け入れることは難しいだろう。

現代を生きる私たちは、この世界に多様な社会・文化が存在しており、そのなかからある特定の社会や文化の価値観を取り上げて、それだけを普遍的に正しいとみなすことの困難さを知っているからである。とうぜん同様のことは、社会単位だけでなく、個人単位でも成り立つ。その他大勢の一人でしかない私個人の価値観を取り上げて、それだけが普遍的に正しいのだと根拠なく思いこむことはきわめて危険である。

しかしそれでは、「正しい」判断基準にもとづいて選択をおこないたいと考えたとき、私はいったいどのようにして判断基準の正しさを確認・確信すればよいのだろうか。

かりにこの世界に私一人しか存在しないのであれば、こうした問題は存在しようがない。そのような世界では、私が正しいと思ったことが正しいのであり、それ以外のことを考慮する必要がないからである。しかし私たちは他者とともに生き、そして他者とともに生きながら相互に自由であろうとする。だからこそ、このような問題に直面し、そして問題はその混迷の度合いを増すことになる。

私は自分の力で自身の行為を選択するための判断基準を探し出さなければならないが、その判断基準の適否の判断には、単に私の信念や信条だけが関わるのではなく、他者の思惑も関わってこざるをえない。確かに「自由である」ならば、私がしたがうべき判断基準を定めるのは「私」でしかないかもしれない。しかしだからといって、他者は、「私がどのような判断基準にしたがっているか」についてまったく無関心でいるわけではない。むしろ他者は「私がどのような判断基準にしたがっているか」に対して強い関心をもち、そして私の選択に何らかの評価を与えようとする。私と他者は相互的に生きており、私がどのような判断基準にしたがうかによって、他者のおかれている状況にも何らかの変化・影響が生じてしまうからである。私がどのような考えで行為を選択するかによって、自身のおかれている状況がまったく変わってしまう可能性があるのだとすれば、私がどのような考えを抱いているかについて、他者が無関心でいられなくなるのは、とうぜんのことであろう。そして私も、他者がどのような判断基準をもっているのかについて無関心でいられないし、他者がしたがっている判断基準を参照にしつつ、私のしたがうべき判断基準を定めようとする。いわば私は、他者と関係することで、判断基準の定め方の混迷のただ中におかれることになる。

社会は、私たちの自由を拡げる形で変化してきた。私たちの人生に大きな影響を及ぼす選択、たとえば家族形成であるとか、あるいは職業の選択であるとか、そうしたものを自身の判断で決めることのできる範囲が増している。その結果、現代社会では、「結婚相手を選ぶことができる」というよりは「結婚相手を選ばなければならない」社会になったし、また「仕事を選ぶことができる」

というよりは「仕事を選ばなければならない」社会になった。

そしてこの変化は、ひとびとは結婚相手を選ぶ基準を自分で考えなければならなくなったことを意味するし、また仕事を選ぶための基準・方針をそれぞれがもたなければならなくなったということを意味している。しかし、そのような基準を十分に納得のいく形で決めることはそれほど簡単なことではない。むしろ、他者とともに生きていかなければならない社会のなかでは、自分だけの判断基準を強い確信をもって維持しつづけることは容易でなく、それはひとびとにとって極めて悩ましい営みとなる。だからこそ、「自由である」ことはときにひとにさまざまな厄介ごとをもたらし、かえってひとびとは自身が「自由である」ことを実感しにくくなってしまう。こうした厄介な状況のなかで、ひとびとは、自身に対して何を感じ、そして社会に対して何を思うのだろうか。本章では、このことについて検討をおこないたい。

第2節　未婚者の階層意識

第一章の第2節では、結婚をめぐる状況について日本社会にどのような変化が生じたのかを確認した。そこで確認されたことは、現代の日本社会ではかつてと比較してひとびとは結婚について多くの自由を手に入れているということであった。

いっけんするとひとびとにとって選択可能な範囲が拡大したという意味で、このような変化はきわめて望ましいものであるようにみえる。実際にひとびとは、結婚する相手を周囲に勝手に決められるよりは自分で決めることを望むだろうし、結婚するタイミングについても強制されるよりは自分で選ぶことの方を希望するだろう。にもかかわらず、このような結婚をめぐる自由の増大は、ひとびとにとって必ずしもポジティブな意味だけをもっているわけではなかったことを、第一章で指摘しておいた。ひとびとは「誰と結婚するか」そして「いつ結婚するか」について自由を手に入れることによって、「この先、ずっと誰とも結婚できないかもしれない」という不安のただ中におかれることになったからである。

しかし、結婚に関する自由を手に入れることによって、なぜひとびとはこのような不安のただ中におかれるようになるのだろうか。

そこにはさまざまな理由があると思われるが、もっとも大きな理由は、結婚するためには相手が必要であり、そしてその相手の合意をえなければならないということであろう。確かに私は「誰と結婚するか」を自由に選ぶことができるかもしれないし、そして「いつ結婚するか」を自由に決めることができるかもしれない。しかしそれは、裏を返せば私が結婚したいと考えている相手も「誰と結婚するか」を、そして「いつ結婚するか」を自由に決められるということである。したがって、相手が私との結婚に同意してくれない限り、私はいくら望んでもその人と結婚することはできない。

そしてさらに問題なのは、かりに相手が私との結婚に同意しなかったとしても、それは私がその相手と結婚する可能性が断たれたことを必ずしも意味するわけではないということである。私がその相手と結婚したいと思う意志をもちつづける限り、たとえどれほど小さい可能性であったとしても、相手が自身の考えを翻し、結婚に同意さえしてくれれば、私がその人と結婚できる可能性が残るからである。

もしかりに「誰と結婚するか」であるとか、あるいは「いつ結婚するか」であるとか、そうしたことが制度的に決まっていたのだとすれば、話はもっと簡単であっただろう。制度的に選択肢が限定されているならば、私がその相手と結婚できるかできないかは一目瞭然であり、迷う余地はない。結婚できないのだとしたら確実に結婚できないのであり、結婚できるのだとしたら今度は逆に結婚せざるをえないからである。しかしそうではないために、ひとびとは迷うし、そして可能性をあきらめられないのである。

結婚に関する自由が広く認められているにもかかわらず、なかなか結婚しようとせず、晩婚化・非婚化が一貫して進んでいる現状をみると、私たちは今の若い人たちは結婚することを望んでいないのだと考えがちになる。それは、「結婚できる自由があるにもかかわらず、結婚しないのは、当人がそれを望んでいるからだ」という理屈である。(5)

しかし実際は、独身者の結婚意欲が衰えているという証拠はない。むしろ、第一章でも言及したように、厚生労働省が実施している出生動向基本調査の結果をみるならば、独身者の結婚意欲は依然としてきわめて高いレベルにあるし、二〇〇〇年代の中ごろからは独身者の結婚意欲はむしろ強まっているようにみえるからである。このように、多くのひとびとが結婚することを希望しているにもかかわらず、依然として晩婚化・非婚化が進んでいるとすれば、晩婚化・非婚化が進行している理由は当人の意思によるものよりも、むしろ社会構造の変動や社会環境の変化に求められなければならない（数土 2012b）。

したがって、「この先、ずっと誰とも結婚できないかもしれない」という不安のただ中におかれているからといって、それを若者の自業自得と責めることは適切ではない。現代は結婚に関する自由が広く認められているにもかかわらず、いや結婚に関する自由が広く認められているからこそ、私たちの社会は結婚しがたい社会なのである。

今まで述べてきたことを、一九八〇年代に実施された社会調査データと二〇一〇年に実施された社会調査データの結果を比較することで、もう少し具体的にみてみることにしよう。

ここで取り上げられるデータは、一つは一九八五年に実施された「社会階層と社会移動に関する全国調査」（代表　直井優）のデータと、もう一つは二〇一〇年に実施された「格差と社会意識についての全国調査」（代表　吉川徹）のデータである。(6)この二つの社会調査データは、調査対象者の年齢層に違いはあるものの、層化多段抽出法でえられたサンプルに対して実施された全国規模の社会調査という点で共通しており、また基本項目については共通の質問形式を採用しているために比較を容易におこなうことができるという特徴をもっている。

とくにここでは、二つの調査データに共通する質問項目のうち、生活満足感と階層帰属意識の二つに注目する。生活満足感とは、「あなたは生活全般についてどの程度満足していますか」と尋ね、

「満足している・どちらかといえば満足している・どちらともいえない・どちらかといえば不満である・不満である」の五つの選択肢から、調査対象者によって選ばれた回答のことを意味している。また階層帰属意識とは、「かりに現在の日本社会全体を、このリストにかいてあるように五つの層に分けるとすれば、あなた自身はどれに入ると思いますか」と尋ね、「上・中の上・中の下・下の上・下の下」の五つの選択肢から、調査対象者によって選ばれた回答のことを意味している。

図2－1と図2－2は、一九八五年と二〇一〇年におけるそれぞれの生活満足感と階層帰属意識の分布を、調査対象者の年齢を二五歳から六〇歳に揃えたうえで、婚姻上の地位（既婚、未婚、離死別）別に比較したものである。

まず図2－1は、一九八五年SSM調査における階層帰属意識と生活満足感の分布を示している。ちなみに、一九八〇年代は「一億総中流」が広くひとびとの話題になっていた時代である（原編2008）。実際に階層帰属意識の分布をみていると、中の上もしくは中の下と回答するものの割合が高く、ひとびとの多くが自身を「中」に帰属させていたことがわかる。またただ単に多くのひとが自身を「中」に帰属させていただけでなく、自身を「中」に帰属させていたひとびとの階層的輪郭が明確でなく、「中」に帰属しているひとびとの階層的特徴がはっきりしていなかったことも、この時代の大きな特徴であった（村上1984）。自身を「中」に帰属させるひとびとのなかには、さまざまな職業階層のひとびとが含まれ、そして学歴についても中卒から大卒まで広く含まれていたのである（富永・友枝1986）。

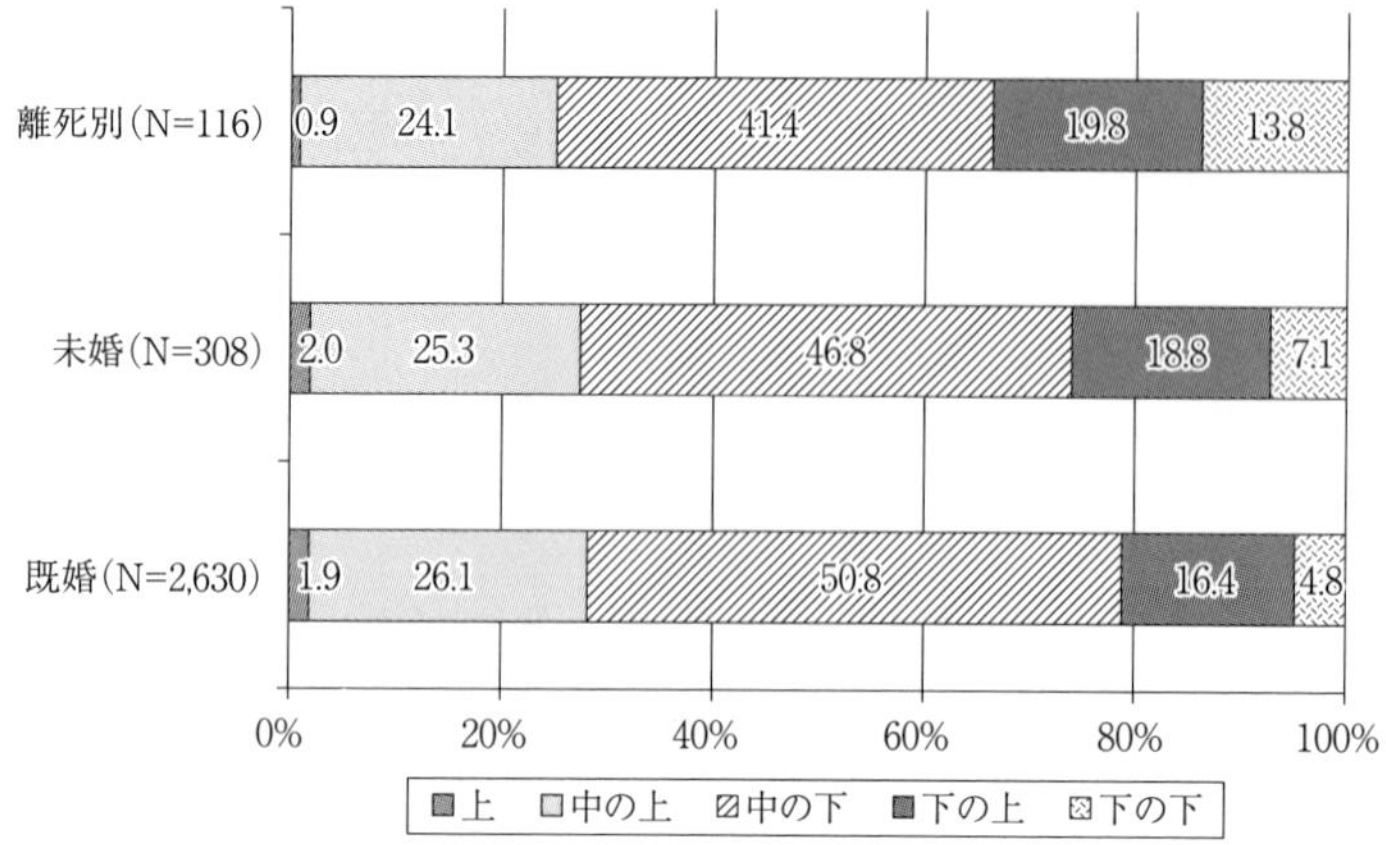

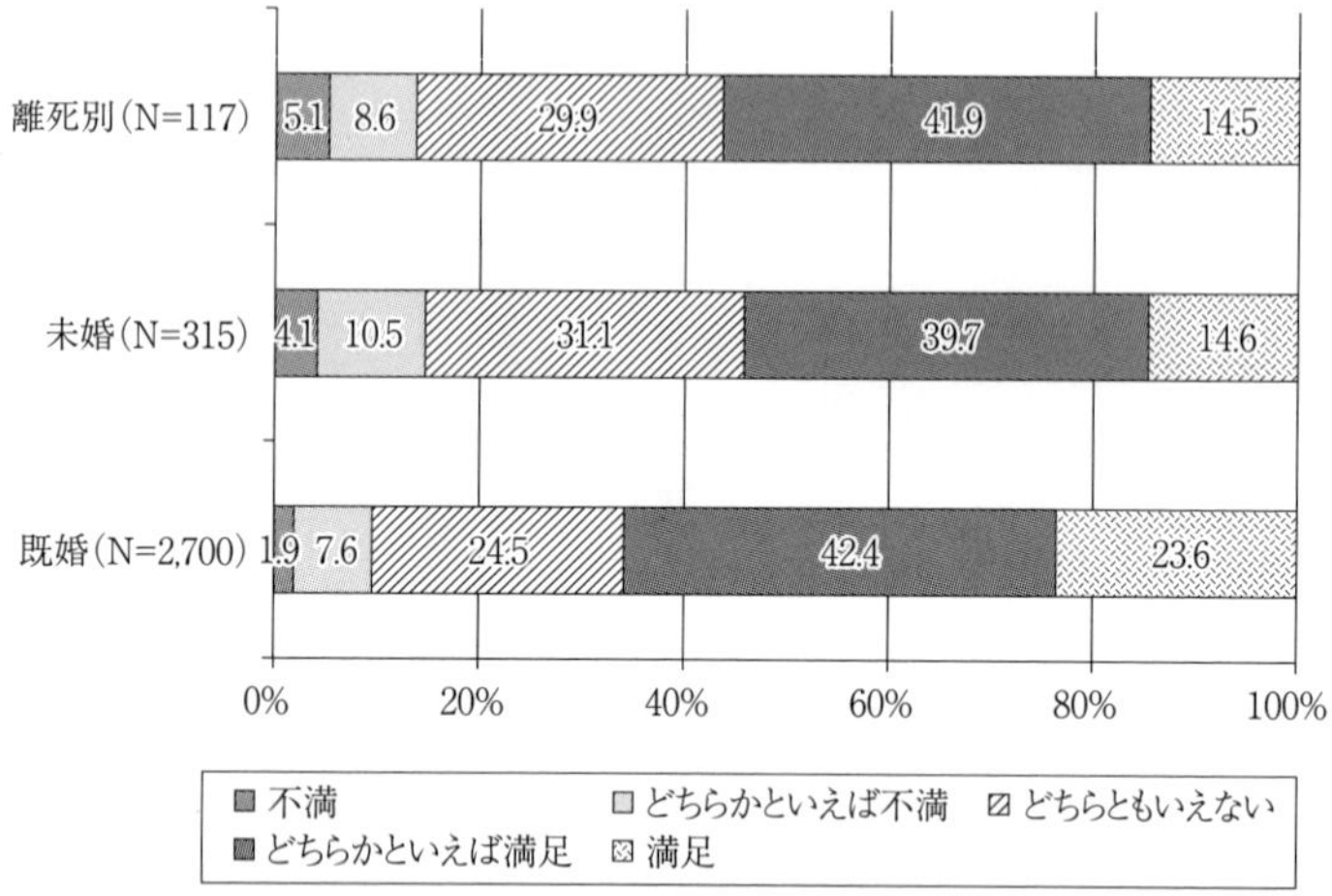

出典：1985年SSM調査より

図2-1　婚姻上の地位別の階層帰属意識（上段）と生活満足感（下段）

そしてこのことは、婚姻上の地位別にみてもおおよそ妥当している。既婚者の階層帰属意識分布、未婚者の階層帰属意識分布、そして離死別者の階層帰属意識分布を比較すると、離死別者の階層帰属意識が傾向として低いようにみえる。下の上ないし下の下と回答しているものの割合は、既婚者では二一％にしかすぎないが、離死別者では三四％となっており、既婚者の約一・五倍である。しかしそのような顕著な違いは、既婚者と未婚者の階層帰属意識分布には存在しない。もちろん厳密にいえば、下の上ないし下の下と回答しているものの割合は既婚者で二一％であるのに対して未婚者では二六％となっており、未婚者の方がやや階層帰属意識が低くなっているようにみえる。しかしこのとき注意しなければいけないことは、未婚者の平均年齢は既婚者の平均年齢よりも低く、それは言いかえれば未婚者の方が階層帰属意識に影響を与えるところの収入が低い傾向にあるということである。したがって、平均収入の違いが未婚者の階層帰属意識を引き下げている影響を除いて考えると、「結婚しているかいないか」それ自体の影響によって階層帰属意識が異なってくるとはいえないのである（数土 2012a）。

一方、生活満足感の分布をみると、階層帰属意識とはやや異なることがわかる。既婚者の生活満足感の分布、未婚者の生活満足感の分布、そして離死別者の生活満足感の分布を比較すると、既婚者には生活に満足しているものの割合が高く、未婚者と離死別者は相対的に満足を感じているものの割合が低くなっている。「満足している」と回答しているものの割合は、既婚者では二四％となっているのにたいして、未婚者では一五％となっているし、離死別者でも一五％となっている。

もちろん、未婚者をみても、そして離死別者をみても、分布は満足している側によっており、極端に生活満足感が低いわけではない。しかし、婚姻上の地位別に生活満足感を比較して既婚者の生活満足感が高いということは、結婚していないものにとって、あるいは配偶者を失ったものにとって、「配偶者がいない」ということが生活満足感を低める方向に影響を及ぼしていることを示唆している。そして、生活満足感に対する婚姻上の地位の影響は収入や職業や学歴といった調査対象者の個人属性の影響を取り除いてもみいだすことができることがわかっており、配偶者がいるかいないかはその人の生活に対する満足に何らかの影響を与えていると考えることが妥当である（数土 2012a）。

したがって、一九八〇年代の頃に「結婚しないで未婚のままでいる」ことが階層帰属意識と生活満足感に与えていた影響をまとめると、次のようになるだろう。

まず結婚しないで未婚のままでいることは、その人の生活満足感を下げてしまう。結婚に対する意味づけはひとによってそれぞれであり、いちがいに結婚すべきだとはいえないかもしれない。しかし少なくとも全体としてみれば、結婚していないことにデメリットを感じているひと（いいかえれば、結婚することにメリットを感じているひと）の方が多いのである。しかしその一方で、一九八〇年代の頃には結婚しないで未婚のままでいることは必ずしも階層帰属意識を下げるものではなかった。したがって、かりに生活に対する満足感が下がることはあっても、そのひとの（階層）アイデンティティを傷つけるようなことはなかったのである。

その理由は、ひとびとによって未婚状態が一時的なものと感じられていたからだと考えられる。これまでも述べてきたように、この時代の生涯未婚率は五％未満であり、今の時代の生涯未婚率よりもはるかに低い水準にあった。したがって、かりにいま未婚の状態にあったとしても、その状態は永続するものではなく、将来的には解消されることを予測できたのである。

一方、図２－２は二〇一〇年の階層帰属意識と生活満足感の分布である。ちなみに日本では二〇〇〇年頃から格差社会という言葉が人口に膾炙するようになり、ひとびとによって日本はもはや総中流社会とはいえないと意識されるようになってきた（橘木 1998；斎藤 2000；佐藤 2000；苅谷 2001；三浦 2005；山田 2004）。実際に、階層帰属意識分布そのものは大きく変化していないけれども、学歴や職業といった社会地位によって階層帰属意識が決まる度合いが一九九〇年代から次第に大きくなり、その趨勢は現在でも続いている（吉川 2006）。直感的にいえば、中の上であるとか、あるいは下の上であるとか、そういった階層帰属意識は単なるひとびとの思い込みでしかないようにかつてはみえたけれども、現在では現実社会に根をもつ社会意識として立ち現れるようになってきた。しかし、階層帰属意識に対して影響をもっているのは、学歴や職業などの社会的地位、あるいは世帯収入や資産といった経済的地位だけではない。そうした社会的地位や経済的地位以外にも、ひとびとが自身を中の上であるとか、あるいは下の上であるとか、帰属する階層を判断するときにもちいられる属性が存在する。社会的地位や経済的地位ではなく、しかもひとびとの階層判断に影響を与える属性とは、そのひとの婚姻上の地位である。

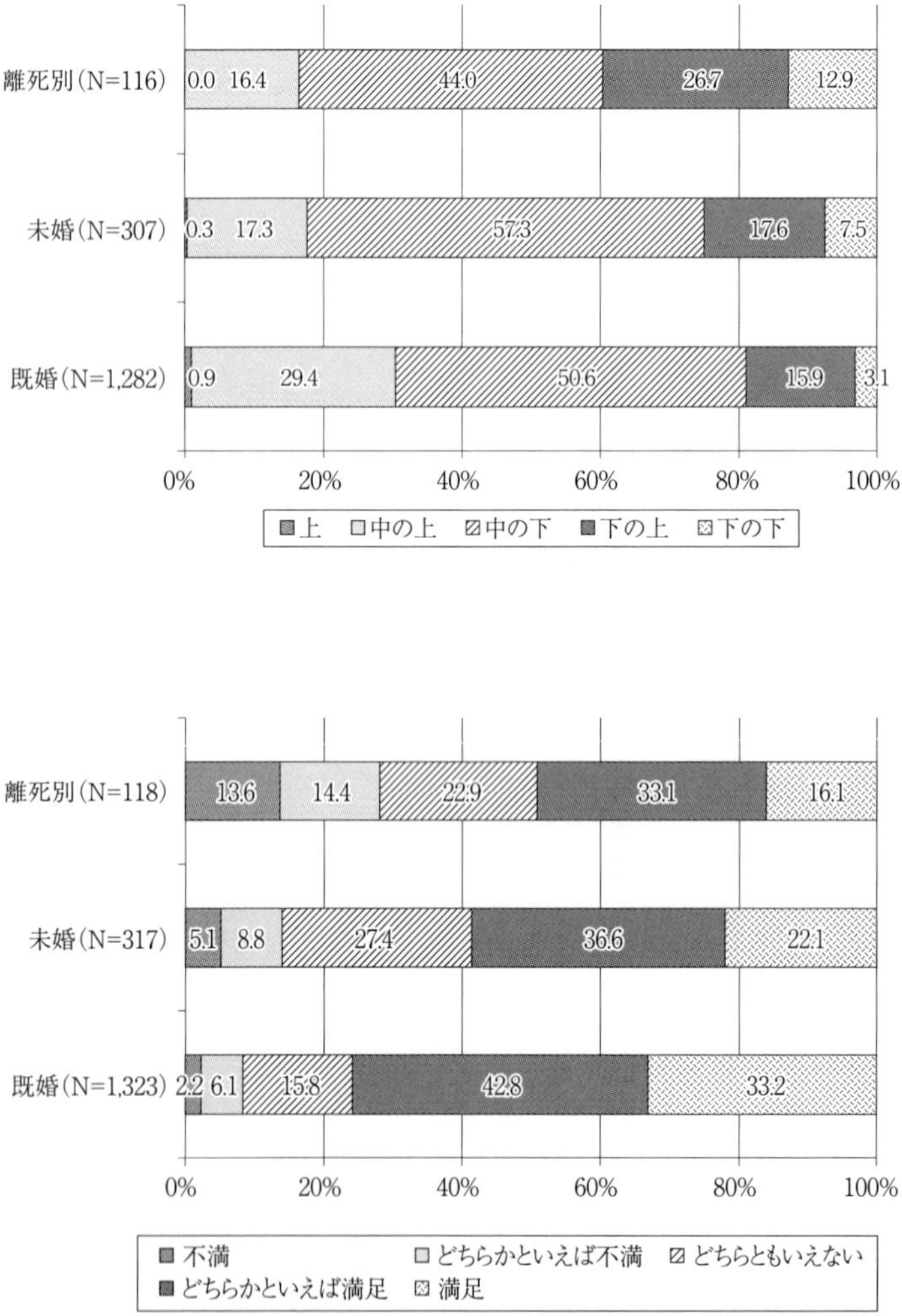

出典：2010年SSP-I調査より

図2-2　婚姻上の地位別の階層帰属意識（上段）と生活満足感（下段）

図2－2では既婚・未婚・離死別という婚姻状態別に階層帰属意識分布が示されているが、図から明らかなように、婚姻状態と階層帰属意識の間にはかなり明確な関係が存在する。まず既婚者をみると、上もしくは中の上と回答したものの割合が三〇％であり、下の上もしくは下の下と回答したものの割合は一九％となっている。全体的に階層帰属意識は高い方の側に寄っているといってよいだろう。それに対して未婚者をみると、上もしくは中の上と回答したものの割合は一八％であり、下の上もしくは下の下と回答したものの割合は二五％となっている。全体的に階層帰属意識は低い方の側に寄っており、既婚者の場合と比較するとその違いはかなり対照的である。さらに離死別者をみると、未婚者よりもさらに下の上もしくは下の下と回答しているものの割合が高くなっている。

今度は婚姻上の地位別に生活満足感の分布の違いをみてみると、階層帰属意識がそうであったように、やはり明確な違いが存在している。既婚者の生活満足感の分布をみると「満足している」もしくは「どちらかといえば満足している」と答えているものの割合は七六％となっており、四分の三強に達している。しかし、未婚者の生活満足感をみると「満足している」もしくは「どちらかといえば満足している」と答えているものの割合は六〇％弱に減少しており、さらに離死別者をみるとその割合は半分を切ってしまっている。つまり、全体的に生活満足感は高い方に寄っているとはいえ、未婚者や離死別者の生活満足感は既婚者の生活満足感よりも相対的に低くなっている。ちなみに、このような生活満足感に対する婚姻上の地位の影響は収入や職業や学歴といった調査対象者の個人属性の影響を取り除いてもみいだすことができることがわかっており、やはり二〇一〇年においても一九八五年のときにそうであったように配偶者がいるかいないかはそのひとの生活に対する満足に何らかの影響を与えているといえる（数土 2012a）。

二〇一〇年代に「結婚しないで未婚のままでいる」ことが階層帰属意識と生活満足感に与えていた影響をまとめると、次のようになるだろう。

まず結婚しないで未婚のままでいることは、その人の生活満足感を下げてしまう。これは、一九八〇年代の頃と変わらない。もしほんとうに結婚するかしないかは本人の自由であり、ただ本人の選好だけによって配偶者の有無が決まっているのだとすれば、このような関係をみいだすことはできないはずである。結婚の自由が認められているにもかかわらず、このような関係が現れるのは、やむをえず未婚にとどまっているひと（いいかえれば、結婚をしたくても結婚できないひと）が少なからず存在しているからだと考えられる。そしてさらに、二〇一〇年代になると今度は「結婚しないで未婚のままでいる」ことが階層帰属意識をも下げてしまうようになったのである。つまり、一九八〇年代の頃と異なり、未婚状態は生活に対する満足感を下げるだけでなく、そのひとの（階層）アイデンティティをも傷つけるようになってしまったのである。

そしてこのような変化が生じたのは、生涯未婚率が高まることで「未婚状態は一時的なものではなく、この先もずっと続くかもしれない」という不安をひとびとが感じるようになったからだと考えられる。二〇一〇年代になると男性の生涯未婚率は二〇％にまで達し、また女性の生涯未婚率も一〇％を超えている。一生を独身で終える可能性は無視できないものとなり、いま未婚の状態にあるものは、この先もその状態を解消できないかもしれないという不安のただ中におかれるようになったのである。

私たちは、若者がなかなか結婚しない（あるいは、そもそも結婚しない）理由を、若者が結婚を望んでいないからだと考えがちである。確かに、結婚することによって相手に対して何らかの責任が生じるという意味では、結婚は個人の行動を制約する側面がないとはいえない。そして、そうした制約を忌避した結果としての晩婚化・非婚化であるならば、そのような説明にも何らかの妥当性を認めることができるかもしれない。しかし、婚姻上の地位が階層帰属意識に及ぼした影響の変化は、このような説明が必ずしも正しいものではないことを明らかにしている。一九八〇年代から二〇一〇年にかけて未婚者の割合が増えたけれども、増えた未婚者の生活満足感・階層帰属意識が既婚者の生活満足感・階層帰属意識と比べて低いということは、未婚者が自身のおかれている境遇についてネガティブに評価していることを示唆しているからである。

そしてこの事実は、同時に、自由であることの難しさ（数土 2005）をも明らかにしているといえるだろう。

結婚するかしないかを自分の意思で決められるにもかかわらず、そして実際に自分の意思でそれを決めているにもかかわらず、少なくない人が自身の選択について不満を抱いている。このようなやや逆説的にもみえる事態が帰結されてしまうのは、結婚するかしないかについて自由を認められていたのが自分だけではなかったからである。自分が結婚について自由を認められていたように、他者についても結婚の自由が認められており、そのためにいくら自身の意思にしたがって行動を選択したとしても、自身が望んだ結果を得られるとは限らない。そのような状況下にあって、それでも何とか自身の望む結果を得ようとするならば、私は何としてでも他者の合意を取りつける必要があり、そのために他者が何を考えているのか、そして何を望んでいるのか、このことについて深い関心をもたざるをえなくなっていく。

「自分の人生に関わる重要な選択を周囲に勝手に決められてしまい、自分の意思がまったく反映されない」といった状況を好ましく思うひとはいないだろう。しかしだからといって、「自分の人生に関わる重要な選択を自分の意思で決められる」ようになることが、選択への満足度をつねに高めるとは限らない。誰もが自分の人生に関わる重要な選択を自分の意思で決められるようになると、ひとびとは他者という不確定性に対面することを余儀なくさせられるからである。

結婚について自由に選択できる範囲が拡がることにより、私たちは結婚について多くのことを望むことができるようになった。しかし望んだことが望んだ分だけ実現されるわけではない。多くのひとはけっきょく妥協を強いられるか、それでもなお妥協することを拒むひとは見通しの立たない未来を前にして不安のただ中におかれることになる。そして、そうした過程のなかで、少なくないひとびとが自身のアイデンティティを傷つけられていくのである。

しかし、どのようにすればこの不安を解消することができるのだろうか。

このような不安を解消するための手立てとして、二つのものを考えることができる。一つは、ひとびとの選択肢の幅を今よりも狭めることで、私たちが直面しなければならない不確定性の程度を縮減しようとする手立てである。選択の自由度が増すことで不安が増し、そしてアイデンティティを傷つけられていくのだとするならば、「選択の自由を昔と同じように制限すればよいのだ」というのは、一つの考え方であろう。しかし、このような時計の針をもとに戻す式の手立ては、あまり魅力的なものとはいえない。確かに選択の自由度に制限をかければ不確定性は減少するかもしれないが、しかしそのことによって私たちは生の豊かな可能性をも失うことになるからである。

もう一つは、ひとびとの不確定性を処理する個人的な能力を高めることで、私たちが直面しなければならない不確定性の程度を軽減しようとする手立てである。選択の自由度が増しても、それと同時に他者によってもたらされる不確定性を適切に処理する能力が高まれば、不安を感じる程度は緩和されるだろうし、そしてアイデンティティの傷つく度合いも弱まるであろう。いいかえれば、コミュニケーション能力を磨くということである。このような手立ては、ある意味でたいへん魅力的なもののようにみえる。しかし、そのような能力を身につけることは容易ではないし、またそうした能力を身につけられる度合いには個人差も階層差もあるだろう（本田 2005b）。

こうして考えてみると、いずれの方向性にもメリットとデメリットがあり、どっちに進んでもけっきょく問題が残ってしまう。この問題に十全な解答を与えることは難しい。確かにそうかもしれないが、しかしそれでも本書では、「信頼」を鍵概念としてこの問題を乗りこえるための新しい方向性を示していきたいと考えている。

第3節　就職活動という不確実なもの

第一章では、職業構造が変動することで働くひとの雇用者化が進み、ひとびとは自分の仕事を選ぶことができるようになったと同時に、仕事に就くためにひとに選ばれることが必要になったことを論じた。このように働く人の雇用者化が進むと同時に、戦後日本社会では高学歴化が進行したことにも注意する必要がある。戦後直後には一〇％未満でしかなかった大学進学率は、二〇〇九年以降になると五〇％を超えている。そして、雇用者化と高学歴化が意味することは、若い世代にとって就職活動をすることが一般的になったということである。

ここでいう就職活動は卒業を控えた学生が企業に新卒採用されるためにおこなう活動一般のことであるが、いまや日本社会において学生がおこなう就職活動は季節の風物詩ともいうべきものになっている。しかし、ひとくちに就職活動といっても、活動の標準的な内容は時代によってかなり異なっている。かつての就職活動と現在の就職活動を比較すると、現在の就職活動はかつてよりも学生に対して多くの選択肢を与えているけれども、かつてよりも不確定性が増したものにもなっている(7)。

たとえば、大学生が企業に採用されるしくみをみてみよう。かつては指定校制がメインであったけれども、その後にはＯＢ・ＯＧ訪問が盛んにおこなわれる時代がきて、そして現在では自由応募がメインとなっている。

指定校制とは、企業が特定の大学に対してのみ求人をおこなう制度である。とうぜん、このような制度の下では、企業からの求人が届かない大学の学生はその企業への採用の機会をもたないことになる。いわば、通っている大学によって、どの企業に就職できるかが決まってしまうのである（苅谷 2010）。それに対して、ＯＢ・ＯＧ訪問とは、大学の卒業生が新卒採用のためのリクルーターとなり、学生は自分の通っている大学の卒業生とコンタクトをとることで、企業に採用されるための過程に参入していく。とうぜん、このような制度のもとでは、希望する企業に自大学の卒業生がいなければその企業に採用される機会が制限されることになる。いわば、通っている大学によって、その企業に就職できる可能性が変わってくるのである（中村 2010）。

しかし、このような指定校制も、そしてＯＢ・ＯＧ訪問も、現在の大学生の就職活動においてはさほど重きをおかれていない。現在では、基本的には多くの企業が自由応募方式を採っており、学生はインターネットや企業がもうけるセミナー・説明会を通じて情報を入手し、エントリーシートを提出することで企業に採用されるための過程に参入していく。したがって現在では、少なくとも建前上は、通っている大学に関係なく希望するすべての企業に挑戦できるようになっている。

このように、大学生の就職活動はかつてよりも「自由化」が進んでいるが、このような自由化は就職活動についていくつかの問題を引き起こしている（濱中 2010）。

まず、就職活動を開始する時期が早まったということである。これは、一九九六年に企業による新卒者の青田買いに制約をかけていた就職協定が廃止されたことの反映でもある。しかし就職活動を開始する時期が早まっても、それにともなって就職活動の終わる時期が早まるわけではない。バブル経済が崩壊し、就職氷河期と呼ばれる就職難の時代を迎えたこともあり、学生にとって希望する企業から内定をえることは容易でなくなった。そのため、就職活動の早期化は同時に就職活動の長期化をもたらすことになる。かつての短期集中型の就職活動と異なり、長期間にわたる持久戦型の就職活動は、結果として学生が就職活動に対してかけるエネルギーをも大きくしてしまった。

つまり、大学生の就職活動はかつてよりも「自由化」しているけれども、その代償として就職活動の早期化・長期化が進み、大学生は就職活動に多大なエネルギーを注がざるをえなくなってしまったのである。

しかし問題は、かつてよりも就職活動に多大なエネルギーを注いでいるにもかかわらず、その努力が正しく報われるとは限らないということである。

一九九〇年代以降になると、大学進学率は急激に上昇しているにもかかわらず、全体に占めるホワイトカラー職（とりわけ、上層ホワイトカラー職）の割合はさほど変化していない。また若年失業率も一九九〇年から二〇〇〇年代にかけて急上昇し、その後も高い水準で安定している。このことは、若者の間で就職をめぐる状況がきわめて厳しいものになっていることを意味している。しかも今の若者は、雇用者の家庭で生まれ育ったものが多く、継承を期待できるような家業が存在しないものが多い。したがって、就職活動は若者にとって生きていくためには嫌でもしなければいけないものとなっている。いわば若者は、職業を選ぶことができる時代に生きていると同時に、職業を選ばなければいけない時代をも生きており、そのため強い心理的な圧力の下で就職活動をおこなわなければならなくなっている。

だが、大学生が就職のためにおこなわなければいけない正しい努力とはいったいどのような努力であるのだろうか。それは、大学での学業に励むことなのだろうか。あるいは、入社後に役に立つような資格を取得したり、検定を受けたりすることなのだろうか。それとも、サークルや部活動、語学留学やボランティアなどの課外活動に力をいれることなのだろうか。もし学生が企業の学生を選抜する基準を正しく知らなければ、学生は誤った努力をすることになるかもしれず、いってしまえば報われない努力を強いられることになってしまうかもしれない。

実は、企業の応募学生を選抜する基準について、小山治（2008, 2010, 2012）は興味深い事実を指摘している。小山によれば、企業が採用を決定する際にもちいる選抜の基準はしばしば曖昧になりがちであり、しかもそうならざるをえない理由がある。

私たちは、選抜をおこなう場合には、その基準は客観的で公正なものでなければならないと考えている。もし選抜する者の勝手な思い込みや個人的感情によって結果が左右されるなら、私たちはそのような選抜を権力の恣意的な行使だとみなすだろう。そして、選抜が客観的かつ公正におこなわれていることの説明責任を果たすためには、選抜にもちいられた基準がどのようなものであったかが一般に公開されていなければならない。もちろん実際にはこうした原則がつねに守られているわけではないが、たとえば学校の入学試験などはおおよそこうした原則の下で実施されている。

しかしこのような原則は、企業の採用活動にはあてはまらない。かりに企業が選抜をおこなうための基準を応募者に対して明らかにしたとしよう。すると、応募者はその基準をクリアするための対策をたて、基準をクリアするための努力をすることになる。しかし、企業が求めていたのは、採用されることを目標に努力して、その結果、基準をクリアすることができた学生ではなく、採用のための努力に関係なくそもそものような能力・関心をもっている学生だったのである。

たとえば企業は、学業成績以外に、課外での活動を選抜のための評価項目に加えていたとしよう。そして、企業が課外活動を評価項目に加えた理由が、社会に対して広く関心をもっている人材を欲していたからだとしよう。したがって、もし学生が「希望の企業から内定がもらいやすくなる」というただそれだけの理由で課外活動を熱心におこなっていたとしたら、かりにその評価項目をクリアしていたとしても、その学生は企業が欲していた人材とは異なっている可能性が高くなる。企業は、欲している人材を正しく確保するために、企業から内定をもらうことを目的に課外活動を熱心におこなっていた学生と、そうではなく、社会に対し広く関心をもち、就職に関係なく自発的に課外活動をおこなっていた学生とを正しく区別できなければいけない。そしてそのためには、そのような評価項目が存在することを学生に知らせないことの方がむしろ好都合なのである。

つまり企業にとって、目的に適った人材を確保したいと考える限り、選抜のための評価項目を学生に気取られないことの方が重要であり、いいかえれば選抜をおこなうための基準を応募者に対して公開しないことの方が合理的だったのである。

もちろん、企業が選抜のための基準を明らかにしなかったとしても、最終的に内定をえた学生をみれば、企業がどのような基準で応募者を選別したのかを推測することができる。したがって、学生は企業の過去の採用実績などを参照することによって、企業がもうけている選抜基準を推測し、その基準をクリアできるようにさまざまな対策・準備をおこなうことになる。

しかし、このような学生たちの試みは、中途ではうまくいくことがあるかもしれないが、最終的には挫折を強いられることになる。なぜならば、多くの学生が対策・準備をしっかりとおこない、企業がもうける選抜基準をクリアできるようになると、企業はその選抜基準を別の基準に変えてしまうからである。学業成績であれ、課外活動や社会貢献であれ、あるいは留学経験や資格・検定であれ、学生が企業のもうけた選抜基準に完璧に対応できるようになったとき、企業が目にするのは定型化された受け答えをする応募学生の集団であり、その瞬間に企業は自分たちのもうけていた選抜基準が本来の目的を果たすことができなくなったことを知ってしまうのである。そうなってしまえば、企業はもはや役に立たなくなった選抜基準を見直し、魅力的な人材を探しだすうえでより効果的と思われる別の基準へ（応募学生に気取られないようにこっそりと）変更することになるだろう。いわば、学生たちと企業は互いに相手の裏をかこうと必死に騙し合っているのであり、だからこそ就職・採用活動はあたかもコーンゲームであるかのような様相を帯びてしまうのである。

しかし、かりに企業が「求める人材像」のような一般的・抽象的なしかたでしか選抜基準を明らかにせず、具体的な選考過程では学生側からは恣意的としかみえないような選抜をおこなっていることにある種の合理的な理由があったとしても、それが社会的に望ましいかどうかは話が別である。一方は選抜の基準を気取られないように工夫し、一方は何とかして隠された基準を明らかにしようとするような、そのような駆け引き・やりとりのなかでは、相手に対する敬意をともなった信頼は形成されないからだ（小山 2012）。もちろん、就職・採用活動は選抜過程であるから、学生は就職する企業を選ぶし、企業は採用する学生を選ぶ。選ばれなかったものが、自分を選ばなかったものに対して好意をもつことは難しい。しかしかりにそうであったとしても、明確なルールの下で公正に選抜がおこなわれた場合と、不明確なルールの下で恣意的に選抜がおこなわれた場合とでは、相手に対して抱くことのできる信頼に大きな違いが出てくることは避けられない。

日本社会での就職活動が学生にとって大きな負担になる理由として、就職活動を成功させるために正しく努力をおこなうことが簡単でないということを指摘した。しかし、それだけが学生にとって就職活動が大きな負担となる理由ではない。就職活動が学生にとって大きな負担となるもう一つの理由は、「やり直しがきかない」という就職活動の一回性にもある。

日本型雇用慣行としてこれまで指摘されてきたことは、終身雇用であり、年功序列型の賃金体系であり（荒井 2001）、そして新卒一括採用である。これらの日本型雇用慣行は経済がグローバル化するとともに見直されつつあるが、しかし学生が就職活動をおこなう場合には一般的な雇用関係として依然として最初にイメージされるものでありつづけている。いいかえれば、多くの学生にとって就職活動は学校の卒業を控えた一年ぐらいの期間でおこなうものであり、そしてその結果は自分の一生を左右するものとなる。やや極端にいえば、チャンスはただの一回しかなく、しかもその成否が自分の一生を決めてしまうのである。

またその一方で、いわゆる非正規雇用（パート・アルバイト、派遣社員、契約社員・嘱託）の身分で働いている雇用者が雇用者全体に占める割合が過去数十年にわたって一貫して増大しており、そのために正規雇用者の身分で働いている雇用者の割合は一貫して減少している。一九九〇年には雇用者全体のうち非正規雇用の身分で働いているものの割合は二割程度でしかなかったのに対して、二〇一〇年代には非正規雇用の身分で働いているものの割合は全体の三分の一を超えてしまい、全体の四割にも迫っている。もし企業が正規雇用を増やさずに非正規雇用を増やす理由が経済不況にあるならば、経済成長が好転することで非正規雇用の割合が減り、再び正規雇用の割合が上昇するはずである。しかし、過去数十年間、景気の動向に関係なく非正規雇用の割合が一貫して増えてきたのだとすれば、非正規雇用の増大は経済不況にもたらされた一過的な現象ではなく、日本社会の雇用構造そのものの変動であったと考えることの方が適当だろう（太郎丸 2009）。つまり、高学歴化が進行することで正規雇用に就くことを希望するものの割合が増しているのに、彼らの希望を受け入れるのに十分な正規雇用職の供給がなされておらず、むしろ逆にその枠は縮小しつつあり、競争はよりいっそう厳しくなっているのである。

確かに、大学生は自分で自分の仕事を決めることができるようになった。しかし、大学生が自分で自分の仕事を決めなければいけない環境は、大学生にとって十分に準備・対応をおこなえるようなものにはなっていない。大学生は、自分の希望を成就するために何が必要とされるのか、そしてどのような準備をすればよいのか、このことを十分に知らされないままに手探りの状態で就職活動を始めなければならない。しかも職を決めるためのタイミングは年齢でかなりの程度固定されており、自身の都合でそれを早めたり、あるいは遅らせたりすることが難しい。大学生は、与えられたタイミングですべてを決めなければならないのである。

もちろん、仕事の内容や自分の資質を十分に見究めるための時間を得るために、大学を休学・留年したり、あるいは大学を卒業するまで就職活動の開始時期を遅らせたりして、就職のタイミングをあえて数年遅らせることができないわけではない。しかし、もしこのように就職のタイミングを先送りしてしまうと、そのことによって正社員として採用される可能性が小さくなってしまうために、それは大学生にとって安易に選択できる道とはなっていない。

このような問題を解消するために、就職活動を具体的に開始するよりももっと早い時期から、自分のキャリアについて学生に問題意識をもたせ、準備させればよいという考え方があるかもしれない。あるいは、特定の時期にすべてを決めさせるのではなく、もっと長い時間をかけてゆっくりと選択させるという考え方もあるかもしれない。確かに、十分な準備・対応がなされないまま自分の一生の仕事を決めなければいけないことが問題なのだとすれば、十分な準備・対応をするための時間や機会を与えれば問題は解決するはずだと考えることは自然である。しかし実際のところ、若者が不安のただ中におかれる理由が、自分で自分の仕事を選択しなければいけないということ、しかもその選択の機会が限られていること（失敗したら、取り返しがきかないこと）、これらのことにあるのだとしたら、かりに準備・対応のための時間や機会を増やしたとしても、そのことで問題が根本から解決することはないだろう。それらは、けっきょくのところ、小手先の対応でしかない。

自分で自分の仕事を選べるようになることで、ひとはそれまで体験することのなかった課題に直面することになる。何を選んでもいいというのはあくまでも他人事だからいえるのであって、実際に選択をおこなう個人にとっては何を選んでもいいということはない。実際に選択をおこなう個人にとっては、どの選択肢を選んでも同じということは決してなく、たくさんある選択肢のなかから「正しい選択肢を選ぶ」ことがもっとも重要な課題となる。何を選んでもいいからといって軽率に誤った選択肢を選んでしまっては、それはあとあとになってそのひとに大きな悔いを与えるのである。しかし、何が「正しい」選択なのかは、どの個人にとっても自明なことではない。しかもこの選択は、選ぶ側と選ばれる側とで二重化されており、知識や経験を積み重ねることで簡単に解消されるようなものではない。選ぶことの不確実さが、そして選ばれることの不確実さが問題なのであって、いくら時間をかけて検討しても、そしていくら経験を積んでも、この不確実さがなくならない限り、問題は解決されない。いやむしろ、考え込めば考え込むほど、そして情報が増えれば増えるほど、かえって悩みを深めてしまうのが人間の本性なのである。

このことは、たとえば学生が就職活動の際におこなう自己分析についてもあてはまる。学生が直面しなければならない不確定性は、企業が採用の可否を判断する基準の不明確さという形をとって現れる。一方、企業が直面しなければならない不確定性は、職業経験の乏しい学生の「潜在」的な能力を評価しなければいけない困難さとして現れる。こうした不確定性を乗り越えようとする試みの一つが、学生が就職活動の際におこなう自己分析なのだと考えられる。学生は自己分析をおこなうことで自分自身を深く知り、不透明なキャリアプランを明確なものにし、そして企業に自身の魅力を正しく伝えることができるようになる（と期待されている）。自己分析は、もともと企業がおこなう面接への対策の一つとして推奨され、いわば就職活動を効率的におこなうためのツールでしかなかった。しかし自己分析は、それをおこなうことが正しい就職をおこなうために欠くことのできない作業だと次第に受けとめられるようになり、いわば自己目的化するようになる（香川 2007, 2010；牧野 2010）。「不確定な状況のなかで、自分にとっての正しい選択とは何なのか」、このことを知るために、学生は不断に自己を問うようになる。もちろんこのような自己分析は、学生にとって希望した職に就くための一助となる場合もあるだろう。しかし、正しい答えがあるのかないのか、そのことがわからない状況で「自己への問いかけ」だけを突き詰めてしまうと、かえってそれはそのひとの悩みを深めてしまうことにもなる。

そうではなく、ほんとうに必要とされることとは、選ぶ側の不確実さと選ばれる側の不確実さを同時に縮減することなのである。具体的にいえば、就職・採用活動にもちいられる適切な選抜基準を確立し、「その基準にもとづいて正しく努力すれば、希望する仕事に就くことができる」という公正感覚を学生がもてるようにすることが必要なのである。

しかし、実際の就職・採用活動は、単に選抜の基準が不透明であるだけでなく、その公正性についてもきわめて疑わしい部分がある。濱中（2010）によると、就職活動は自由応募方式が主となることで誰もが希望する企業・職種に挑戦できるようになったけれども、実際のところは大学間の格差は変わらずに残っているからである。自由応募方式になっても、通っている大学のランクで就職できる企業・職種が決まる程度に大きな変化はない。にもかかわらず、学生は、自由応募方式になることで就職活動に多大なエネルギーを注がなければならなくなった。これでは、学生に自身の努力の無意味さを感じさせるだけになってしまうだろう。

それでも、多くの学生が自分なりに満足のいく就職先から内定をもらうことができるのであればよい。たとえ不確実な努力でも、最終的に満足のいく結果をえることができたとするならば、その結果が中途の苦難を正当化してくれるだろう。しかし実際のところ、少なくない学生は、就職活動から思うような結果をえているわけではない。そうした学生にとっては、就職活動は苦痛そのものでしかなかったはずである。

実際に、就職活動を経験している学生のメンタルヘルスは、そうでない学生と比べて悪化している（北見ほか 2009；川村 2011）。今の日本の若者は、職を選ぶという経験を通じてアイデンティティを傷つけられるものが少なくない。そしてその背後には、いまだ信頼に値しない自由社会の仕組みがある。このような時代にあって、私たちは、私たちの自由を意味あるものにする社会の仕組みをどのように構想していけばよいのだろうか。

第4節　問題はどこに？

私たちが、単に形式的に自由であるだけでなく、実質的にも自由であるためには、単に与えられた選択肢から自由に選択できるだけでなく、選択肢を選ぶための（私独自の）判断基準をもつことが必要になることを、第1節において確認した。

しかし、かりにそうした判断基準をもち、かつそうした判断基準にもとづいて選択をおこなうことができたとしても、そのことでもって自身が「自由である」ことを実感するとは限らない。なぜなら、ひとびとは他者と関わりつつ生きているのであり、そのひとの選択が意図された通りの結果を実現できるかどうかは、他者の判断に依存するところが大きいからである。たとえば、私が自己の価値を証明するために信念にしたがってある行動を敢然と選択したとしても、その行動が意図していたことを他者が正しく理解し、そしてその他者が私の予測した通りに反応してくれないのであれば、私の意図は実現されず、いわば私の行動は単なる無駄に終わってしまうだろう。私の意図することを正しく実現するためには他者の協力が不可欠である。もしそうだとするならば、真に自由であるためには、単に自由気ままに振る舞うことができるというだけでなく、互いが互いを積極的に支えあう社会関係が必要になるのである。

もし誰かに「自由に選択しなさい」といい、そのひとが実質的にも自由に選択できるようにするためには、そのひとに複数の選択肢を提示し、そのなかからの選択をそのひとの意志に委ねればよいというわけではない。かりに複数の選択肢が与えられていたとしても、実質的に自由に選択することを可能にする十分な知識や情報を与えず、またそうした知識や情報を得ることを可能にする十分な経験を積ませることをしなければ、そのひとは選択のための判断基準をもつことができず、くじで選ぶのと変わらない選択しかできないであろう。また、かりに複数の選択肢が与えられていたとしても、そのひとの選択が正しいものになるためのサポートを周囲のひとびとがおこなわないのであるならば、そのひとの実質的な選択肢はきわめて限られたものとなるだろう。つまり、たとえみかけ上は多くの選択肢を与えられていても、実際には選択の余地など存在しないという状況におかれることになってしまう。

こうしたことを念頭に、いま一度、私たちが現代社会においてどのように自由であるかを考えてみよう。

第一章と第二章とでは、主として結婚と就職に注目して、ひとびとの自由が抱え込んでいる問題を論じてきた。確かに、私たちは過去と比べると「結婚相手を自由に選ぶ」ことができるようになったし、また「仕事を自由に選ぶ」ことができるひとがかつてよりも多くなった。しかしそれは、「単に形式上はそうなっている」ということだけにしか過ぎないようにみえる。たとえば、私たちは「仕事を自由に選ぶ」ことができるからといって、自分に適った仕事を選ぶために必要な知識や情報を与えられたうえで、あるいはそうした知識や情報をえるために必要な経験を積むための機会を十分に与えられたうえで仕事を選ぶことができているだろうか。おそらくはまったく逆であろう。

私たちの社会では、仕事を選ぶタイミングはかなりの程度、社会的に制約されている。たとえば、有利な就職をおこなうためには、学校を卒業するタイミングで職を選ぶことをひとびとは求められている。このことは、人生の大半を学校のなかで過ごし、十分な職業教育も職業体験もないままに、一生の仕事を「選ばされる」個人が多いということを意味している。そして、くじで選ぶのとさほど変わらないような状況で仕事を選ばさせられているにもかかわらず、職業達成の成功あるいは失敗は、しばしば当人の能力や意欲の問題に還元されてしまうのである。私たちの社会は、そのような社会なのだ。

私たちは、かつてよりも「結婚相手を自由に選ぶ」ことができるようになったし、また「自分の仕事を自由に選ぶ」ことが当たり前の社会になった。しかし、では十分に満足のいく形で結婚相手や仕事を選ぶことができているひとは、いったいどれくらいいるのだろうか。また、選択の自由度が増したことで、満足のいく選択をできているひとはかつてよりも増えたのだろうか。

おそらく、自分の選択や、あるいは選択を迫られている状況に対して満足を感じているひとは、必ずしも多くないだろう。もし自分の選択に満足しているひとが増えているのだとしたら、離婚率はかつてよりも下がっていなければならないはずだし、また離職率もかつてより下がっているのでなければおかしい。しかし実際には、離婚率は戦後になって上昇しているし、離職率も過去数十年間で大きく変化しているわけではない（厚生労働省 2013b）。正確にいえば、離婚率は二〇〇二年をピークにしてやや下がっており、新規学卒者が三年以内に離職する率も二〇〇五年三月卒業者から少し下がっている。しかし離婚率についていえば、離婚率と同時に婚姻率も下がっており、結婚するひとの数が減れば離婚するひとの数も減るのは当然であろう。また離職率についていえば、二〇〇五年三月卒業者から三年以内に離職するものの率が下がっている（いいかえれば、二〇〇五年三月卒業者が二〇〇九年三月までに離職するものの率が下がっている）ということは、ようするにリーマン・ショック以降の新規学卒者の離職率が下がっているということである。そうだとすれば、仕事に満足しているから離職しないのではなく、生活のために仕事を辞めたくても辞められないひとが増えたために離職率が下がっているのだと考えることが自然である。そして、これらの事実は、選択の自由が増えたにもかかわらず、満足のいく選択をしたひとは必ずしも多くないことを示唆している。

むしろ、第2節と第3節において明らかにされたことは、選択の自由を与えられているにもかかわらず（あるいは、選択の自由を与えられているからこそ）、上手に選択することができないひとがいるということであった。そして、上手に選択することができないひとは、そのことによってアイデンティティが傷つけられているということであった。

たとえば第2節では、未婚者の生活満足感と階層帰属意識の関係が過去二〇年間でどのように変化したのかを検討した。その結果、未婚者の生活満足感は既婚者の生活満足感と比較すると低いこと、また単に生活満足感が低いだけでなく、現在では階層帰属意識も未婚者の方が既婚者よりも低くなっていること、これらのことが明らかにされた。「結婚する自由を与えられているにもかかわらず、そして結婚相手を自分で選べる余地が拡がったにもかかわらず、結婚しないひとが増えている」という事実を前にすると、私たちは「ようするに、今の若いひとは、結婚したくないのだ」と考えたくなる。しかし、未婚者の生活満足感や階層帰属意識が既婚者の生活満足感や階層帰属意識よりも低いことは、「結婚したくないから、結婚していない」と考えるよりも、「結婚したいが、結婚できない」と考えることの方が自然であることを意味している。つまり、今の若いひとは、結婚することについてむしろ不自由を感じている可能性の方が高いといえる。

しかし、これはいっけんすると奇妙なことのように思える。何度も確認してきたように、事実としては、ひとびとは結婚することについてより自由になったのである。にもかかわらず、「結婚したくても、結婚できない」ひとが増えているのである。そして、「結婚できない」ために生活満足感が下がり、そして階層帰属意識も下がってしまうひとが増えているのである。確かに、ひとびとは形としては結婚についてより自由になったかもしれない。しかし、実質的にも自由なのかといえば、必ずしもそうとはいえない。

あるいは第3節では、新規学卒者の就職活動がどのように変化したのかを検討した。現在の就職活動の注意すべき特徴として、企業の採用基準が学生にとってきわめて不明確であること、そして自由公募の方式をとりながら有力企業に採用される可能性は依然として通っている大学によって差があること、こうしたことを指摘することができる。

就職活動をする学生にとって、志望する企業から採用の内定をえることは、志望する企業が人気企業であればあるほど、競争の性格を強く帯びることになる。たとえ新規の大卒求人倍率が一～二倍前後であったとしても（リクルートワークス研究所 2013）、人気企業についてはわずかな枠をめぐってきわめて多くの学生がエントリーに殺到し、気の遠くなるような狭き門を突破することが必要になる。しかし、人気企業への就職をめぐる競争は、企業の採用基準が必ずしも明確でなく、また採用する側の企業の本音と建前も乖離している可能性が高い。第1節において「形式的に自由であるだけでなく実質的にも自由であるためには、確固とした判断基準をもつことが必要である」と述べたが、就職活動というきわめて透明性の低い競争に参加させられる学生にとって、そのような判断基準を定めることはとても困難な作業であろう。にもかかわらず社会は、当たり前のように「自身の考えにもとづいて仕事を決める」ことを学生に求めている。そして、そうした要請に忠実であろうとすればするほど、学生は悩み、苦しむことになる。その結果、就職活動によってアイデンティティが傷つけられ、メンタルヘルスを悪化させる学生が増えてしまうのである（北見ほか 2009；川村 2011）。

これまで何度も確認してきたように、ひとびとは自分の仕事を自由に決めることができる。同時にそれは、「働くか、働かないか」という選択についても、個人の自由意思によって決められるということを意味している。一方、大卒求人倍率が一・〇倍を超えているにもかかわらず、就職せずに大学を卒業してしまう若者の数は決して少なくない。このような表面上の動きだけをみれば、学校を卒業したのに就職もせず、ニートやフリーターとして日々を過ごす若者は、自らの意志であえてそうなることを選択しているかのようにみえてしまう。

しかしそれならば、なぜ非正規雇用で働く若者の階層帰属意識が低くなるのだろうか。小林大祐（小林 2008, 2011）が明らかにしているところによると、同じ非正規雇用であっても、その非正規雇用者が若者であれば階層帰属意識は下がっている。いいかえれば、アイデンティティが傷ついているということである。これはいっけんすると奇妙なことのように思える。確かにひとびとは自分で自分の仕事を選んでいるのである。そして、そこには「働かない」という選択肢も含まれている。だから、ひとびとは自分の意志であえて正規で働かないことを選んでいるはずなのだが、にもかかわらず正規雇用で働いていないことが階層帰属意識を下げてしまっている。確かに、ひとびとは形としては職業選択の自由をえたのかもしれない。しかしこうした事実は、ひとびとが職業選択について実質的にも自由を享受しているとは必ずしもいえないということを暗示している。

私たちは、「自由である」ことを前提にしたうえで、なかなか結婚しようとしない若者に苛立ち、そしてなかなか定職に就こうとしない若者の存在を嘆いてしまう。この場合、結婚しないのも、そしてきちんとした職に就かないことも、彼らの自己責任で片付けられてしまっている。しかし、もし彼らがほんとうに自分の意志で「結婚しない」ことを選択し、また「きちんと働かない」ことを選択しているのだとすれば、彼ら自身がそのことに苦しんでいることの理由がわからなくなる。むしろ、彼らは不本意にも「結婚しない」ことを選択しているのであり、また不本意にも「定職に就かない」ことを選択しているのだと考えることの方が自然であろう。彼らは、実質的には「自由である」わけではないのだ。そうすると問題は、「自由であるはずの彼らは、なぜ自由でないのか」、このことの理由である。

実質的にも「自由である」ためには、選択するものにとって、自身の振る舞いがどのような結果を帰結するのかを、正確に予見することができなければならない。自身の振る舞いが帰結することを正確に予見することができてはじめて、ひとびとは自己のうちにある判断基準にもとづいて選択することが可能になる。しかし現実の世界は、さまざまな不確定性に満ちており、しかも自由であるような私たち自身がそのような不確定性を生みだしている。これでは、私たちは自身の振る舞いが帰結するものを正確に予見することはできないし、また選択のための判断基準を立てることもできない。したがって、私たちが自分のうちに判断基準をもち、その判断基準をもちいて選択肢に優先順位をつけ、そして最終的に選択をおこなうためには、予見される結果と実際に生じる結果とを正しく対応づけることを可能にしてくれるような社会的なルール・制度が存在していなければならない。そのような社会的なルール・制度が存在してはじめて、私たちは責任をもって自身の選択を定めることができるのである。

私たちは、将来に対して希望をもっていると同時に、将来に対してさまざまな不安をもっている。結婚に夢を抱いて好きなひとと結婚したとしても、その後にいったいどのような現実が待ちかまえているのか、そのことについてわずかなりとも不安を抱かないというひとはいないだろう。また仕事に夢をもって自分のうちの未だ知られざる可能性に挑戦したいと思っても、その挑戦がほんとうに成功するのか、かりに失敗したときにはどのような事態を覚悟しなければいけないのか、こうしたことについて何も不安をもたないひとなどやはりいないだろう。私たちの世界からすべての不確定性を取り除くことができない以上、こうした不安を完全に払拭することは不可能である。しかし、こうした不安を抑えて、あえて夢や理想に挑むためには、挑むことによって帰結されるであろう結果をある程度は正しく予見することができ、そして万が一の事態が生じてもそのことに正しく対応できるように準備がなされていることが必要になる。

しかし、現実はそうなっていない。どんなに結婚する相手を慎重に選んでも、そしてどれほど結婚のための準備を細心の注意でおこなっても、私たちの世界にはつねに予想外のことが起こりうるし、そして結婚が失敗だったことに気がつかされる場合がある。あるいは、どれほど自分の仕事を慎重に選んでも、そしてどれほど仕事で成功するための努力をしたとしても、努力が実を結ばず、仕事に失敗してしまうことはつねにありうることである。そして、不本意にも失敗してしまったとき、それは自己責任であるから、私たちはそうした不測の事態にも自力でなんとか対処しなければならない。私たちは、そんな社会を生きている。これでは、夢や理想よりも不安の方が先に立ち、結婚や仕事に強い魅力を感じていたとしても、実際にそれを選択するとなると身が竦んでしまい、結果として選択を先送りしてしまうか、選択しなければならないとするならばよりセーフティな選択をすることになってしまう。つまり、成功するにしても、失敗するにしても、自身の選択が帰結するものをはっきりと見通せないような社会では、かりに選択の自由を与えられていたとしても、「自由である」ことが難しくなってしまうのである。「自由であるはずなのに、自由でない」のは、熟慮を重ねた判断や、夢や理想を実現するための多大な努力をどれほど重ねても、なおそれでも先を見通すことに困難を感じる不確実な社会を私たちが生きているからなのである。

ここに、日本の若者の社会意識に関する興味深いデータがある。図2－3は、内閣府が公表している第八回世界青年意識調査の結果である（内閣府 2009）。この調査はいくつかの先進国の若者（一八歳〜二四歳）に対して実施されている調査であり、図2－3は社会で成功する要因として何が重要かを回答させたときに「運やチャンス」を挙げたものの割合である。ちなみに、「運やチャンス」以外の回答選択肢は、「身分・家柄・親の地位」、「個人の才能」、「個人の努力」、「学歴」であり、実際の調査ではこれらのなかから最大二つまでを選択させている。

ほかの先進国と比較したとき、日本の若者にとりわけ特徴的だった選択傾向は二つあり、一つは「学歴」と回答するものの割合の低さであり、もう一つは「運やチャンス」と回答するものの割合の高さである。たとえば、「運やチャンス」と回答したものの割合は日本では四割程度であるが、イギリスやアメリカ、そして韓国ではそれぞれ一割程度にとどまっている。フランスが三割程度と比較的その割合が高くなっているが、しかしそれでも日本よりは低い割合にとどまっている。そして、社会的な成功が運やチャンスに左右されるということ、それはいいかえれば社会的に成功する

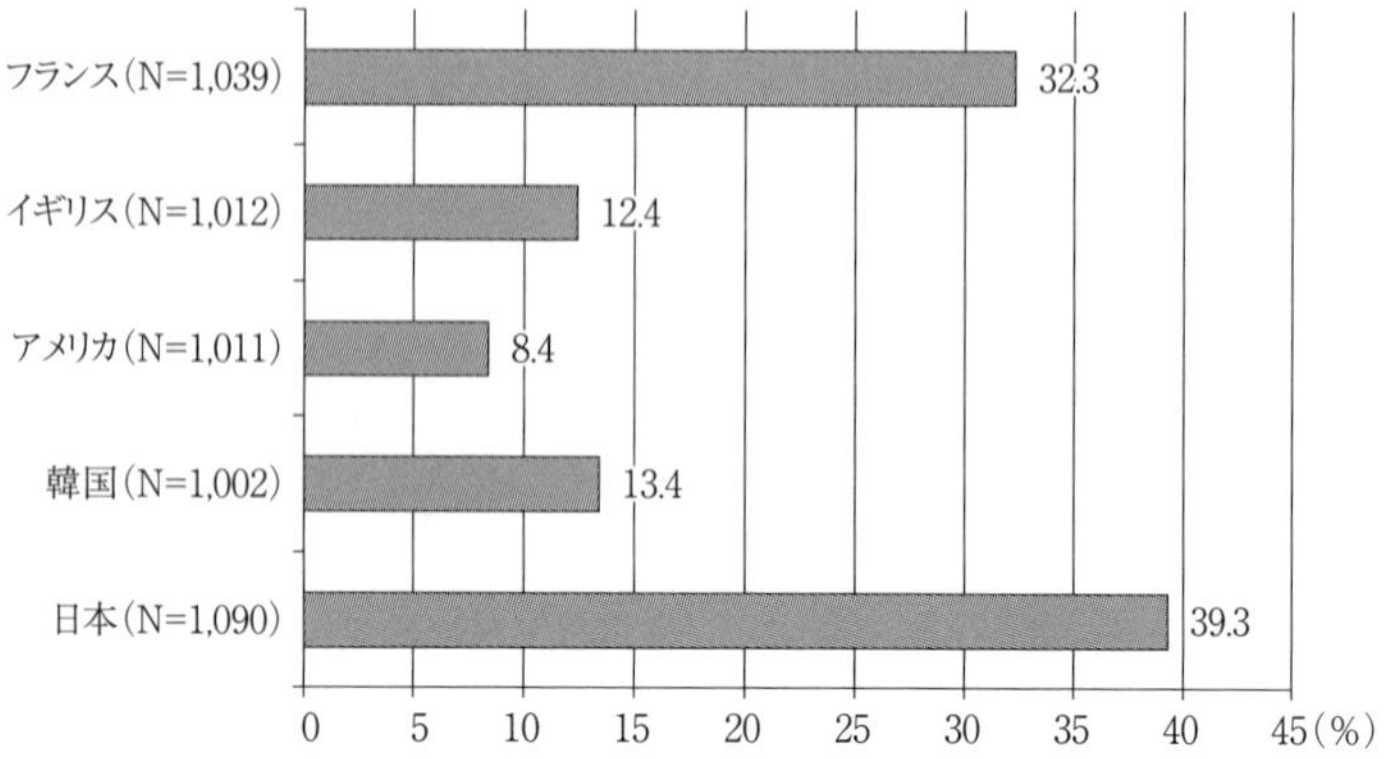

出典：第8回世界青年意識調査（内閣府 2009）より

図 2-3　社会で成功する要因として「運やチャンス」を挙げたものの割合（国別）

かどうかについて不確実性が高いということである。つまり日本の若者は、社会的な成功についてほかの先進国の若者よりも不確定性をより強く意識しているといえる。

もちろん、日本の若者が社会的な成功についてその不確定性をより強く意識しているといっても、それはあくまでも意識の上のことであり、現実もそうなっているかどうかはわからない。しかしひとびとの意思決定を考えるときには、現実がどうなっているかよりも、ひとびとによって現実がどう意識されているかの方が、実はより重要である。だとするならば、日本の若者がほかの国の若者よりも社会的な成功について不確定性をより強く意識しているという事実は、若者の意思決定を考える場合には看過することのできない大きな問題となる。日本の若者は、どれほど努力しても、どれほど才能があっても、そのことが直ちに社会的な成功に結びつくとはあまり考えない傾向が強く、そのことが消極的な選択につながっていると考えられるからである。「将来に備えて努力すること、あるいは自身の能力を高めること、これらのことがこの先の社会的な成功を保証してくれる」と予見できなければ、がんばって努力したり、能力向上のために自己投資をおこなったり、そうしたことに積極的になることは難しい。努力や自己への投資がまったく無駄に終わってしまう可能性に怯え、そして自身で自身の可能性を縛ってしまうのである。

どのような選択がどのような帰結をもたらすのか、このことがある程度は明確になっていないと、いくら数多くの選択肢を与えられていても、私たちは実質的に「自由である」ことはできない。AというＸ結果を期待してXという選択肢を選ぼうとしても、「自身の努力や能力ではコントロールできない運や偶然によって、それはAという結果にもなりうるし、Bという結果にもなりうる」というのでは、私たちはそれを選びようがない。もちろん私たちの世界から不確定性を完全に取り除くことはできないし、したがってすべての選択についてその結果を正確無比に予見できなければならないとはいえない。しかし、あまりにも不確定性の度合いが高く、ギャンブルと変わらないような選択肢しか与えられていない世界では、判断基準を定め、熟慮を重ね、慎重に選択をおこなったとしても、そのことにまったく意味がなくなってしまう。運や偶然だけがすべての結果を支配する世界では、かりに選択の自由を与えられていたとしても、実質的な意味では私たちは自由でなくなってしまうのである。

そのような状態で、それでも選択を迫られ、そして選択したことの責任を取らされるのだとしたら、それはあまりにも理不尽であろう。そして、うまくいかなかった選択について責任を感じ、自己を責め、アイデンティティを傷つけられるようなひとを多く生む社会は、とても健全だとはいえない。こうしたひとをつくらない社会にするためには、自身の選択がどのような結果をもたらすか、そのことを予見可能にしてくれる社会的なルール・制度を確立することが必要なのであり、そしてひとびとがそうしたルール・制度を信頼できるようにすることが必要なのである。

第Ⅱ部　それでも信じることの意味

第三章　信頼の二つのタイプ

第1節　リスクを共有し、分散する

正しい決定というとき、そこでもちいられている「正しい」という語句の意味は、可能性としてはいくつかありうる。たとえば、正しい決定というときの正しさとは、規範的な意味での正しさを意味する場合がある。このような意味で「正しい」という語句をもちいたときには、その決定によってどのような結果がもたらされるのかについて考慮することは必ずしも必要ではなくなる。なぜなら、結果が不首尾に終わろうとも、あるいは逆に上首尾に終わったとしても、そのことは決定の規範的な正しさには影響しないからである。しかし、正しい決定というときの正しさが、合目的的な適切さを意味する場合には、その決定によってどのような結果がもたらされるのかを考慮することは欠かせないこととなる。なぜなら、目的に適った結果を導いているかどうかが決定の正しさに深く関係しているからである。そして本節では、前者の意味での正しい決定を問題にするのではなく、後者の意味での正しい決定を問題にしようと思う。(8)

ある目的があって、その目的を達成することにどの程度寄与しているかが、決定の正しさの評価軸になると考えよう。このとき、正しい決定をおこなう場合に考慮すべき要因として二つのことが挙げられる。

一つは、その決定によって導かれる結果が目的を達成している度合いである。たとえば、「多くの収入を得る」ことが目的であるとするならば、「一〇万円を得る」という結果よりも「一〇〇万円を得る」という結果の方が目的を達成している度合いが高いといえるだろう。

もう一つは、その決定が目論んでいる結果を実現できる可能性である。たとえば、「一〇万円を得る」という結果を実現できる可能性はどの程度なのか、それに対して「一〇〇万円を得る」という結果を実現できる可能性はどの程度なのか、これらのことを同時に考慮することが必要になる。

このとき、「一〇〇万円を得る」という結果を実現できる可能性が「一〇万円を得る」という結果を実現できる可能性と同程度であるか、あるいはそれを上回っている場合、多くの人は問題なく、「一〇〇万円を得る」という結果を意図して決定をおこなうだろうし、そしてそのような決定こそが「正しい」決定なのである。しかし、そのように迷いなく決定をおこなうことのできるケースは決して多くない。現実には「一〇〇万円を得る」という結果を実現できる可能性は「一〇〇万円を得る」という結果を実現できる可能性を下回っていることの方が多いからである。

このように結果に対して不確実性が存在するときに、決定をおこなうための判断基準として期待値という考え方を利用することができる。つまり、ただ単純に一〇万円とか、あるいは一〇〇万円とか、そういった数値に注目するのではなく、その数値をもとにして計算された期待値を最大化するような決定を正しい決定と考えるのである。

期待値は、ある決定が導く結果によってもたらされる効用（あるいは利得）に、その結果が実現する確率をかけてやることで求めることができる。たとえば、ある決定によって「一〇〇万円を得る」という結果が生じる確率を一〇％だとしよう（逆にいえば、九〇％の確率で一〇〇万円を得ることができず、徒労に終わってしまうことになる）。このとき、

$$100\text{万円} \times \frac{1}{10} + 0\text{円} \times \frac{9}{10} = 10\text{万円}$$

が期待値ということになる。それに対して、別の決定によって「一〇万円を得る」という結果が生じる確率は九〇％だとしよう（逆にいえば、一〇％の確率で一〇万円を得ることができず、徒労に終わってしまうことになる）。このとき、

$$10万円 \times 9/10 + 0円 \times 9/10 = 9万円$$

が期待値ということになる。二つの期待値を比較すると、一〇万円>九万円になるので、たとえ一〇％の確率しかなくても「一〇〇万円を得る」ことを目指した決定の方が、「正しい」決定ということになる。

しかし、期待値はあくまでも平均的に期待される額でしかなく、現実に得られる額とは一致しない。「一〇〇万円を得る」ことを目指して決定したとしても、決定者は期待値であるところの一〇万円を手にするわけではなく、決定者にはあくまでも「一〇〇万円を手にするか、それとも一銭も手にしないか」のどちらかしかない。確かに、何らかの決定をおこなうとき、期待値という考え方は便利であり、そして説得力もある。しかし、決定をおこなう際に期待値を判断の目安としてもちいることはできても、結果が明らかになったあと、期待値にもとづいた決定は決定者に少なからず後悔の念をもたらしうる。

たとえばこの例では、二人の決定者がいて、一方が「一〇〇万円を得る」ことを目指した決定をおこない、もう一方が「一〇万円を得る」ことを目指した決定をおこなったとき、期待値にもとづいて正しい決定をおこなったはずの前者は八一％の確率で誤った決定をおこなったはずの後者よりも低い収入しか得ることができない。このとき、現実に手にした額が「〇円」だったとしても、それでもなお合目的性という観点から自身は「正しい」決定をおこなったのだと、一〇万円を手にしたもう一方の相手を羨むことなく、また心に一点の曇りなく納得のできる人は、おそらくそれほど多くないはずだ。

期待値にもとづいた決定がもたらすこのような後悔の念を解消するためには、問題となる決定がただの一回で終わるのではなく、十分な数だけ繰り返しおこなわれるのでなければならない。決定が何度も繰り返しておこなわれるのであれば、たとえ今回自分の手にした額が相手の手にした額を下回っていたとしても、最終的に手にする額は相手を上回っているはずだからである。「今回はたまたま負けたけど、最終的な額では相手を上回ることができる」と信じることで、「一〇〇万円を得る」ことを目指しながら何も手にできなかった自分を慰めることができるし、そのあとも「一〇〇万円を得る」ことを目指した決定を保持しつづけることができる。

このように期待値にもとづいた決定は、個別の決定に注目すると、ときに（あるいは、決定の内容によってはほとんどの場合に）決定者に損失をもたらすかもしれないが、そのような損失は長い目でみればきちんと埋め合わされ、なおかつ決定者に当初の期待に相応する利益をもたらしてくれるはずだと考えることができる。しかし、「長い目で見れば」というけれども、それは具体的にどれくらいの長さを意味しているのだろうか。そしてその長さは、個別の決定に注目したときに生じうる損失をきちんと心理的に埋め合わせてくれる程度にはリーズナブルな長さといってよいのだろうか。期待値にもとづいた決定に対して、再度このような疑念を抱いたとき、この疑念を十分に晴らしてくれるような説明を考えることはあまり容易ではない。もし真摯にこの疑念に対して何らかの答えを与えようとすれば、ここでいう「長い目」というのは「数限りなく繰り返せば」ということにならざるをえないだろうし、そして現実世界において「数限りなく繰り返せば」という説明は、単なる逃げ口上としてしか受けとめられない可能性が高いからである。

先ほどの例に戻って考えよう。一〇%の確率で一〇〇万円が得られるとしても、決定を一〇回繰り返せば必ず一回は一〇〇万円を得られるというわけではない。かりに一〇回同じ決定を繰り返しても、それでもなお一回も一〇〇万円を得ることができない可能性はおよそ三五%である。あるいは二〇回同じ決定を繰り返しても、それでもなお一回も一〇〇万円を得ることができない可能性は一〇%以上とかなり残っている。それに対して、九〇%の確率で一〇万円が得られるような決定をおこなった場合、一〇回繰り返して一度も一〇万円を得られないという可能性はきわめて小さく、いってしまえばほとんど〇である。つまり、期待値にもとづいた決定が「長い目でみれば、決定者に利益をもたらしてくれる」といっても、そのときの「長い目」とは一〇回あるいは二〇回繰り返す程度ではなく、もっと多いものでなければならない。少なくとも、たまたま運に恵まれなかった人が自身の不運を取り返したいと思えば、一〇回や二〇回程度の回数では必ずしも十分とはいえないのである。

このように考えると、期待値にもとづいた決定に対する信頼性が急速に薄まってしまう。なぜなら、私たちにとってある事柄に対して繰り返し選択しうる回数はさほど多くないことの方が普通だからである。たとえば、生きるうえでの重要な決定として、学校の受験や就職、そして結婚などといったことを考えることができる。確かに、受験の機会は一度とは限らないだろう。そして就職の機会も一度とは限らないだろう。同じように、結婚の機会だって一度に限られているわけでは決してない。しかしだからといって、受験や就職、そして結婚も、それらが何十回も選択しなおされると考えることはあまり現実的ではない。現実の社会をみれば、どんなにがんばっても数回程度に収まってしまう人の方が圧倒的だろう。そして、数回程度の繰り返しでは、たまたま運に恵まれなかった人にとっては自身の不運を取り返すのに不十分な回数でしかないだろうし、いいかえればそれはたまたま運に恵まれた人の勝ち逃げを可能にしてしまう程度の回数でしかないのである。

もちろん、期待値にもとづいて決定をおこなうことが誤っていると主張しているのではない。ほかに手がかりがないとき、意思決定をおこなう際の判断基準として期待値の考え方はとうぜん魅力的であるし、「九〇％の確率で一〇万円を得る」決定の方が「一〇％の確率で一〇〇万円を得る」決定よりも勝っていると考える根拠をみいだすことは難しい。そうではなく、かりに期待値にもとづいた決定がそうでない決定に勝っているとしても、その根拠は私たちが考えているほどにはあてになるわけでないということをここでは論じている。実際に、一銭も手に入らないことのリスクを過大に評価する人であれば、たとえ期待値が下回っていたとしてもあえて「九〇％の確率で一〇万円を得る」ことを選択する人が現れても、まったく不思議はないのである。(9)

では、期待値の考え方を意思決定にうまく活かすためには、どのようにすればよいのだろうか。

確かに、一人の個人の決定だけに注目した場合には、決定の回数が限られているために期待値の考え方を有効に使おうとしても限界があった。しかし、決定の回数を増やすのではなく、決定する人数を増やすことを考えると、期待値の考え方をより有効に活かすことが可能になる。たとえば、ある決定に不確実性がある場合、同じ決定をおこなう者同士が連携し、互いにそのリスクを共有するとすれば、リスクを共有するものの人数が増えれば増えるほど、リスクの大きさは現実的には無視しえるほどに小さくなる。したがって、個人はリスクを恐れることなく、期待値にもとづいた「正しい」決定をおこなうことが可能になる。

このことをもう少し具体的に考えてみよう。かりにここに「一〇％の確率で一〇〇万円を得る」という決定をおこなったものの人数が一〇〇万人いるとしよう。大数の法則を想定するならば、これだけ大きなサイズであれば実際に一〇〇万円を得ることのできる人数はおおよそ一〇万人前後（一〇〇万人の一〇％）となり、そこから大きく外れた人数になる可能性はきわめて小さい。したがって、一〇〇万人のひとびとが連携し、「全員が自身の得た収入をいったん供出し、そのあとそれを一〇〇万人全員に均等に分配する」よう事前に取り決めをしていたら、連携に参加した個人はほぼ間違いなく一〇万円を手にすることができる（もちろん多少の誤差はあるかもしれないが、その誤差はきわめて微小であることが期待される）。つまり、単独で決定をおこなう場合には「小さい確率で一〇〇万円を得ることができるが、大きい確率で一銭も手に入らない」という不確実な状況におかれていた個人は、多くの人と連携し、ひとびととリスクを共有することで、ほぼ確実に期待値通りの収入をえることができるようになる。とうぜん、このような条件が整ってさえいれば、どの人も期待値の低い「九〇％の確率で一〇万円の収入を得る」という決定ではなく、「一〇％の確率で一〇〇万円の収入を得る」という決定をおこなうようになるだろう。そしてこのとき、ひとびとがよりリスクのある決定をおこなったことで、結果としてより多くの人がより多くの収入を得る（＝社会の生産性が上がっている）ことになるのである。

もちろん、この例はやや極端で、あまり現実的とはいえないかもしれない。現実的に考えた場合、一〇〇万人というサイズはやや大きすぎるし、一〇〇万のひとびとが自身の収入の扱いについて同時に取り決めをおこなおうとすれば、それなりの調整コストを想定する必要がある。しかしこの事例がどれほど現実的であるかどうかは別にしても、この事例は、単独で決定をおこなうのではなく、できるだけ多くの人が連携して決定をおこなうことにどのようなメリットがあるのか、このことを直観的に教えてくれる。もし決定にともなうリスクをできるだけ多くの人と共有することができ、そして分散させることができれば、そのことは決定に関係したすべてのひとびとにとって有利に働くのである。つまり、すべての人が当初期待した通りの結果を手にすることによって、「事前には正しかったはずの決定が事後には間違った決定になってしまう」という不都合が解消され、「結果として一銭も手に入れることができなかった」ことを悔やむ個人もいなくなる。

私たちは、生きている間に多くの決定をなさなければならないし、そしてなさなければならない決定の一つ一つに何らかの不確実性が存在する。この避けがたい不確実性によって、事前には正しかったはずの決定が事後には間違った決定になってしまうことがありえ、また事前には間違っていたはずの決定が事後には正しかった決定になってしまうこともありえてしまう。もちろん、不確実性の高い選択肢はつとめて回避するという対応で、不確実性がもたらすこうした不都合を多少は減らすことができるだろう。しかしそのような対応は、長期的にはその人が得られたはずの利得を目減りさせてしまうことになるはずだ。そうではなく、すでに述べたように、もしその不確実性を社会全体で吸収することができたなら、そのことはすべての個人によりよい結果をもたらすことができるし、それは社会全体にとっても望ましい結果となる。社会全体で、ひとびとが直面するリスクを共有し、分散させることの意味がここにある。そのような仕組みは、規範的な意味で「正しい」のではなく、決定の合目的性を保証するという意味で「正しい」のである。

もちろん、このように考えたとき、いくつか注意しなければならない点がある。それは、ひとびとが直面するリスクを社会全体で共有し、社会全体に分散させることにともなって生じる調整コストの存在である。

そうしたリスクの分配をどこでおこなうかは別にしても（それは政府であってもよいし、あるいは民間の保険会社であってもよい）、実際にリスクの分配をおこなおうとすれば最終的には誰かがそのためのコストを負担することになる。もしこのコストをその社会の特定の個人ないし集団が負わなければならないとするならば、それはそれ以外のひとびとがその個人ないし集団にフリーライドすることを意味するので、社会的ジレンマの問題が生じることになる。[10] そうならないためには、このコストは社会全体で均等に負担されなければならない。実際に、政府がリスクの分配をおこなう場合にはひとびとが支払う税のうちにそのためのコストが含まれているはずであるし、保険会社がリスクの分配をおこなう場合にはひとびとが支払う保険料のなかにそのコスト分が上乗せされているはずである。

けっきょく、事前であれ、あるいは事後であれ、どこかでこのコストを負担しなければならないとするならば、ひとびとは期待値に合致した収入を得ているわけではなく、実際にはそこから若干割り引かれた収入を得ていることになる。このとき、もしコスト分の額を割り引かれることで手にすることのできる収入が九万円を下回ってしまえば、ひとびとは単独で「九〇％の確率で一〇万円の収入を得る」という決定をした方が合理的になってしまう。しかし、割り引かれるコストが一万円未満で収まってしまう場合には、多数のひとびとが連携して「一〇％の確率で一〇〇万円の収入を得る」という決定をする方が依然として合理的であるといえよう。ただそうだとしても、単独で「一〇％の確率で一〇〇万円の収入を得る」という決定をした方がいいのか、それとも多数のひとびとが連携して「一〇％の確率で一〇〇万円の収入を得る」という決定をし、実際には九万円以上かつ一〇万円未満の収入を確実に得た方がいいのか、今度はこの選択をひとびとは迫られることになる。

リスクに対する評価はひとによって異なるので、実際に手にする収入が一〇万円から欠けてしまう場合には「多数のひとびとと連携し、確実に期待値に近い額を手に入れる」という方針にのらず、九〇％の確率で一銭も手にしないことになるリスクを覚悟して単独で「一〇％の確率で一〇〇万円の収入を得る」ことを目指す人もでてくるかもしれない。その一方で、多少のコストは我慢してでも、確実に期待値に近い額を手に入れることを望む人も少なくないだろう。このとき、期待値以下の収入しか手に入らないならばほかのひとびととの連携を拒否する人をリスク愛好的と呼ぶことができるだろうし、逆に期待値以下の収入でも確実にそれに近い収入を手に入れるためにほかのひとびとの連携を望む人をリスク回避的と呼ぶことができる。

リスク愛好的な決定をおこなうか、あるいはリスク回避的な決定をおこなうかは、割り引かれるコスト分の額にも依存するかもしれない。たとえ一万円未満であっても、その額が一万円に近い額であればリスク愛好的な決定をおこなうひとが増えるだろうし、逆に〇円に近い額であればリスク回避的な決定をおこなうひとが増えるだろう。(11)

いずれにしても、現実的に考えればこのようにさまざまな問題が生じるにしても、「社会全体でリスクを共有し、社会全体にリスクを分散させることが、ひとびとにとってより確実な決定を可能にする」という基本的な考え方そのものに影響がおよぶことはない。

本節では、不確実な状況の下での決定における確率論的な思考の限界について論じてきた。決定の回数が限られている有限の世界では、期待値にもとづいた決定も不確実性の問題を解消してくれるものではなかった（鈴木 2000）。そして、このような不確実性の問題を解消するためには、社会全体でリスクを共有し、社会全体にリスクを分散させることが有効であることを主張した。したがって、社会全体で個人が負わされたリスクを負担し、かつ社会全体にセーフティネットを張り巡らせることは、競争から振り落とされた弱者を救済するから必要とされるわけではない（少なくとも、それだけが必要とされる理由ではない）。そのような仕組みを作ることは、その仕組みに参加するすべての個人にとってメリットがあり、そして社会全体の生産性を引き上げてくれる。だからこそ、それは必要とされるのである。

そして、ひとびとを確かな絆で結びつける信頼は、このような仕組みを形成・維持する調整コストを軽減させる。信頼されることで、あるいは信頼することで、相手からなんらかの直接的な利益を引き出すことが可能になるから、信頼が役にたつのではない。信頼は信頼によって結びつけられたすべてのひとびとに益するから、役にたつといえるのである。

第2節　信頼の二つのタイプ

前節では、個人が単独で決定をおこなう場合と、多数のひとびとが連携して決定をおこなう場合とを比較し、どちらの場合が決定にともなうリスクをより配慮しなければならなくなるのかについて議論した。しかし、個人が単独で決定をおこなう場合には、よりリスクに配慮しなければならなくなるとはいえ、自分自身の判断だけで決定をおこなうことができるというメリットもある。その一方で、多数のひとびとが連携して決定をおこなう場合には、そのことでリスクに配慮する必要が弱くなったとしても、そのために他者の判断に配慮する必要が強まってしまうかもしれない。

ものごとの優劣は、何を基準にして判断するかによって変わりうる。かりにひとびとが「自分のことは自分で判断できるのが望ましい」という価値観をもっているならば、つまり「何をおいてもまず自由であることが望ましい」という価値観をもっているならば、リスクに配慮する必要があったとしても、ほかのひとびとと連携することよりも単独で決定することの方を望むかもしれない。そのとき、解消されずに残る不確実性は、自由であることの代償となろう。

このことは、第Ⅰ部で論じたこととも関係している。第Ⅰ部では、自分で決められることの範囲が拡がることによって、個人がさまざまなリスクにさらされるようになってきたことを問題にした。しかし、「自由であることが望ましいのだ」という規範的な正しさを問題にする態度から少し離れて問題を考えると、「自由である」ことの難しさがよりはっきりとみえてくるようになる。

「自由である」ことの難しさの一つは、人間が有限の存在で、有限の選択機会しか与えられていないという事実に起因している。もし人が繰り返し何度も（限りなく）選択をおこなうことができるならば、人は失敗を恐れることなく、成功するまで選択を繰り返し続ければよいということになる。しかし、人は繰り返し何度も選択できるわけではなく、限られた選択機会のなかでできるだけ成功の度合いを大きくすることを心がけ、そして同時にできるだけ失敗の可能性を小さくすることを心がけなければならない。

選択機会が限られているからこそ、その決定が自身の将来に大きな影響を及ぼすと思われるときは、人は自身がおこなう決定に対して慎重になるし、決定の適否について十分に吟味することになる。しかし、自身がおこなう決定を慎重に検討したからといって、そして十分に吟味を加えたからといって、そのことが決定の正しさをただちに保証してくれるわけではない。実際に、十分に慎重になり、徹底して吟味したにもかかわらず、結果として誤った選択をしてしまい、予想外の損失を被るといったことは私たちの人生においてしばしば起こることである。もし「自由である」ことを理由にして、予想外の損失を私たちが一人ですべて負わなければならないとするならば、そのことは何らかの決定をおこなう際に大きなプレッシャーとして私たちにのしかかってくるだろう。「自由である」ために、そして決定にともなうリスクをただ一人で負わなければならなくなるために、私たちの決定に過大な負荷がかけられてしまう。

もし私たちにそうしたプレッシャーや過大な負荷に対応する準備ができていなければ、私たちは真の意味で「自由である」ことを実現できなくなってしまう。人が「自由である」ためには、自身の判断で自身の振る舞いを決定できなければならない。しかし、自身の判断で自身の振る舞いを決定することができれば、私たちはただちに自由になれるのかといえば、決してそうではない。私たちが「自由である」ことを実質的に感じとるためには、決定の単位が個人におかれるようになるだけでなく、決定の単位を個人におくことで個人が対応しなければならなくなるリスクをカバーするためのメカニズムが必要になる(12)。

どのような人間も、時間によって、そして空間によってその可能性を制限された存在である。自身の意志で自分の行動を決定できるからといって、好きなときに、好きなだけ、決定を繰り返し行うことができるわけではない。そのような絶対的な制約のなかでリスクある決定をおこなうためには、決定にともなう大きすぎる不確実性を処理する手立てが必要になってくるのである。

では、決定にともなう大きすぎる不確実性に対応する手立てとして、たとえばどのようなものを考えることができるのだろうか。もちろん、リスクのある場面でどのような決定をおこなうかはひとによってさまざまであろうし、それらをそう簡単に大別することはできないかもしれない。しかし、ここではそれをあえて大きく二つに分けて考えてみることにしたい。

決定にともなう大きすぎる不確実性に対応する一つの方法としてまず考えることができるのは、許容できる不確実性のレベルを事前に設定し、不確実性のレベルがある水準を超えるような決定は絶対におこなわないという方法である。投資でいえば、リスクの高い投資を避ける方法だといえるだろう。それに対して、決定にともなう大きすぎる不確実性に対応するもう一つの方法として考えることができるのは、可能な限り決定の回数を増やすことで、選択機会の有限性にともなって生じる不確実性を低減させるという方法である。投資でいえば、投資先を増やすことによってリスクを分散させる方法だといえるだろう。

前者の方法についていえば、決定にともなう大きすぎる不確実性に対応する方法としては、個人にとってもっとも採用しやすく、かつ一般的にみられる対応だといえる。私たちが決定にともなう大きすぎる不確実性に怯え、それをリスクだと感じるのは、そのような不確実性をともなう決定をおこなっているからにほかならない。もしそのようなリスクを負うことに負担を感じるのならば、それほどまでに不確実性の高い決定はできるだけおこなわなければよいのである。

もちろん決定者は、そのような決定を回避することで、本来であれば手にすることのできた利益を失うことになるかもしれない。しかし、失った利益と免れることのできた負担とが十分に釣り合っていると感じることができるならば、「多少のことは我慢してもリスクのある決定は絶対に避ける」という行動は十分に理解可能だといえるだろう。

だが、それは「自由である」ということなのだろうか。かりに「自身の判断で決定をおこなっているという意味で自由である」のだとして、決定者はそのとき自身に与えられた自由を存分に活かしているということはできない。

後者の方法についていえば、決定にともなう大きすぎる不確実性に対応する方法としては、場合によっては個人にとっては採用しにくく、それゆえあまり一般的とはいえない対応になるかもしれない。

決定にともなうリスクが大きくなるのは、試行回数が限られているために、期待値にもとづいた決定でも十分にリスクを吸収することができないからである。逆にいえば、試行回数を十分に大きくすることができさえすれば、実際に手にする額が期待値に近いものになる可能性が高くなる。しかし、試行回数を十分に増やすためには、決定に費やす時間に余裕がなければならないし、場合によっては十分な元手も必要となるだろう。とうぜん、この条件を満足できるような個人の数はさほど多くはなく、いわばこの方法はもてるもののみに許された方法だといえるかもしれない。

このように「あらかじめ許容できる水準のリスクを設定し、その基準を超える選択はしない」という方法と「リスクある選択は、ただ一回おこなうのではなく、何回も繰り返しおこなう」という方法の二つを比べると、目指している方向性がまったく異なっていることに気がつかされる。一方は「そんな選択は絶対にするな」といっているのに対して、もう一方は「そういう選択をできるだけたくさんおこなえ」といっているからである。ちなみにここで念頭においているのは、あくまでもそのような選択をする方がそうでない選択よりも期待値が高くなるような事例である。したがって、「そんな選択は絶対にするな」といっているものの選択は、けっして合理的ではないし、また堅実なわけでもない。それは、ただ「リスクはない」というにすぎない。その一方で「そういう選択を積極的におこなう」ことは確かに合理的であるし、その意味で無謀なわけでもない。ただ、リスクが高すぎるのである。

とりあえずここでは、ひとびとの実質的な自由を制限し、かつ合理的だともいえない前者の方法ではなく、後者の方法の可能性に注目し、どのようにすればそのような方法を採用することができるのかを考えることにしよう。また、もし後者の方法を採用することができないのであれば、それに準ずる方法としてどのようなものを考えることができるのかを考えることにしよう。

すでに述べたように、もしその個人に十分な時間と十分な資源が与えられていれば、決定の回数を増やすことが物理的に可能になる。もちろん、リスクのある決定だから、個々の決定をみれば成功もあるだろうし、逆に失敗もあるだろう（いや、失敗することの方が多いかもしれない）。しかし、すべての決定の結果を併せて、その平均を求めれば、得られた値は期待値に近いものになっているはずである。したがって、十分な回数の試行をおこなうだけの資力があれば、あえて期待値の低い決定をおこなう理由はなく、期待値を参考にして決定をおこなうことが合理的になる。

問題は、決定をおこなう個人に十分な数の試行をおこなうための資力がない場合である。このときは、資力のないもの同士が集まって、互いのリスクをシェアすることができる。一人でおこなえる試行回数に限りがあっても、多くの人が集まれば、実際におこなわれる試行回数は十分に大きなものとなる。したがって集団全体で手にする実際の額は期待値に近いものになる可能性が高く、これを全体に均等に分配すれば集まったすべてのひとびとが期待値に近い値を手にすることになる。

ただし、このことを可能にするためには、得られた成果の配分に関して全体の取り決めに従うことがすべての個人に必要とされる。これは、ある意味で、自身の自由な判断に制限をかけることを意味している。「そもそもリスクのあるような選択をおこなわない」という方法は自身で自身の手足を縛るようなもので真の意味で「自由である」といえないといったが、どうやら「多数のひととリスクを共有し、リスクを分散させる」という方法も自分たちで自分たちの手足を縛っており、「自由である」状態に一定の制約をかけているといえそうである。

このように考えていくと、ひとびとが「自由である」ことによって生じる不確定性に対応するためには、何らかの形で自身の自由にあらかじめ制約をかけておくことが必要になってくることがわかる。しかし、「自由である」自分に自身の意志で選択に制約をかけることと、そもそも最初から選択の自由が与えられていないことを同一視することはできない。そこでここでは、「自由である」個人が自身の意志で自身の選択に制約をかけることを、信頼を創出することであると考えることにしよう。

たとえば、私が他者に信頼されるためには、私が確かにある行動を選択すること（あるいは、選択しないこと）が他者に予期されていなければならない。いいかえれば、それは他者にとって私の行動選択がある制約の下にあるとみなされているということである。同様に、私が他者を信頼するためには、他者が確かにある行動を選択すること（あるいは、選択しないこと）を私が予期しているのでなければならない。このように、ひとびとの間で信頼が成り立つためには、それぞれの行動がある制約の下にあることを相互に予期しあっていることが必要であり、自らの意志でそのような制約を自身に課すことが信頼を創出することなのである[13]。

ここでは、自らの意志で自身の行動に制約を加える仕方として二つのものを検討してきた。一つは、「多少のことは我慢しても、リスクのある決定は絶対にするな」という行動原理であった。このように「危ない橋を渡らない」人は、信頼に値する。その人の行動原理が場合によっては魅力的な選択肢を失うものであったとしても（たとえば、より期待値の高い選択肢をあえて見送るような行動原理であったとしても）、行動原理がはっきりしている限りにおいて、そのひとに対して感じる不確実性は確実に軽減されている。

もう一つは、「できるだけ多くの人とリスクを共有し、リスクを分散させる」という仕組みをつくることであった。このように「多くの人とリスクを共有し、リスクを分散させている」仕組みに取り込まれている人は信頼に値する。たとえその人自身が何も得ることができなかったとしても（あるいは、多くのものを失ったとしても）、そのリスクを確実に吸収してくれるセーフティネットがその人に対して準備されているのであれば、当人だけでなく、その人を信頼しようとする人にとっても、不確実性が確実に軽減されているからである。

もちろん、ここで取り上げた二つの仕方は、私たちが生きていくうえで直面しなければならない不確実性に対応する方法として完全であるわけではないし、また決定的であるわけでもない。どのような対応の仕方にもそのやり方をうまく機能させるための条件があり、もしその条件が満たされていなければ、どれほど熟慮を重ねてリスクに備えても、けっきょく予想外の事態に呑みこまれてしまうことになる。

たとえば、「できるだけ多くの人とリスクを共有し、リスクを分散させる」仕組みがうまく機能するためには、各人が抱えているリスクが相互に独立でなければならない。なぜなら、「できるだけ多くの人とリスクを共有し、リスクを分散させる」ことがセーフティネットになるためには、誰も何も得ないことはない（あるいは、すべての人が同時にすべてを失うことはない）ということが必要とされるからである。もしひとびとが抱えているリスクが確率論的な意味で独立であれば、誰もが何も得なかったり、あるいはすべての人が同時にすべてを失ったりする可能性はきわめて低いものになろう。しかし、各人の抱えているリスクが相互に関連していれば、誰も何も得なかったり、あるいはすべての人が同時にすべてを失ったりすることは十分にありうる(14)。

かりに一〇〇人のひとが集まって、「事故に遭ったときには、事故に遭わなかった人が経済的に援助する」という取り決めをおこなったとしよう。これは、一〇〇人のひとが「リスクを共有することで、リスクを分散させる」仕組みをつくったと考えることができる。このとき、ある年に事故に遭って入院することになる確率が各々の間で独立なのだとすれば、一〇〇人の知り合いがいてその知り合い全員がその年に事故に遭って入院するといったような事態が起きる可能性はきわめて低く、ほとんどありえないと考えてよいかもしれない。しかし、その年に大地震で家屋を失う確率は同じ地域に住んでいる人の間では独立でないので、一〇〇人の知り合いがいてその知り合いの大半がある年に同時に大地震で家屋を失ってしまうことは十分にありうる。確かに大地震に遭う確率は低くても、いったん地震が起きてしまえば、同じ地域に住んでいるひとびとは地震による被害を同時に被ってしまうからである。この場合、確かにリスクは共有されているが、リスクの分散はなされていない。

ここで論じたいことは、「このようにすれば不確実性に怯えることなく、合理的な決定をおこなうことができる」といったことではない。ここであげた二つの方法は、限りのある時間と空間しか与えられていない私たちが不確実性をともなう決定をおこなう際にとりうる対応についてのとりあえずの理念型(15)でしかないのである。したがって、「危ない橋を渡らない」ことがよいのか、それとも「多くの人とリスクを分け合う」ことがよいのか、その優劣について判断することはそうそう簡単にはできない。ただ、「限りある時間と空間しか与えられていない私たちが、自身の選択に自らの意志で制約を加えることで、この世界に信頼がもたらされる」と考えたとき、生み出されている信頼のタイプに二つのものが存在することを確認したいのである。

明らかにされた信頼のタイプの一つは、「危ない橋は渡らない」という制約を自身に課すことで生み出される信頼であった。第3節では、このタイプの信頼が従来の信頼をめぐる議論のなかにどのように位置づけられるのかを議論することにしよう。

一方、明らかにされた信頼のタイプのもう一つは、「決定によって得られたものの分配は全体の取り決めにしたがう」という制約を自分たちに課すことで生み出される信頼であった。第4節では、このタイプの信頼が従来の信頼をめぐる議論のなかにどのように位置づけられるのかを議論することにしよう。

そして最後に、二つのタイプの信頼を従来の議論のなかに位置づけていく作業を通じて、このような信頼から浮かび上がる〈他者〉との関係について、論者なりの見解を明らかにしたい。

第3節　他者から逃げるための信頼

本節では、「危ない橋は渡らない」という制約を自身に課すことで生み出されるような信頼について議論したいと思う。そして、このタイプの信頼を問題にする手がかりとして本書で取り上げたいのは、山岸俊男が唱えた安心の概念、あるいはコミットメントの概念である（山岸 1998, 1999; Yamagishi & Yamagishi 1994; Yamagishi et al. 1998）。

山岸は信頼についてきわめて魅力的な議論を数多くおこない、そしてその議論は世界的にしばしば引用される有名なものである。とはいっても、本書が考える信頼の概念と、山岸が唱えた信頼や安心の概念は必ずしも同じものであるとはいえない。したがって、議論を細かくみていくとさまざまな点でその意味するところが異なってきてしまうことを避けることはできない。しかし、議論全体に見通しをつけ、大まかな見取り図をえるための手がかりとしてならば、かりに多少の異同があったとしても、山岸の議論を参考にすることは許されるだろう。

山岸は、社会的ジレンマ状況においてもひとびとに協力行動を選択させる社会的なメカニズムとして安心と信頼とを区別する。社会的なジレンマ状況では、合理的な個人である限り、ひとびとは協力行動よりも非協力行動を選択することへと誘因づけられている。しかし同時に、多くのひとびとが非協力行動を選択することで、みんなで一致して協力行動を選択していれば得られたはずの利益を失うことになる。(16) このような社会的ジレンマ状況でひとびとが一致して協力行動を選択できなかったために失ってしまった利益を得るためには、ひとびとにあえて協力行動を選択させるような社会的なメカニズムが必要とされる。そして、山岸が考える信頼と安心とは、このような社会的ジレンマ状況においても合理的な個人に対して非協力行動ではなく、協力行動を選択させることを可能にするような社会的なメカニズムの二つのタイプなのである。

山岸が考える安心とは、つきあう相手を特定の集団のひとびとに固定することで、ひとびとに協力行動を選択させるような社会的なメカニズムを意味している。

相手に協力行動を選択させるためには、相手に自分を信頼させなければならない。もし相手に「こいつは信頼できない」と思われてしまえば、相手は決して協力行動を選択することはないだろう。そしてそのためには、「社会的ジレンマ状況においても、必ず協力行動を選択する」というようにあらかじめ自身の選択に制約をかけてしまうことが、つまりは自分への信頼を創出しておくことが必要になる(17)。また同様に、自分が協力行動を選択するためには、相手を信頼できるのでなければならない。そしてそのためには、「社会的ジレンマ状況においても、必ず協力行動を選択する」ように相手が自身の選択に何らかの制約をかけていること、いいかえれば相手に対する信頼が創出されていることが必要になる。

自分自身の行動の選択に協力行動を選択するよう制約がかけられており、相手の行動にもそのような制約がかかっていることの一つの「徴《しるし》」として、集団のメンバーシップを利用することができる。「(仲間に対して) 必ず協力行動を選択する」ことの徴として仲間集団のメンバーシップを利用することができれば、私は相手に自身が仲間集団のメンバーであることを明かすことによって相手から信頼を得ることができるし、私も相手がその仲間集団のメンバーであることを知ることによって相手を信頼することができるようになる。もちろん、ひとによってはメンバーシップを利用して相手に信用させて、相手を裏切ろうとすることもあるかもしれない。しかしそのような個人は、そのような裏切りをおこなうことでメンバーシップを失うことになるだろうし、その結果、集団のメンバーであることで得ていた利益も失うことになる。かりにそのひとが人並みの賢さをもっていれば（いいかえれば、合理的な個人であるとすれば）、あえて手にできたはずの利益を失うような（非合理的な）行動をとることはないはずであり、だとすれば私はその集団に所属しているそのひとを仲間として信じていいのである。そして山岸は、このように信じる相手を仲間集団に所属するひとびとに限定してしまうことを、安心と呼んだのである。

一方、山岸が考える信頼とは、付き合う相手を外の世界に広く求めることで、ひとびとに協力行動を選択させるような社会的なメカニズムである。

たとえよく知らない相手であっても、相手のことを信頼し、そして相手に信頼されるような態度をとる。もし社会の多くのひとびとにこのような態度が身についていれば、ひとびとは他者と一致して協力行動を選択することができるようになるだろう。もちろん、単に相手を信頼するだけであるなら、それは信頼というよりは単なる無警戒でしかない。たとえよく知らない相手であってもその相手を信じようとする一般的な信頼がきちんと機能し、悪意ある他者につけ込まれないためには、与えられている情報に限りがあったとしても、その限りある情報からそのひとの人となりを的確に判断できる高い能力を、ひとびとは身につけている必要がある。山岸は、限られた情報から的確に相手の協力性向を判断できる知的能力を社会的知性と呼んだ。そして、ひとびとがこのような社会的知性をもつことで、その社会のひとびとは一般的に他者を信頼することができ、そして他者に信頼され、互いに協力行動をとることが可能になる。なぜなら、社会的知性が高く評価される社会では、ひとびとは「たいがいのひとは協力者を求めて、他者に対して協力的であろうとする」ことを予測できるようになるからである。

ここでは、とくに安心について考えることにしよう。ひとびとに協力行動を選択させることを可能にするメカニズムとしての安心の特徴は、信頼する相手を仲間集団に所属する個人に限定してしまうということである。したがって、安心のメカニズムに組み込まれていれば、ひとびとは相手の裏切りを心配することなく協力行動を選択することが可能になるけれども、そのときの相手は誰であってもいいわけではないことに気をつけなければいけない。安心をもとにした協力行動は、特定の仲間集団に所属する個人を相手にするときにだけ有効であって、相手がその仲間集団に所属していなければ無効なのである。相手が仲間集団に所属していないのであれば、そのときは協力行動ではなく、非協力行動を選択するほかない。したがって、安心によるメカニズムのもとで協力行動を選択しようとするならば、ひとびとは必然的につきあう相手を固定せざるをえなくなる。[18] 山岸は、このようにつきあう相手を限定した関係をコミットメント関係と呼んだ。

広い意味で、安心は信頼の下位概念だと理解することができる。しかし、相手を信頼するためにはコミットメント関係の構築を必要としている点で、安心は、狭い意味での信頼と区別されてしまう。コミットメント関係にとどまっている限りひとびとは安んじて協力行動を選択することができるけれども、いったんコミットメント関係の外にでてしまうとひとびとは相手が協力行動を選択することを途端に予測できなくなってしまうからである。そして、このようにつきあう相手をコミットメント関係の内部にいるものに限定してしまう安心のメカニズムは、「協力してくれるかもしれないが、でも協力してくれないもしれない」という不確定性をもった〈他者〉の存在を、ひとびとの視界から消し去ってしまうのである。そこにはもはや、「協力してくれないかもしれないけれども、あえて信じる」という信頼がもっていた「賭ける」側面は存在しない（数土 2012c）。

このようにみてみると、山岸のいっている安心は、前節でいうところの「危ない橋を渡らない」タイプの信頼に近いことがわかる。安心のメカニズムのもとで、ひとびとが協力行動を選択できるのは、相手が裏切らずに協力してくれることをひとびとが信じているからであった。しかし、私が「相手はきちんと協力してくれる」というように相手を信頼するのは、「協力行動を選択することが、その人にとって合理的な選択である」ことを私が知っていたからに過ぎない。そして協力行動の選択がつきあう相手をコミットメント関係の内部に限定することによって可能になっているのだとすれば、そこでとられている戦略は「自分を裏切るかもしれない他者とはつきあわない」ということなのであり、いわば「危ない橋を渡る」ことを回避しているにすぎないということなのである。ちなみに、それは「自分を裏切るような他者」とはつきあわないということではない。相手が自分を裏切ることが事前に確実にわかっているのであれば、そのような相手とのつきあいは確実に回避されなければならない。ここでつきあいが回避されている相手とは、「確実に自分を裏切る」他者ではなく、「裏切るかもしれない」他者であり、場合によっては「協力してくれたかもしれない」他者なのである。

しかし、安心のメカニズムに類比できる「危ない橋を渡らない」タイプの信頼には、ポジティブな側面があると同時に、ネガティブな側面もある。

J・コールマン（Coleman 1988, 1990）も相手を合理的に信頼することを可能にするメカニズムについて議論しているけれども、そのときコールマンが注目しているのは集団のメンバーによる監視である。コールマンによれば、メンバーシップをもっている仲間集団の内部でひとびとがあえて協力行動を選択する理由は、メンバーシップを失ってしまえばメンバーシップを維持することで手にできたはずの将来的な利益を失うからである。したがって、メンバーシップを失わないために「こいつは信頼に値しない」と思われないことが私にとって重要であり、そしてそれが手枷足枷になって私の行動を制約することになる。いわば、私は仲間集団に所属しており、そして仲間集団のメンバーであり続けるために、他人の自分に対する評価を絶えず気にし、自らの意志で自由を失っていくのである。

また、安心のメカニズムには、つきあう相手を限定することで今よりも合理的な選択を事前に排除してしまっている可能性がある。ゲーム理論などの枠組みをもちいて社会的ジレンマについて考察するとき、そこではすべての個人は均質で、それぞれの間で能力に大差がないことが暗黙のうちに前提とされている。たとえば多数のひとびとが協力しあうことで公共財が供給され、その結果、すべてのひとに利益がもたらされるというとき、あるいは多くのひとびとが協力しないためにすべてのひとが等しく損失を被るというとき、そこで問題にされているのはあくまでも「協力するのは何人か（あるいは、協力しないのは何人か）？」という人数の違いでしかない。個人の能力の違いはまったく無視されているのである。しかし現実には、ひとびとの間には能力の差があり、その人に協力してもらうよりもこの人に協力してもらいたいという例もあるであろう。このように、単に頭数だけを気にするのではなく、協力してくれる人の能力の違いに注目したとき、山岸がいうところの機会費用という問題が発生する。

確かに、安心のメカニズムが存在していれば、私たちは仲間集団へのメンバーシップを手がかりにして信頼に値する相手を選別することができた。したがって、相手から裏切られることのない選択をおこなっているという意味で、これは合理的な選択であるといえるかもしれない。

しかし、メンバーシップをもっているからといって、その人がベストの交渉相手だとは限らない。もしかすると、仲間集団のメンバーではないけれども、自分にとってよりよい交渉相手が私の近くにいたかもしれない。かりに心のなかでは「このひとなら……」と思っていても単に仲間集団のメンバーではないという理由でつきあう相手から外してしまわざるをえないとするならば、そして現実にもそのひとが十分に信頼に値するひとであったとするならば、私は大切な機会を失ってしまったことになる。つきあう相手をメンバーシップによって事前に限定してしまうと、このような損失が生じてしまうことをあらかじめ回避することができない。これが機会費用である。したがって、機会費用が発生しているという意味では、安心のメカニズムによってつきあう相手を事前に選別してしまうことは、合理的な選択ではないともいえる。

いずれにしても、安心のメカニズムを通じてひとびとが相互に信頼しあい、そして協力関係を形成・維持しているとしても、山岸がそれを信頼とは呼ばずにあえて安心と呼びかえたように、それは本書で論じたいと考えている信頼とはやや異なる意味をもっている。本来は、信頼には「その相手に賭ける」というニュアンスが含まれていることが大切なのである（数土 2012c）。しかし、安心のメカニズムによって可能になっている信頼には、「裏切られるかもしれないけれども、それでもあえてその相手に賭けてみる」という要素はまったくない。私が安心のメカニズムによって相手を信頼しているとき、私はその相手が裏切らないことを合理的に予測しており、いわば「裏切るはずがない」ことをもうすでに知っている。したがって、安心のメカニズムによって可能になっている信頼には私を苛んでやまない「それでも、そのひとは私を裏切るかもしれない」という不確実性はなく（あっても、きわめて小さいものに過ぎず）、比喩的にいうならば、安心のメカニズムによって可能になる信頼には、〈他者〉が存在しないのである。

安心のメカニズムによって可能になる信頼には〈他者〉は存在しないといったけれども、もちろん現実には安心のメカニズムの下においてもつきあう相手は存在する。そして、その相手は、昔からの知己という人もいるだろうが、場合によっては初めて会った人だという場合もある。したがって、その相手が〈他者〉でないといったけれども、そうした表現にはやや誇張が含まれているかもしれない。実際に、昔からの知り合いとしかつきあえないとするならば、私たちの生きる世界はきわめて貧しいものになってしまうだろう。しかし、かりに私が相手のことを十分に知らなかったとしても、その相手が私の所属する仲間集団のメンバーであることが大切だったのである。いいかえれば、私がその相手と親密にしているかどうかに関係なく、そしてそのひとを個人的にどこまで知っているかに関係なく、「その人は仲間集団のメンバーである」ことだけが重要なのであり、そのことさえ確認されれば、そのひとは絶対に裏切らないとお墨つきされた相手になる。

では、このように〈他者〉の存在しない信頼は、私たちにとってどれほど魅力的であるのだろうか。確かに、〈他者〉の存在しない信頼、いいかえれば「危ない橋を渡らない」信頼によって相手に裏切られる可能性や自身の選択が失敗に終わる可能性が減じられており、その意味で選択するさいに私たちにかかるさまざまな負担を免除してくれている。私たちは、相対的にリスクを意識する必要がなくなり、安心して選択をおこなうことができる。しかし、だからといってそのような信頼が私たちにとって魅力的であるとは限らない。むしろ、〈他者〉の存在しない信頼は、危ない橋を渡ることを回避することで、もしかしたら享受することができたかもしれなかった成功への途を閉ざしているかもしれないからである。

もし享受できたかもしれない成功が私たちにとってさほど魅力的なものでなかったとしたら、かりにそこへの途が閉ざされたとしても、私はさほど痛みを感じることはないだろう。しかし、もし享受できたかもしれない成功が私たちにとって相当に魅力的なものであったとすれば、そのような成功を断念させられることはあまり愉快な体験だとはいえなくなる。したがって、〈他者〉の存在しない信頼の魅力の程度は、回避することのできた危険と、断念させられた成功とのバランスによって決まるのであって、いちがいにはいえないことになる。つまり、「安心のメカニズムによって可能になる信頼には魅力がない」とはただちにいえないにしても、しかし「危険を回避できる」からといって無批判に称揚することもできないのである。

本節では、「危ない橋を渡らない」タイプの信頼について、その意味するところをやや細かく検討してきた。その結果、「危ない橋を渡らない」タイプの信頼における「危ない橋」とは、裏切りの可能性をもった〈他者〉を意味していることが明らかにされた。「危ない橋を渡らない」タイプの信頼は、つきあう相手を限定することで、そのような他者を私たちの生きる世界から取り除こうとする信頼だったのである。もちろん、そこで排除されている他者が私たちに害をなす明確な悪意をもった他者であるならば、そのような他者を積極的に排除することは私たちの安全にとって不可欠となろう。しかし実際は、排除された他者は、私たちに何か益をもたらす協力的な他者であったかもしれないし、もたらされる利益は限定された相手との関係からは決してもたらされ得ない新しい価値をもったものだったかもしれない。その可能性をあえて断念することによって、私たちはなんとか自身を安心させているのである。したがって、このようなタイプの信頼は、〈成功と失敗の両方を含めた〉いまだ知られざる可能性に背を向けることを私たちに促している。そして、その未知の可能性の具象化された像を〈他者〉と呼ぶなら、それは〈他者〉から逃げる信頼であったといえるのである。

第4節　他者と向き合うための信頼

前節では、「危ない橋を渡らない」タイプの信頼について検討をおこなったので、本節ではもう一つのタイプの信頼、すなわち「できるだけ多くのひととリスクを共有し、リスクを分散させる」タイプの信頼について検討することにしよう。

前節において「危ない橋を渡らない」タイプの信頼について検討をおこなったとき、このタイプの信頼を山岸が唱えたところの安心に相当すると考え、山岸の議論を敷衍する形で「危ない橋を渡らない」タイプの信頼を論じた。ちなみに、山岸の信頼に関する議論では、コミットメント関係の内部にあるものだけを信頼する安心と、他者をより一般的を信じるより開かれた信頼とが区別されていた。では、「危ない橋を渡らない」タイプの信頼を安心だと考えたのと同じように、「できるだけ多くのひととリスクを共有し、リスクを分散させる」タイプの信頼を山岸が考えた（一般的）信頼の概念に相当するものとして考えて、議論を進めることは可能だろうか。

残念ながら、山岸が考える（一般的）信頼と、本書が考える「できるだけ多くのひととリスクを共有し、リスクを分散させる」タイプの信頼とは、若干その内実が異なっていると考えられる。したがって、「できるだけ多くのひととリスクを共有し、リスクを分散させる」タイプの信頼を山岸が考えた信頼の概念にそのまま当てはめる形では議論を進めることはできない。しかし、「できるだけ多くのひととリスクを共有し、リスクを分散させる」ことの意味を考えるうえで山岸の信頼の概念は大いに参考になる点があると思われるので、まずその内容について簡単にトレースし、その後、「できるだけ多くのひととリスクを共有し、リスクを分散させる」タイプの信頼について考えることにしよう。

山岸の議論では、安心と区別されるところの信頼は、コミットメント関係にとらわれないより一般的な信頼を意味している。こうした一般的信頼のもとでは、安心のように所属する集団のメンバーシップでもっては信頼する相手を区別することはしないので、信頼する相手の範囲は所属する集団の外にまで大きく拡がることになる。したがって、この一般的な信頼をもとに他者とつきあうひとびとは、所属集団の枠を超えた未知の可能性に挑戦することが可能になるし、しかしそれと同時に裏切りの可能性を絶えず意識しながら行動することを余儀なくされる。

では、そのときの他者に対する一般的な信頼は何によって可能になっているのだろうか。もし他者に対する一般的な信頼が信頼するものによって根拠なくなされているとするならば、他者を信頼しているものはいわば無謀にも近い賭けをおこなっていることになる。本来であれば裏切るかもしれない他者を、単なる思い込みで「裏切らない」と決めつけているにすぎないからである。確かにそれは、信頼の賭ける側面に大きく比重をおいた信頼だといえるかもしれない。しかし、何も根拠なく、ただただ相手を信じるような信頼はあまりに無防備であろう。山岸の議論において重要なことは、いっけんすると相手を限定することなく他者一般に対して信頼をおいているようにみえるひとびとは、現実の場面においては必ずしも根拠なく相手を信じることはしないということを明らかにしている点である。

山岸によれば、他者に対する一般的な信頼が高いものは、相手を限定せずに他者一般に対して高い信頼感を抱いているのだが、同時に眼前の他者のネガティブな情報に対してはきわめて敏感に反応する。たとえば、そのひとの過去の振る舞いに対して芳しくない評判を耳にしたとしよう。他者一般に対して高い信頼感をもっているものは、そのような評判を耳にした瞬間に、そのひとに対して急に慎重な態度で臨むようになる。したがって、相手を限定せずに他者一般に対して高い信頼感をもっているといっても、そのときの信頼は必ずしも頑健強固なものではなく、入手された情報によっては直ちに変更されるような移ろいやすいものである。しかし、このように入手した情報（とくに、そのひとに対するネガティブな情報）に対する感度を高めることで、そのひとは他者に対する信頼感を維持しつつ、同時に相手に裏切られる危険性を事前に軽減することもできる[19]。少しつきあってみて、もしその人に何らかの裏切りの兆候を見いだせば、そのひととの関係をすばやく断ち切ることで裏切りのダメージを軽くするのである。いわば、相手を限定することなく他者一般に対して高い信頼感を抱いているものは、それと同時に裏切りの危険を察知する能力を高めることで、バランスをとっているのだといえよう。

もちろん、限られた情報から相手の行動を予測する能力には、個人差があるだろう。少ない情報から相手の本性を正しく見抜くことができるものがいれば、逆に十分な情報を与えられているにもかかわらず相手の本性に気がつくことのできないものもいる。もしかりに私がたとえ少ない情報しか与えられていなくても相手の行動を正しく予測する高い能力を与えられていたならば、私は失敗のリスクに臆することなく、相手を限定せずに他者との関係を拡げていくことができ、そして未知の可能性に挑戦することができるようになるだろう。そしてそれは、つきあう相手を所属集団のメンバーに限定していたならば、決して選択されえなかった行動なのである。もちろん、相手を限定せずにつきあう範囲を拡げていけば、そのなかには悪意ある他者も含まれることになるかもしれない。しかし私は危険を察知する高い能力をもっているので、その能力をフルに活用することでそのような他者との関係を巧妙に避けつつ、確実に魅力的な選択肢をものにしていくことができる。

この点について、山岸は興味深い事実を指摘している。山岸によれば、他者に対して一般的な信頼を抱いている個人には、高学歴者が多くなっている。通っている大学別に一般的な他者に対してどの程度の信頼をもっているかをアンケート調査で測り、その平均をもとめたところ、他者に対する一般的な信頼の高低と大学の偏差値の間には正の相関関係があったのである（山岸 1999）。また、R・パットナム（Putnam 2001＝2006）によれば一般的信頼によって構成される社会関係資本（Social Capital）がその地域に蓄積されている量とその地域における教育達成の水準との間に正の相関関係があることが指摘されており、岩渕（2008）によっても高学歴者ほど一般的信頼感が高いことが指摘されている。これらの事実は、他者に対する一般的な信頼の高低がひとびとの知的能力と何らかの関係をもっていることを示唆している。そして山岸は、他者に対する一般的な信頼をもつことを可能にするひとびとの知的能力を、社会的知性と呼んだのである。

つまり山岸の議論にしたがうならば、所属集団のメンバーシップの有無に関係なく他者を一般的に信頼することができるようになるためには、それ相応の知的能力をもつことが必要となる。十分な知的能力をもつことなく、相手を無闇に信頼するならば、その人は悪意ある他者につけ込まれ、他者に裏切られることになるからである。しかし、山岸の考えるところの安心に替わる信頼のメカニズムがこのように個人の知的能力に依存するものだったとするならば、このメカニズムは万人に開かれているわけではなく、いわば限られたひとだけが利用することのできるメカニズムということになるだろう。いいかえれば、このメカニズムは、すべてのひとにとって〈他者〉にともなうリスクの回避を可能にするメカニズムなのだとはいえなくなる。それは、〈他者〉にともなうリスクを回避する能力をもった個人のためだけに用意されたメカニズムなのである。

もちろん、すべてのひとがそうしたメカニズムに対応できる知的能力をもつようになればいいのだというのも、一つの理屈かもしれない。しかし、それはいわば勝ち組のロジックであり、そのような知的能力をすでに備えているひとのいい分でしかない。確かに、すべてのひとが〈他者〉にともなうリスクを察知し、事前にそれを回避できるだけの知的能力をもてるようになるのであれば、それに越したことはない。しかし、かりにそうでなくても、より多くのひとが他者を一般的に信頼でき、そして他者を信頼することで利益を得られるようなメカニズムを考えることが必要なのである。

信頼する相手を、そしてつきあう相手を、自分が所属する集団のメンバーシップをもっているものだけに限定するのではなく、他者を一般的に信頼し、できるだけ多くのひととつきあうようにする。このことの魅力は、そのような相手とのつきあいを通して、その相手とのつきあいがなければえることのできなかった知識や情報など新しい可能性がえられるようになるからであった。したがって、新しい知識や情報をえることの価値が高まれば高まるほど、安心のメカニズムではなく、信頼のメカニズムに切り替えていくことが望ましくなる。そして、すべてのひとがその可能性に開かれるためには、信頼のメカニズムを、知的能力の高いものだけが利用できるようなものにしてはならない。それゆえ、もしそうした新しい可能性が（つきあう相手を限定していたときには心配する必要のなかった）さまざまなリスクと表裏一体をなしているならば、そうしたリスクへの対応や処置を個人にすべて任せるのではなく、集団全体でプールしていくことを積極的におこなっていかなければならないのである。そして、もしそうすることで個人の生産性があがるのであれば、それは集団全体にとっても利益をもたらすものになるだろう。

もしリスクを集団全体でプールしていくことをしなかった場合に、どのようなことが起こりうるかを考えてみよう。

高い知的能力をもっている個人であれば、危険を察知してそれを回避することができるかもしれない。しかし、すべての個人が十分なレベルでそのような知的能力をもっているわけではないし、むしろほとんどの個人は自身に降りかかるすべての危険を回避できるほどの高度な知的能力をもっているわけではない。したがって、どれほど十分に注意していても、予想外のことに足を掬われる個人がでてくることを避けることはできない。

足を掬われる度合いは個人によってさまざまであろうし、被害が比較的軽微にすむものもなかにはいるかもしれないが、しかしその一方で甚大な被害をうけるものもでてこざるをえない。では一度そのような失敗を犯した個人は、そのあと立ち直ることができるのだろうか。おそらく、もてるもののすべてを失うような失敗をした個人が立ち直ることは難しく、その個人は競争からただ脱落するしかないだろう。もちろん、その個人は、失敗を経験することで多くのことを学んだだろう。ひとは頭で学ぶだけでなく、経験することによってさまざまなことを知り、そしてそのような経験を積むことで自身の能力を高めていくからだ。そしてひとは、成功よりも失敗から多くのことを学ぶことができる。しかし、失敗の経験をいかし、次の成功につなげる機会がその個人に訪れることがなければ、そんなことには何も意味はない。

確かに、新しい可能性に挑戦し、新しい知識や情報をえるためには、自分の世界の殻を破って外にでていくことが必要になるかもしれない。そして、そのためにはつきあう相手を身近な仲間だけに限定するのではなく、より広い範囲のひとびとを信頼し、つきあっていくことが大切になるだろう。しかし、そのことによって生じるさまざまなリスクをすべて個人が担わなければならないとするならば、そのことは個人にとって大きな負担となる。もしすべてを失う可能性があるならば、どれほど魅力的な選択肢であっても、外にでていくことに二の足を踏むものがでてくるのは避けられない。

もちろん、強いものだけが生き残ればいいという考えもあるかもしれない。しかしそれは、社会全体をみたときには、ひとびとの経験や能力を最大限有効に活用できていないという意味で非効率的な結果を生みだすことになる。そうではなく、ひとびとに経験を積ませ、能力を鍛え上げさせ、そしてそれを有効に活用させるための社会的なメカニズムが必要なのである。そのメカニズムとは、個人が新しい可能性に挑戦することで生じるさまざまなリスクを社会全体で共有し、社会全体に分散させるようなメカニズムなのである(20)。

多くのひとびとが新しい可能性に繰り返し挑戦することの利点は、二つあると考えられる。一つは、繰り返し多く挑戦することで、成功する可能性があがるということである。たとえ成功の可能性が低い挑戦であったとしても、試行回数を増やせば増やすほど、一度も成功しないという可能性は低くなる。もう一つは、繰り返し多く挑戦することで、挑戦しているものの経験値が上がり、能力も鍛えられるということである。とうぜん、経験も何もなく、能力も十分でないものが挑戦するよりも、十分に経験を積み、そして十分な能力を備えたものが挑戦すれば成功する可能性もあがるだろう。

しかし、個人がもっている資源に限りがあれば、失敗するリスクを恐れずに繰り返し挑戦することは難しくなり、新しい可能性に挑戦するものの数は少なくなる。結果として、社会全体をみると新しい挑戦を成功させるために活用できる経験や知識が蓄積されないし、ひとびとの能力も向上しない。新しい可能性に挑戦するためのリスクを社会全体で吸収するというと、あたかもそれは社会が個人にかかるリスクを肩代わりし、弱い個人を救済することを主張しているかのように受けとめられてしまいかねない。もちろん、そのような意図がまったくないわけではない。しかし、ここで強調しなければいけないことは、それは必ずしも弱者の救済を意味するわけではないということである。そうではなく個人のリスクを社会全体で吸収するということは、その社会がこれから成長していくために必要な投資だということなのである。

すでに、「危ない橋を渡らない」タイプの信頼に対置させる形で、「できるだけ多くのひととリスクを共有し、リスクを全体に分散させる」ことをもう一つのタイプの信頼として考えてきた。それは見知らぬ〈他者〉に賭けることで発生するリスクを個人が引き受けるのではなく、社会全体で引き受けようということであった。いってしまえばそれは、個人が失敗してもいいようにセーフティネットをひくということである。しかし単にセーフティネットといってしまうと、失敗した個人を社会全体で保護するといっているように聞こえてしまう。そしてこのような見解の背後には、「成功したものは強者であり、失敗したものは弱者である」という暗黙の了解が存在する。しかし、ここでセーフティネットというとき、そのような「強者対弱者」という図式をもちこみたいなどとはまったく考えていない。ここで考えていることは、「誰もが勝者になりえるし、誰もが敗者になりえる」状況で、個人の期待利得を最大化し、そして社会全体の生産性をあげるためのメカニズムを考えることなのである。

もっとも「できるだけ多くのひととリスクを共有し、リスクを全体に分散させる」メカニズムを構築したとしても、そしてかりに失敗したときのリスクを個人一人ですべて担う必要がなくなったとしても、それで引き受けなければいけないリスクは完全には消えてしまわない。「できるだけ多くのひととリスクを共有し、リスクを全体に分散させる」メカニズムと「危ない橋を渡らない」メカニズムの間には、この点において大きな違いがあるといえるだろう。

比喩的にいってしまえば、「危ない橋を渡らない」メカニズムはそもそも〈他者〉を視野から消し去ってしまうようなメカニズムであったが、「できるだけ多くのひととリスクを共有し、リスクを全体に分散させる」メカニズムは個人にとって致命的にならない形で〈他者〉を視野に留め置くメカニズムである。そして、〈他者〉を視野に留め置くことで、新しい未知の可能性への挑戦を可能にするメカニズムなのである。もし未知の可能性に新しい成功の種があったとしても、それを得るためには失敗の不安と恐怖を乗り越えていかなければいけない。成功に向けてチャレンジすることが同時に失敗する覚悟を受け入れたことを意味するのならば、失敗を受け入れるための仕組みをつくることなしには、誰もが未知の可能性に挑戦できる社会など構想することはできない(21)。

ただしだからといって、「できるだけ多くの人とリスクを共有し、リスクを全体に分散させる」メカニズムが「危ない橋を渡らない」メカニズムよりも勝っているのだと、ここで主張しているわけではない。〈他者〉は消えてなくならないわけだから、〈他者〉によってもたらされるリスクはいつ現実化してもおかしくない。したがって、多くのひとたちとリスクを共有したとしても、そのリスクが大きすぎる場合には〈あるいは、リスクに十分にみあうだけの報酬を期待できない場合には〉、そのリスクを十分に軽減することはできない。つまり、〈他者〉によってもたらされるリスクが十分に受け入れ可能になり、かつ〈他者〉によって得ることのできる新しい可能性が十分に魅力的なものであるのでなければ、「できるだけ多くのひととリスクを共有し、リスクを全体に分散させる」メカニズムは、「危ない橋を渡らない」メカニズムよりも劣ってしまうことになる。

たとえば、第1節で取り上げた事例では期待値の高い選択肢の方が高いリスクをもっていた。したがって確かにこの場合であれば、期待値の高い選択肢を安全にとることのできるような「できるだけ多くのひととリスクを共有し、リスクを全体に分散させる」メカニズムが有利になる。しかし、期待値の高い選択肢がつねに高いリスクをもっているわけではない。リスクなしに期待値の高い選択肢をとることができるのであれば、あえてリスクの高い選択肢をとる理由などまったくなく、「危ない橋を渡らない」メカニズムがあれば十分なのである。

ここで問題にしたかったことは、期待値という点でより魅力的な選択肢があり、しかし私たちが有限の存在であるためにその選択肢をとることに躊躇を覚えてしまうような状況において、どのようなメカニズムがあれば個人にリスクある選択をとれるように後押しできるのかということであった。そして、そのような状況においても個人が躊躇うことなくリスクある選択をできるようにするためには、「成功の果実を全体で分け合うことを条件として、失敗による損失を全体で負担することを約束する」ようなメカニズムが有効だということを論じたのである。

もちろん、このようなメカニズムに対して違和感を覚えるひともいるだろう。そのような違和感は、手にした成功の果実を自分ひとりのものにできず、強制的に全体に分配させられる個人にとりわけ強く生じるはずだ。成功した個人の視点に立てば、成功したのは自分であり、その成果はすべて自分に帰属すべきだということになろう。また同様に、失敗したのはその個人なのだから、その責任はそのひとがすべて引き受けるべきだということにもなろう。しかしここで指摘しておきたいのは、このメカニズムは「個人の失敗は単なる不運なのだから、社会全体で救済すべきだ」という見解に立っているわけではないことである。そのメカニズムは、「期待値の高い選択をひとびとに促し、社会全体の生産性を引き上げることができる」という意味で、社会全体にとって合理的なメカニズムとなっている。それだけでなく、どのような成功者も可能性としては失敗者にもなりえたという限りにおいて、そのメカニズムに従うことは（事後はともかくとして、少なくとも事前においては）成功者にとっても合理的な選択になっているということである。

この章では、二つのタイプの信頼について検討してきた。一つは、「危ない橋は渡らない」タイプの信頼である。このタイプの信頼は選択にともなう不確定性を軽減しようとする点で、〈他者〉から逃げるような信頼であると述べてきた。もう一つは、「できるだけ多くの人とリスクを共有し、リスクを全体に分散させる」タイプの信頼である。このタイプの信頼は選択にともなう不確定性を多くの人と共有することで個人にかかる負担を軽減しようとする。その意味で、〈他者〉と向き合うことを可能にする信頼であると述べてきた。

しかし、二つのタイプの信頼の優劣については早急に判断することは避けてきた。それは、高い不確定性をともなう選択肢がどの程度の新しい魅力を提示してくれているのかに依存するからである。どれほど不確定性が高くても、期待される利得がリスクに十分に見合うほどの、あるいはそれ以上のものであるのなら、とうぜん後者のタイプの信頼を整える必要がある。しかし、不確定性が高いにもかかわらず期待される利得がリスクに見合うほどのものでなければ、前者のタイプの信頼を整えればよいということになろう。

したがって問題は、いま私たちが生きている社会において、私たちがどのような不確定性を体験しているかに依存する。しかし、第Ⅰ部で検討してきたことを思い返せば、この問いに対する答えはもはや明らかであろう。いま私たちは、「危ない橋は渡らない」タイプの信頼ではなく、「できるだけ多くの人とリスクを共有し、リスクを全体に分散させる」タイプの信頼を必要としており、そしてそのような信頼を供給してくれる社会的な制度・ルールを整えることを必要としているのである。

第四章　信頼の構造

第1節　誰がどのような信頼をもつのか

第三章では、信頼を大きく二つに分けて考えた。二つの信頼のうち、一つは、「危ない橋は渡らない」というタイプの信頼であった。このタイプの信頼は、信頼できるものと信頼できないものとを選り分けし、確実に信頼できるひとやものだけを選択することで、世界に対する信頼を確保しているのだといえる。二つの信頼のうち、もう一つは、「リスクを全体で共有し、分散させる」ことで可能になるタイプの信頼であった。このタイプの信頼は、たとえ失敗したとしても、失敗によって生じるコストを軽減することによって、世界に対する信頼を確保しているのだといえる。

しかしこのように信頼を二つのタイプに分けたけれども、この分類はあくまでも理論的に想定されたものでしかなく、現実世界を生きるひとびとの信頼の違いを正しく反映しているかどうかについては、まだ定かではない。そこで本章では、このような信頼の分け方が現実的にみてどれほど妥当性があるのか、このことを検討しようと思う。

このような信頼の分け方の現実的な妥当性を検討するに先だって、それぞれのタイプの信頼が具体的にどのような態度や行動をひとびとにもたらすことになるのか、簡単に確認することにしよう。

「危ない橋は渡らない」タイプの信頼をもっているひとびとは、未知への挑戦を含む新しいやり方よりも、すでによく知られている従来のやり方でものごとを進めることを好むだろう。新しいやり方は、もしかするとこれまでのやり方よりもよい結果をもたらすかもしれないが、しかしうまくいかずにかえってまずい結果に終わってしまう可能性もある。しかしこれまでのやり方であれば、そのやり方がベストであるかどうかは別にして、どのような結果になるかを確実に予見することができるし、その結果が十分に満足いくものであるならば、リスクを冒してまであえてやり方を変える必要はない。「危ない橋は渡らない」タイプの信頼をもつひとは、一般的にこのような判断をおこなう傾向があると考えられる。

その一方で、「リスクを全体で共有し、分散させる」ことで可能になるタイプの信頼をもっているひとびとは、新しいやり方によってもたらされるかもしれない結果が十分に魅力あるものであれば、すでによく知られている従来のやり方に固執するのではなく、積極的に新しいやり方にしたがうことを好むだろう。確かに新しいやり方はうまくいかずにかえってまずい結果に終わってしまう可能性もあるかもしれない。しかし、うまくいけば今以上の成果を挙げることができるかもしれない。これまでのやり方であればどのような結果になるかを確実に予見することができるかもしれないが、しかしそれは予見される以上のものを手にすることはできないということでもある。もし現状に満足できないのであれば、これまでのやり方にいたずらにこだわる理由はない。「リスクを全体で共有し、分散させる」ことで可能になるタイプの信頼をもつひとは、一般的に従来のやり方にこだわらない判断をおこなう傾向があると考えられる。しかし、「リスクを全体で共有し、分散させる」ことで可能になるタイプの信頼をもつひとにこのような判断をおこなう傾向があったとしても、それは彼らがリスク愛好的で、ギャンブルを好むタイプのひとびとであることを意味するわけではない。そうではなく、彼らがそのような判断をおこなうのは、たとえ失敗したとしてもすべてのチャンスを失うわけではなく、再びチャレンジできる機会が与えられるはずだと信じているからであり、それゆえ新しい可能性に挑むことは単なるギャンブルではなく、リスクは十分にヘッジされていると考えるからなのである。いいかえれば彼らは、たとえ新しいやり方をとることにリスクが伴うにしても、能力や努力を尽くしさえすれば思いがけない困難にも十分に対応することができると考えている。したがって、「リスクを全体で共有し、分散させる」ことで可能になるタイプの信頼をもつひとは、「成功のための機会は社会に十分に用意されており、その機会は能力や努力を尽くすことによって手にできる」と考える傾向があるだろう。

では、信頼をこのように二つのタイプに分けて考えたとき、私たちがひとびとを一般的に信頼できると考えるのは、「危ない橋は渡らない」タイプの信頼を十分にもっているからなのだろうか。それとも、私たちの社会に一般的な信頼をもたらしているものは、「リスクを全体で共有し、分散させる」ことで可能になるタイプの信頼を多くのひとがもっているからなのだろうか。

ちなみに、その社会のひとびとがどのくらいほかのひとびとを信頼しているのか、このことがその社会のセーフティネットや生産性に深く関係していることを、これまで多くの研究が明らかにしてきている（Putnam, Leonardi & Nanetti 1993=2001；Putnam 1995, 2001＝2006；宮川・大守編 2004；Wilkinson 2005＝2009；Wilkinson & Pickett 2009＝2010）。だとするならば、信頼のタイプを大きく二つに分けて考えたとき、このように社会のセーフティネットや生産性に深く関与している一般的信頼はいずれかのタイプの信頼によって導かれているか、あるいは二つのタイプの信頼によって同時に導かれているかである。そして、少なくとも日本に限定して考えたとき、日本社会において成立している一般的な信頼は「危ない橋は渡らない」タイプの信頼によって構成されているのか、それとも「リスクを全体で共有し、分散させる」ことで可能になるタイプの信頼によって構成されているのか、このことを知ることは、日本社会の今後を占ううえでも重要な手がかりを与えてくれるはずである。本章では、代表的な社会調査データをもちいることで、このことを実証的に明らかにしようと考えている。

本章で分析にもちいられる社会調査データの一つは、二〇〇五年に実施された「社会階層と社会移動に関する全国調査」（以下、ＳＳＭ調査）データである。[22] ＳＳＭ調査は、そのタイトルが示す通り、日本社会の社会階層の実態を明らかにすることを目的に実施された調査である。ＳＳＭ調査は一九五五年から一〇年ごとに実施されており、戦後日本にどのような社会変動があったのかを明らかにしてくれる貴重な社会調査となっている。しかしＳＳＭ調査は単に社会階層の構造や社会移動の実態を明らかにしてくれるだけでなく、ひとびとの意識や態度あるいは価値観に関する質問項目も多く含まれており、日本人の社会意識（とその変化）を知るうえでも、とても貴重な調査データを提供している。ただし、ＳＳＭ調査は日本社会の実態を知るうえで貴重な社会調査ではあるが、分析にもちいる際にはいくつか注意しなければいけない点もある。ＳＳＭ調査の調査対象者は選挙権をもつ日本人に限られており、対象者の年齢層も二〇歳から七〇歳に限定されている（付け加えれば、一九七五年以前に実施されたＳＳＭ調査では男性のみが調査対象者とされており、女性は調査対象者から外されていた）。またＳＳＭ調査は、すべての調査対象者を調べる国勢調査のような悉皆調査とは異なり、調査対象者の一部だけを調べる標本調査である。したがって日本社会全体について調べているといっても、実際はランダムサンプリングをもちいて選ばれた一部のひとびとだけを調査しているにすぎない。またランダムサンプリングによって選ばれたひとびとのなかにも質問に回答することを拒否するひとがいたり、そうでなくてもさまざまな理由から調査不能になったり、そういったケースも少なからず含まれている。もちろん社会調査データを分析するときには、統計学の知見を利用して全体の一部のひとしか調べないことでどの程度の誤差が生じうるのかを絶えずチェックしながら結果を解釈することになる。ただ、どれだけ統計学の知見を利用しても、それでも全体の一部のひとしか調査しないことで生じる偏りを完全に排除することはできない。この問題はSSM調査に限らず標本調査一般にあてはまることではあるが、それでも全国規模の社会調査（しかも、学術目的に十分に堪えうるように設計された社会調査）の数は限られており、こうした問題点がSSM調査の意義を著しく損なうものになるとはいえない。

本章では、二〇〇五年に実施されたSSM調査データをもちいて現代日本人の信頼に関する意識構造を分析するにあたり、構造方程式モデリングを利用したい[23]。構造方程式モデリングは、分析者が想定したさまざまな変数間の関係がどのくらい実際のデータとうまく適合しているかを判断するためにもちいられる統計分析の手法である。たとえば、分析者が、「親の学歴や職業といった出身階層は、その個人の社会的地位達成に何らかの影響を及ぼしている」と仮定したとき、その仮定が実際の調査データと照らし合わせてみてどれほど整合的であるかを確認することができる。

本章で明らかにしたいことは、信頼を「危ない橋は渡らない」タイプの信頼（以下、このタイプの信頼をタイプⅠの信頼と呼ぶことにしよう）と「リスクを全体で共有し、分散させる」ことで可能になるタイプの信頼（以下、このタイプの信頼をタイプⅡの信頼と呼ぶことにしよう）とに、大きく二つに分けることが妥当であるかどうかということであった。また、信頼のタイプを大きく二つに分けたときに、日本社会における一般的信頼は主としてタイプⅠの信頼によって構成されているのか、それともタイプⅡの信頼によって構成されているのか、このことも明らかにしたいと考えていた。そしてさらに、どのようなひとびとにタイプⅠの信頼をもつ傾向があり、同様にどのようなひとびとにタイプⅡの信頼をもつ傾向があるのか、このことも知りたいと考えている。

したがって本章では、構造方程式モデリングをもちいて、信頼をタイプⅠとタイプⅡに分けて考えることの妥当性をチェックし、もし信頼を二つのタイプにわけて考えることが妥当であるならば、それぞれの信頼がどのようなひとびとによって抱かれており、そのことで日本社会における一般的信頼がどのようなものになっているのかを明らかにしようと思う。

以下、二〇〇五年SSM調査をもちいて信頼の意識構造をとらえるために、筆者が取り上げた具体的な質問項目について確認しよう。(24)

二〇〇五年SSM調査では、「たいていの人は信用できる」という意見についてどのように考えるかを、「1．そう思う　2．どちらかといえばそう思う　3．どちらともいえない　4．どちらかといえばそう思わない　5．そう思わない」という五つの選択肢を調査対象者に提示し、そのなかから回答として一つを選ばせている。本章では、この質問項目に対する回答がそのひとの一般的信頼の度合いを反映していると考えた。

また二〇〇五年SSM調査では、「以前からなされてきたやり方を守ることが、最上の結果を生む」（図4－1では、従来のやり方尊重）と「伝統や慣習にしたがったやり方に疑問をもつ人は、結局は問題をひきおこすことになる」（図4－1では、伝統や慣習重視）というそれぞれの意見について、やはり前述の五つの選択肢を提示し、そのなかから回答として一つを選ばせている。本章では、この二つの質問項目に対する回答はタイプⅠの信頼の度合いを反映していると考え、分析に利用した。

いっぽう二〇〇五年ＳＳＭ調査では、「高い地位や収入を得る機会は豊富にある」（図４－１では、機会は豊富）と「高い地位や収入を得るための競争は、納得のいくしかたでなされている」（図４－１では、競争は公正）というそれぞれの意見について、今度は「1．そう思わない」という四つの選択肢を提示し、そのなかから回答として一つを選ばせている。本章では、この二つの質問項目に対する回答を今度はタイプⅡの信頼の度合いを反映していると考え、分析に利用した。

図４－１は、二〇〇五年ＳＳＭ調査データをもちいて構造方程式モデリングをおこなった分析の結果である。専門的になりすぎない程度に、結果の見方を説明しよう。

図のなかの四角で囲われた部分は、実際に調査対象者に質問して回答を得られた変数となっている。たとえば、図４－１では教育年数の部分が四角に囲われているが、これは調査対象者が自身の学歴を得るのに必要とする標準的な年数であり、この変数は調査対象者から実際に回答が得られている。中卒であれば6となり、高卒であれば9となり、大卒であれば13となる。

一方、図４－１のなかのマルで囲われた部分は、分析者が「ひとびとの意識や行動の背景にこういった要因が存在するのではないか」と仮定した潜在的な変数となっている。たとえば、図４－１ではタイプⅡの信頼の部分がマルで囲われているが、これは分析者が「タイプⅡの信頼」が存在す

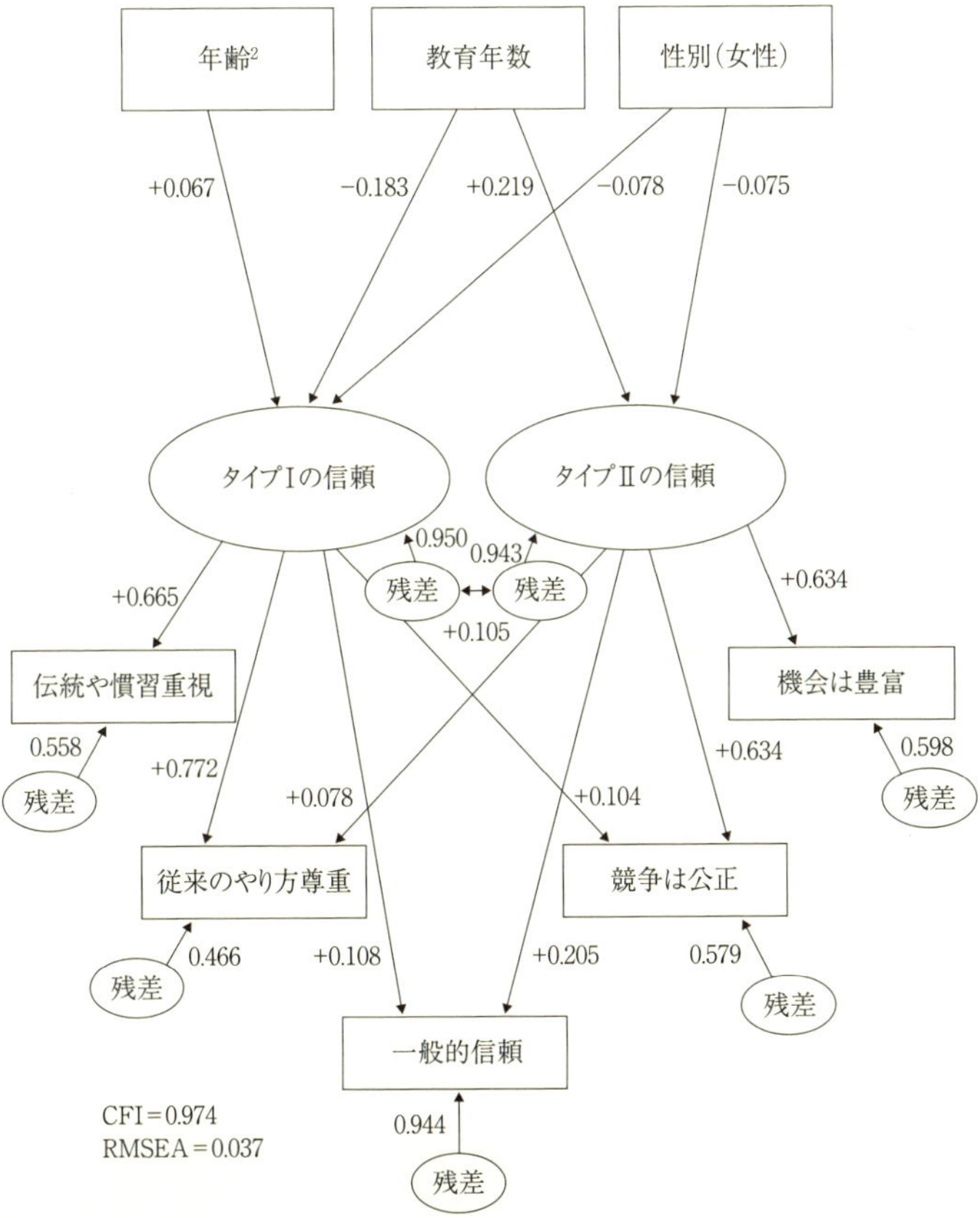

注：2005 年 SSM 調査データをもちいた分析結果

図 4-1　二つのタイプの信頼

ると仮定したことを意味しており、この変数は調査対象者から実際に回答を得たものではない。

図4-1のなかの矢印はある変数がある変数に及ぼしている影響の向きを示しており、また矢印に添えられている数字と符号はその影響の大きさと、その影響がプラスなのか、それともマイナスなのかを示している。ちなみに矢印に添えられている数字は−1から+1の間に収まるように標準化されており、値が−1に近ければ近いほどマイナスの影響が強く、+1に近ければ近いほどプラスの影響が強い。とうぜん値が0のときは、その変数がある変数に及ぼす影響は0ということになる。たとえば、「教育年数」から「タイプⅡの信頼」に矢印が引かれており、その矢印に+0.219という数字が添えられている。これは、「教育年数」は「タイプⅡの信頼」に対してプラスの影響を及ぼしており、その大きさが0.219であることを意味している。教育年数が多いということはいいかえれば高学歴であるということなので、この結果は「学歴が高いひとほど、タイプⅡの信頼をもちやすい」ということを意味している。

ちなみに、この図4-1は、筆者が統計ソフトをもちいて分析したもののなかでもっとも二〇〇五年SSM調査データに対するあてはまりの度合いが高かったものである。

分析に取り上げる変数と、変数と変数の間にどのような矢印を引くかは、いわば分析者が勝手に決めている。しかし、そうやって分析者が勝手に決めた変数間の関係が実際にどのくらい現実の調査データにあてはまっているかを、統計ソフト(25)をもちいて計算することができる。そして、さまざまな関係について二〇〇五年SSM調査データにあてはまる度合いをコンピュータで計算したところ、図4-1で示された変数間の関係がもっともあてはまりの度合いが高く、統計的にみても妥当性の高いモデルであることが判明した。[26] ちなみに、図4-1には「タイプⅠの信頼」と「タイプⅡの信頼」という、いわば分析者が勝手に想定した潜在的変数が二つあった。そして、この二つの潜在的変数を想定したモデルが現実のデータによくあてはまったということは、「タイプⅠの信頼」と「タイプⅡの信頼」の存在を仮定することが実証的にみてもきわめて妥当性の高い判断であったことを意味している。

矢印に添えられた数字は、統計ソフトをもちいてコンピュータが計算した値である。この数値を手がかりにして、「タイプⅠの信頼」と「タイプⅡの信頼」がそれぞれどのような特徴をもっているのかを確認することにしよう。

まず「タイプⅠの信頼」は、「以前からなされてきたやり方を守ることが、最上の結果を生む」と「伝統や慣習にしたがったやり方に疑問をもつひとは、結局は問題をひきおこすことになる」という二つの意見に対して大きなプラスの影響を及ぼしていることがわかる。いいかれば、タイプⅠの信頼をもつものほど、保守的な意見に対して賛意を示す傾向があるということになるだろう。これは、「危ない橋は渡らない」というタイプⅠの信頼の性格をよく反映している。

では、タイプⅠの信頼と一般的信頼との関係はどうなっているのだろうか。図4-1では、タイプⅠの信頼から一般的信頼に矢印が引かれており、矢印に＋0.108という数字が添えられている。このことから、タイプⅠの信頼は一般的信頼に対してプラスの影響をもっており、その大きさは

0.1程度であることがわかる。いいかえれば、タイプⅠの信頼をもっているものほど「たいていの人は信用できる」と考える傾向があり、タイプⅠの信頼が増すことで一般的信頼も強化される。しかし、その大きさは0.1程度であり、タイプⅠの信頼が「以前からなされてきたやり方を守ることが、最上の結果を生む」という意見に対する影響の大きさ（0.772）や、「伝統や慣習にしたがったやり方に疑問をもつひとは、結局は問題をひきおこすことになる」という意見に対する影響の大きさ（0.665）と比較すると、さほど大きいものではなかった。このことは、ひとびとが「たいていのひとは信用できる」と考えるようになる理由はタイプⅠの信頼によるものに限らないことを意味している。

いっぽう「タイプⅡの信頼」は、「高い地位や収入を得る機会は豊富にある」と「高い地位や収入を得るための競争は、納得のいくしかたでなされている」という二つの意見に対して大きなプラスの影響を及ぼしている。いいかえれば、タイプⅡの信頼をもつものは、リスクを恐れずさまざまなことに挑戦できるための条件が社会に備わっていると感じており、だからこそ競争に対して肯定的なのだと考えることができる。

タイプⅠの信頼のときと同様に、タイプⅡの信頼と一般的信頼との関係がどうなっているのかを確認しよう。図4－1では、タイプⅡの信頼からも一般的信頼に対して矢印が引かれており、矢印に＋0.205という数字が添えられている。このことは、タイプⅠの信頼と同様に、タイプⅡの信頼も一般的信頼に対してプラスの影響をもっており、その大きさは0.2程度であることがわかる。いいかえれば、タイプⅡの信頼をもっているものほど「たいていのひとは信用できる」と考える傾向があり、タイプⅡの信頼が増すことで一般的信頼も強化されるのである。しかし、その大きさは0.2程度であり、この大きさは、タイプⅡの信頼が「高い地位や収入を得る機会は豊富にある」という意見に対する影響の大きさ（0.634）や、「高い地位や収入を得るための競争は、納得のいくしかたでなされている」という意見に対する影響の大きさ（0.634）と比較すると、さほど大きいものではない。しかし、タイプⅠの信頼が一般的信頼に対してもっている影響の大きさ（0.108）よりは大きくなっている。このことは、ひとびとが「たいていのひとは信用できる」と考えるようになる理由はタイプⅠの信頼によるものだけに限られず、タイプⅡの信頼によるものがあり、しかもその強さはタイプⅡの信頼の方が大きいことを意味している。

最後に、年齢や、性別や、そして学歴が、タイプⅠの信頼とタイプⅡの信頼に対してどのような影響をもっていたかについても簡単に確認することにしよう。

年齢からタイプⅠの信頼に対しては矢印が引かれており、その矢印には＋0.067という数字が添えられている。(27) これは、年齢が上がるにつれてタイプⅠの信頼を強くもつ傾向があることを意味している。しかし、年齢からタイプⅡの信頼に対しては矢印が引かれておらず、タイプⅡの信頼の強弱は年齢には関係がないことがわかる。

性別からはタイプⅠの信頼にもタイプⅡの信頼にも矢印が引かれており、タイプⅠの信頼に引かれている矢印には－0.078という数字が添えられ、タイプⅡの信頼に引かれている矢印には－0.075

という数字が添えられている。これは、女性の方が（タイプⅠであるか、タイプⅡであるかを問わず）、男性よりも弱い信頼しか抱かない傾向があることを示唆している。

また教育年数からはタイプⅠの信頼にもタイプⅡの信頼にもそれぞれ矢印が引かれているけれども、タイプⅠに対して引かれている矢印には－0.183という数字が添えられている一方で、タイプⅡに対して引かれている矢印には＋0.219という数字が添えられている。これは、学歴が上がるにつれてタイプⅠの信頼をもつものは減ってしまう傾向があるけれども、逆にタイプⅡの信頼をもつものは増える傾向にあることを意味している。つまり、高等教育は、タイプⅠの信頼をもつものを減少させてしまうかもしれないが、タイプⅡの信頼をもつものを増加させる。(28)

以上から、信頼の概念をタイプⅠの信頼（「危ない橋は渡らない」タイプの信頼）とタイプⅡの信頼（「リスクを全体で共有し、全体に分散させる」ことで可能になる信頼）の二つに分けて考えることは、単にそのような区別が理論的な検討によって導かれるというだけでなく、全国調査のデータと照らし合わせても実証的な妥当性をもっていることが判明した。私たちは、ひと口に信頼といっても、そこには異なる性質をもった二つのタイプの信頼が存在することに気をつけなければいけない。

そして、日本人の一般的信頼は、タイプⅠの信頼だけで構成されていたり、あるいはタイプⅡの信頼だけで構成されていたりするのではなく、タイプⅠの信頼とタイプⅡの信頼の双方によって構成されている。このとき、タイプⅠの信頼は権威主義的な性格をもっており、またタイプⅡの信頼は平等感覚や公正感覚に関連している。いいかえれば、日本人の一般的信頼には権威主義と親和的な部分と平等感覚や公正感覚に親和的な部分とが同時に併存しているといえるだろう。

ただし、このとき注意しなければならないことは、日本人の一般的信頼のなかに権威主義に親和的な部分と平等感覚・公正感覚に親和的な部分とが併存しているからといって、ひとりの個人のなかに権威主義と親和的な一般的信頼と平等感覚・公正感覚に親和的な一般的信頼とが同時に併存しているわけではないということである。そうではなく、日本人のなかには権威主義と親和的な一般的な信頼をもっているひともいれば、平等感覚・公正感覚に親和的な一般的信頼をもっているひともいる。そして、権威主義と親和的なタイプⅠの信頼をもっているひとには高齢者が多く、平等感覚・公正感覚に親和的な一般的信頼をもっているひとには高学歴者が多かったのである。

第2節　教育と二つの信頼

二〇世紀末から二一世紀にかけて、信頼の概念は多くの社会科学者に注目されてきた、きわめて魅力的なテーマである。そのなかでも、J・コールマンやR・パットナムたちに代表される社会関係資本論（Coleman 1988, 1990＝2004–2006；Putnam et al. 1993＝2001；Putnam 1995, 2001＝2006）は、その社会で成り立っている一般的信頼を社会関係資本の核として理解し、社会関係資本が社会全体の生産性の向上に深く関係していることを明らかにしてきた。コールマンの主張によれば、互酬性の規範が遵守され、互いが互いを信頼できるような社会では、誰もが社会関係資本を利用することで利益を得ることができるし、社会関係資本によって公共財も供給可能になっている。またパットナムの主張によれば、互酬性の規範と一般的な信頼によって構成される社会関係資本が十分に蓄積された社会では、民主主義がきちんと根づくことで政治的なパフォーマンスが向上するし、また経済的な繁栄を享受することもできている。このように、ひとびとがその社会のメンバーを広く信頼できているという状態は、単に道徳的に望ましいだけでなく、政治的にも、そして経済的にも望ましい状態なのである。

たとえば、社会関係資本と社会全体の教育達成の水準との関係について注目してみよう。高等教育を受けたという経験は個人の生産性に深く関係する代表的な人的資本であり（Becker 1993（3rd）＝1976）、したがって高等教育を受けたものの割合は社会全体の生産性の高低を測る一つの目安となる。そしてパットナムが明らかにするところによると、一般的信頼を核とする社会関係資本が十分に蓄積されている社会では全般的に子どもたちの学力も高く、また高等教育機関に進学するものの割合も高くなっている（Putnam 2001＝2006）。

ひとを信頼することとそのひとの学力との間には、あるいはひとを信頼することと高等教育機関へ進学することの間には、いっけんすると直接的な関係があるようには思われない。しかし、社会関係資本が十分に蓄積されている社会では社会関係資本がさほど蓄積されていない社会と比較して高い教育達成が実現されているとするならば、この事実は「ひとを信頼する」ことがひとびとの人的資本を高めるように影響し、そしてさらには社会全体の生産性にも好影響を与えていることの貴重な証左といえるだろう。

しかしここで気をつけなければいけないことは、パットナムの議論はあくまでもアメリカ社会についての議論であるということである。アメリカ社会であてはまることが、そっくりそのまま日本社会にあてはまるとは限らない（数土 2006）。

もちろん、日本社会もアメリカ社会と同様に十分な経済成長を遂げた先進国であり、また民主主義国家でもある。したがって、アメリカ社会であてはまった議論が日本社会にもあてはまるのではないかと予測することはできる。しかし、確かに日本社会は経済的には先進国であり、また政治的には民主主義国家であるかもしれないが、同時にアメリカ社会とは異なる社会文化をもった国でもある。したがって、アメリカ社会であてはまったことはすべて、日本社会にも同様にあてはまるはずだとはいえないのである。そして実際に、社会関係資本と教育達成の関係が日本社会でどうなっているのかをみてみると、その関係はアメリカ社会で観察されたほどには強い関係ではないことがわかる。

図4－2は、社会関係資本の強さと全国学力テスト（全国学力・学習状況調査）での中学生の総合平均点との相関関係を、都道府県を単位にして示したものである。なお、図のなかにある都道府県別の社会関係資本統合指数とは、二〇〇〇年に実施された全国調査をもとにして求められたものであり、内閣府が刊行した報告書（内閣府国民生活局 2003）によって明らかにされている指数である。また、全国学力テストとは、二〇〇七年から文部科学省によって実施されている全国学力・学習状

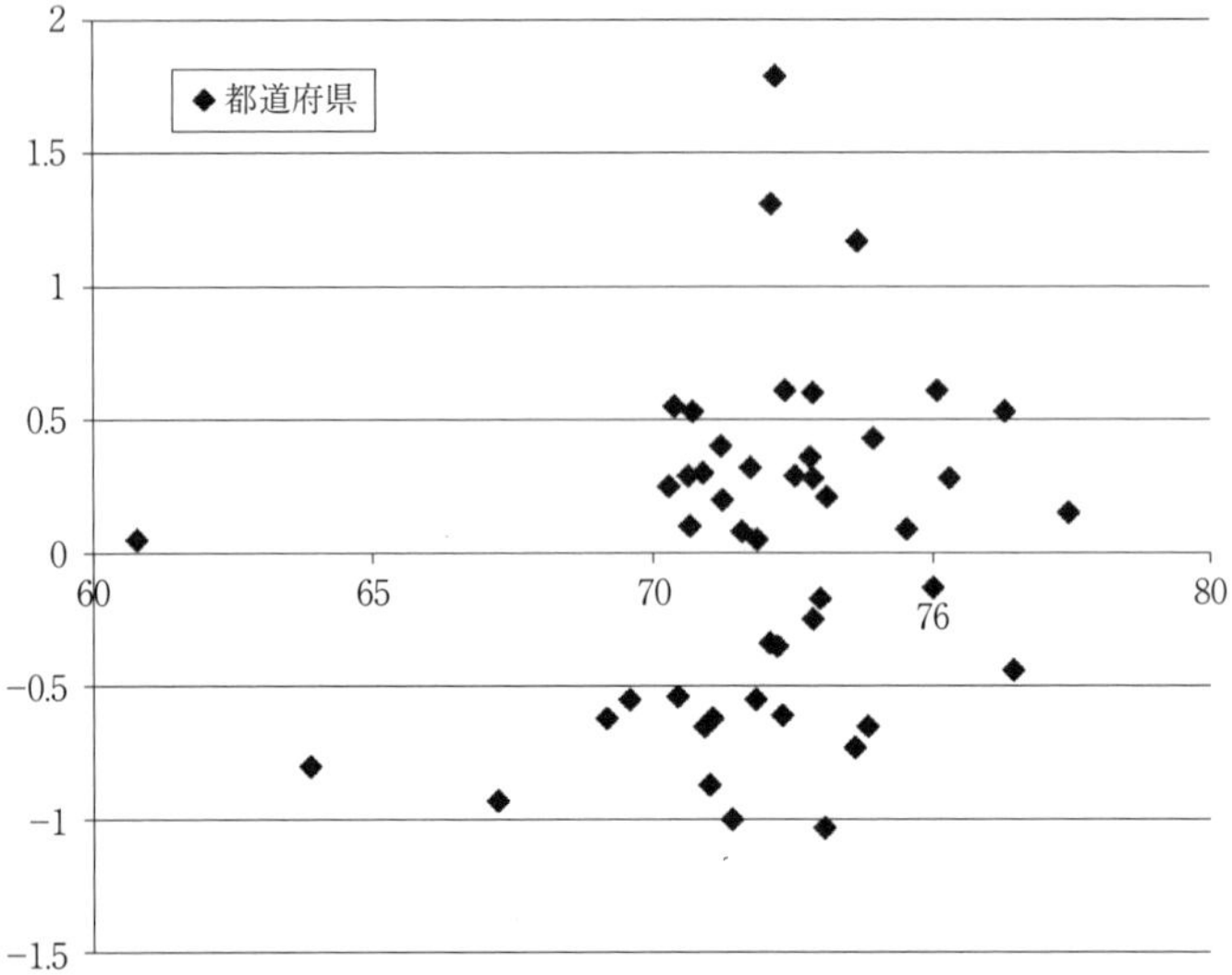

注：縦軸：社会関係資本統合指数　横軸：国語＋数学の平均正答率（中学生）

図 4-2　社会関係資本（2000 年）と全国学力テスト平均正答率（2007 年）〈都道府県別〉

況調査（文部科学省）のことであり、小学校六年生に対しては国語と算数の全国共通のテストを、中学校三年生に対しては国語と数学の全国共通のテストを受けさせている。そして図では、二〇〇七年に実施された全国学力テストの都道府県別平均正答率（ただし、中学生のみ）が示されている。

　図4‐2をみてみると、社会関係資本統合指数の高い都道府県が全国学力テストの平均点も高く、逆に社会関係資本統合指数の低い都道府県は全国学力テストの平均も低いといった明確な相関関係があるとはややいいがたい結果となっている。確かに、社会関係資本の強さと全国学力テストの平均点とがまったく無関係であるとまではいえ

ず、なんとなく社会関係資本の強弱と全国学力テスト平均点の高低との間に緩やかな関係がありそうだとはいえるかもしれない。しかし、パットナムがアメリカ国内の州別の比較によって示したほどの強い関係を図４－２からみいだすことは難しい。少なくともこの事実からは、日本社会における社会関係資本と教育達成の結びつきは、アメリカ社会ほどには顕著ではないということがいえそうである(29)。

では、なぜ日本社会では社会関係資本と教育達成の結びつきがアメリカ社会ほどには明確でないのだろうか。既に述べてきたように、社会関係資本を構成している重要な核の一つが一般的信頼であった。したがって、日本社会において社会関係資本と教育達成の結びつきが弱い理由が、日本社会において成立している一般的信頼がアメリカ社会において成立している一般的信頼と異なったものになっていることに求められる可能性がある。前節では、二〇〇五年ＳＳＭ調査データをもちいて日本人の信頼の意識構造を分析した。その分析結果をもちいることで、日本社会における（一般的信頼によって構成されるところの）社会関係資本と教育達成との結びつきの弱さの原因を明らかにすることができるのではないだろうか。

そこで本節では、前節において示された分析結果をもとにして、タイプⅠの信頼とタイプⅡの信頼の二つのタイプの信頼を介しつつ、教育と一般的信頼とがどのように結びついているのか、そしてそのことが結果としてどのような影響を社会全体にもたらしているのか、このことを明らかにしたいと思う。

社会関係資本を構成する一般的信頼の問題を考えるうえで、ここでとくに教育達成との関係に注目する理由は、戦後日本社会の構造変動にもある。戦後になって高等教育機関への進学率が向上し、高学歴の習得はひとびとにとってもはや高嶺の花ではなく、いわば高学歴はかつてよりも大衆化したといえる（苅谷 1995；中村 2011）。しかし、このような社会全体の高学歴化は戦後日本社会において必ずしも持続的に進行していたわけではなく、比較的限られた時期に急激に進行していた。たとえば、文部科学省が実施している学校基本調査によると、大学進学率は一九七〇年代から一九九〇年代にかけては比較的安定しており、むしろこの時期の大学進学率はやや下降傾向にあった。しかし、一九九〇年代から二〇一〇年代にかけて大学進学率は急激に上昇し、そしてこの傾向は現在も継続している。とうぜん、このように大学進学率が急激に上昇することによって、これから先、私たちの社会における高学歴者の占める割合は急激に大きくなるであろう。したがって、このような変化がひとびとの信頼に関する意識や行動にどのような影響を及ぼすのか、そしてその結果として社会全体にどのような変化が生じるのか、このことを知ることは日本の将来を予測するうえで重要な手がかりとなるだろう。

たとえば、教育達成と一般的信頼との間にポジティブな因果関係があると仮定してみよう。高い教育をうけることによって社会全体に対する信頼が増し、そしてひとびとに対する一般的な信頼が増すとしよう。そのようにして強化された信頼は、社会関係資本を経由してひとびとの教育達成をさらに高めるように影響するだろうし、このような教育と一般的信頼との間に発生した好循環は、社会全体の生産性を向上させることにプラスに作用することになるはずである。しかし逆に、教育達成と一般的信頼の間にネガティブな因果関係があると仮定してみよう。高い教育をうけることによって伝統や権威に対する懐疑が強まり、そしてひとびとに対する一般的な信頼が損なわれるとしよう。その場合、教育はひとびとの合理的な判断能力を高めるかもしれないが、同時にひとびとの個人主義的な傾向を強め、社会全体の連帯感を傷つけ、かえって社会全体の生産性の向上に対してマイナスに作用することになるかもしれない。もちろん、教育達成と一般的信頼の間には、とくに目立った因果関係はないという可能性も考えられうる。その場合には、かりに高学歴化が進行し、高い教育達成を成し遂げるひとびとが増えたとしても、社会関係資本を介した影響は、プラスのものであれ、マイナスのものであれ、さほど大きなものは存在しないことになるかもしれない。

このような視点から前節の分析結果をみなおしてみると、教育達成と一般的信頼の間の関係は、実はきわめて複雑なものであることがわかる。なぜならば、教育達成と一般的信頼の間には、ポジティブな因果関係が存在すると同時に、ネガティブな因果関係も存在しており、両義的なものになっていたからである。そして、教育達成と一般的信頼の間にポジティブな因果関係が存在すると同時に、ネガティブな因果関係も存在するために、ポジティブな影響とネガティブな影響とが相殺しあって、全体として教育達成と一般的信頼の間の関係は、弱いものにとどまっていたのである。

このような教育達成と一般的信頼の間の複雑な因果関係は、信頼の概念をタイプⅠの信頼とタイプⅡの信頼の二つにわけて分析することで、はじめて明らかにされるようなものになっていた。もしタイプⅠの信頼とタイプⅡの信頼を正しく区別することができなければ，私たちにみえたのは教育達成と一般的信頼との間の（ポジティブな影響とネガティブな影響とが相殺されてしまったあとの）弱い関係だけとなっただろう。

このとき注意しなければならないことは，教育達成と一般的信頼との間にそもそも関係がない（あってもきわめて弱い）ということと，教育達成と一般的信頼との間に強いいくつもの関係が存在し，しかし関係の方向性がさまざまであるために互いが互いを打ち消し合って全体として関係が弱くなっているということとは，意味していることがまったく違うということである。そもそも両者の間に何も関係がないのだとすれば，一般的信頼を強化するために，あるいは逆に教育達成を強めるために，一方をどう強化するかなどという問いは何も意味をもたなくなる。しかし，両者の間に何らかの関係があるのだとすれば，関係の仕方を丁寧に明らかにし，適切な策をとることで，一般的信頼を強化したり，あるいは教育達成を高めたりする途が拓かれるのである。

そして，さらにここで思い出してほしいのは，日本社会においては社会関係資本と教育達成との結びつきがアメリカ社会と比較するとさほど強いものではなかったという事実である。既に論じたように，内閣府の委託調査をもとに測られた都道府県別の社会関係資本統合指数と文部科学省が実施した全国学力テストの都道府県別の平均との間の相関関係は，どちらかといえば弱いものであった（図4－2を参照のこと）。この統計的事実は，いっけんすると日本社会では社会関係資本が教育達成に及ぼす影響が弱いものでしかないことを示唆しているようにみえる。しかし，教育達成と一般的信頼の間の関係が上述のようにきわめて複雑なものであったことを考慮するならば、この事実を別様に解釈することができる。教育達成と社会関係資本との間にさほど強い関係がみられないのは、両者の間の関係が弱いからではなく、教育達成と社会関係資本の中核である一般的信頼との関係が複雑であるために教育達成と社会関係資本との関係も複雑なものにならざるをえないからである、そう説明することが可能になる。

以上のことをまとめると、次のようになる。

日本社会において教育達成と一般的信頼との関係が弱いものにみえるのは（さらにいえば、教育達成と社会関係資本との関係が弱いものにしかみえないのは）、日本社会では一般的信頼（さらにいえば、社会関係資本）が二つのタイプの信頼によって構成されており、そして教育達成がそれぞれのタイプの信頼に及ぼす影響が異なっているからである。教育達成は、一方の信頼に対してはポジティブな影響をもっているけれども、もう一方の信頼に対してはネガティブな影響をもっている。そして、これらの異なる影響が互いの影響を打ち消し合っているために、結果として教育達成と一般的信頼（さらにいえば、社会関係資本）との関係が日本社会では弱いものにとどまってしまう。

高い教育達成がネガティブな影響を及ぼすタイプの信頼は、権威主義的な性格をもつタイプＩの信頼である。権威主義的な性格をもつタイプＩの信頼が十分に機能するためには、伝統や権威の正統性に対して疑問をもったり、あるいは伝統や権威に対して批判的な眼差しを向けたりするようなことがあってはならない。しかし、高等専門教育が目指していることは、何に対しても疑問をもたずに伝統や権威に対して唯々諾々としたがうような従順な態度を身につけさせることではない。高等専門教育が目指していることは、自律的な判断能力の育成であり、いいかえればものごとの是非の判断をひとまかせにせずに自身でおこなう態度を身につけさせることである。したがって高い教育達成が、権威主義的な性格をもったタイプⅠの信頼に対してマイナスに働くのはある意味で当り前のことといってもよいだろう。問題は、日本社会における一般的な信頼がこのようなタイプⅠの信頼を支えにしているということである。伝統や権威の正しさを信じているがゆえに「たいていの人は信用できる」と考える傾向が日本社会にあるのだとすれば、高等専門教育を受けたひとは伝統や権威の正しさを無闇には信じないために「たいていの人は信用できる」とは考えない傾向が生まれることになる。

その一方で、高い教育達成がポジティブな影響を及ぼすタイプの信頼は、平等感覚や公正感覚に関係するタイプⅡの信頼である。平等感覚や公正感覚に関係するタイプⅡの信頼が十分に機能するためには、富や地位をえるための競争に参加することについて前向きな態度をもっている必要があり、また公正な競争の結果であるならば財産や社会的地位に格差が生じることを受け容れる態度が必要になる。そして、試験による選抜をともなう高等専門教育は、かりに専門知識や教養を身につけさせることがその本義であったとしても、その目的を効率よく達成するために高等専門教育の内部に張り巡らされた競争的な制度に取り込まれる（天野 1983, 2006）ことで、ひとびとは業績主義的な態度を身につけることになる。したがって高い教育達成が公正な競争に重きをおくタイプⅡの信頼に対してプラスに影響しているということは、私たちにとって十分に理解の範囲内にあるといってよい。そして、日本社会における一般的信頼はタイプⅠの信頼だけに支えられているのではなく、実はタイプⅡの信頼によっても支えられていた。したがって、競争に対して前向きであり、また競争の枠組みの公正さを信じているひとたち、このようなひとたちに「たいていのひとは信用できる」と考える傾向があるのだとすれば、高等教育を受けたひとびとは（競争の枠組みの公正さを信じているがゆえに）「たいていのひとは信用できる」と考えるようになる可能性が高まっていく。

この二つのことを併せると、図4－3のようになる。図4－3からわかるように、高い教育達成には、一方でタイプⅠの信頼を経由したネガティブな影響があり、もう一方でタイプⅡの信頼を経由したポジティブな影響がある。ネガティブな影響とポジティブな影響が同時に作用する結果、互いの影響が互いの影響を打ち消し合って、結果として教育達成と一般的信頼の関係が弱いものにみえてしまう。しかし、信頼のタイプを概念的にうまく区別することさえできれば、私たちは、打ち消し合っていた影響をデータからとりだすことができるのである。

では、一般的信頼に関するこのような意識構造が存在するなかで社会全体の教育水準が上昇したとき、いいかえれば社会全体で高学歴化が生じたとき、そのような社会変動はひとびとの一般的信頼に対して、さらにいえば社会関係資本に対して、どのような影響をもたらすことになるのだろうか。もし図4－3で示されたメカニズムが正しければ、社会全体の教育水準があがることでタイプⅠの信頼が損なわれ、その結果、一般的信頼は弱まり、社会関係資本も弱化することになるだろう。

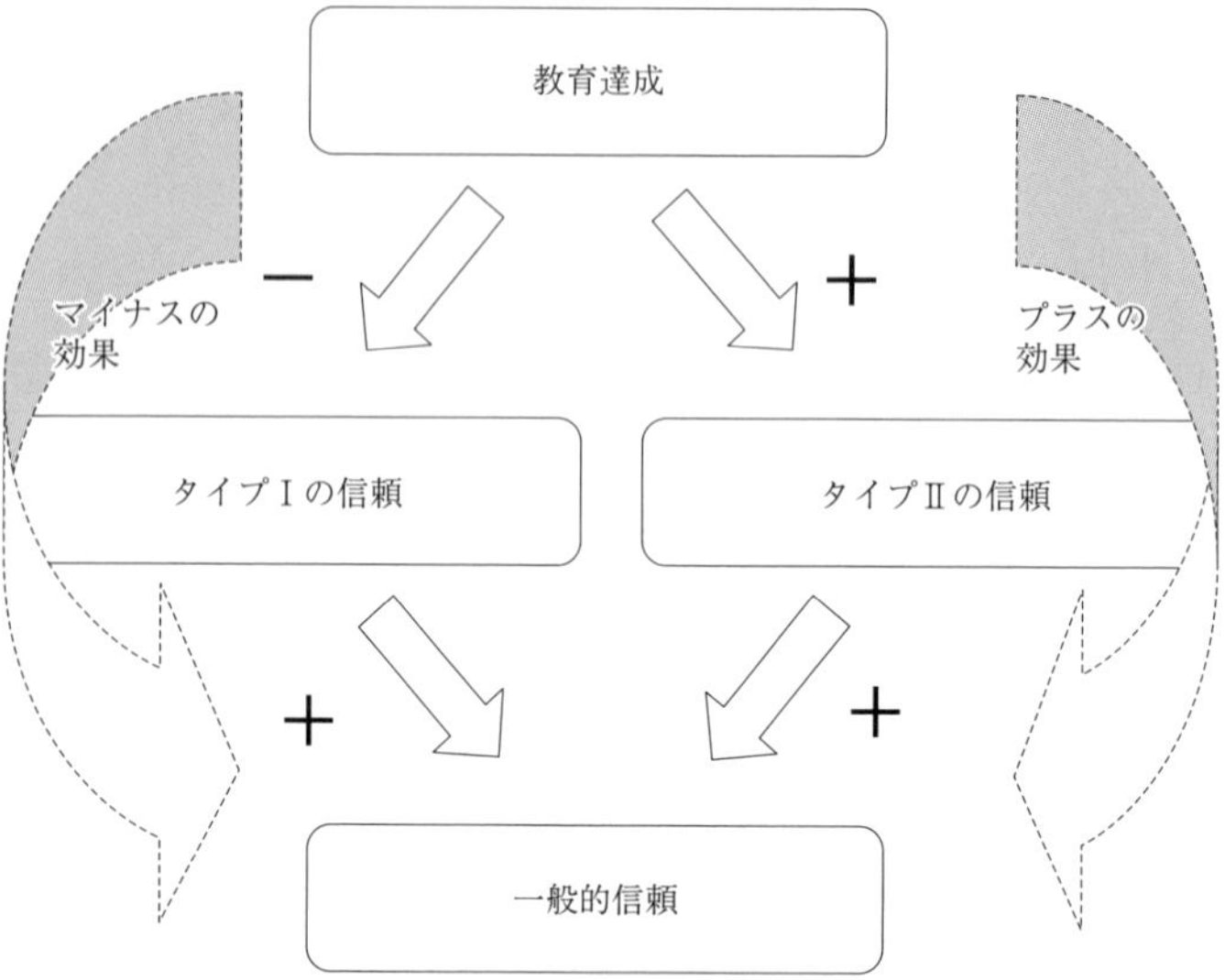

図 4-3　教育達成が一般的信頼に与える影響

しかしそれと同時に、社会全体の教育水準があがることでタイプⅡの信頼が強化され、その結果、一般的信頼が強まり、社会関係資本も強化されることになる。したがって、教育水準が上昇することで、最終的に一般的信頼がどのように変化するのか、また社会関係資本は強化されるのかそれとも弱体化するのか、それはその社会の一般的信頼が主としてタイプⅠの信頼によって維持されているのか、それともタイプⅡの信頼によって維持されているのか、このことによって変わってくる。

もし、日本社会において観察される一般的信頼が主としてタイプⅠの信頼によって維持されるものであるならば、いくらタイプⅡの信頼によって一般的信頼と社会関係資本が強化されたとしても、全体として一般的信頼は弱まり、社会関係資本も弱体化することになるだろう。

しかし、日本社会において観察される一般的信頼が主としてタイプⅡの信頼によって維持されているならば、いくらタイプⅠの信頼によって一般的信頼と社会関係資本が弱められることがあったとしても、全体として一般的信頼は高まり、社会関係資本も強化されるはずである。

さらに、もし今の時点で観察される一般的信頼がタイプⅠとタイプⅡの双方によって同じ程度に支えられているならば、タイプⅠの信頼を介したマイナスの影響とタイプⅡの信頼を介したプラスの影響は互いを打ち消し合い、全体として一般的信頼の程度にさほど大きな変化は生じないし、社会関係資本の強弱にも大きな変化が現れないことになる。

では、現実の日本社会の一般的信頼は、主にタイプⅠの信頼とタイプⅡの信頼のいずれによって構成されているのだろうか。

図4－1の分析結果にもどると、タイプⅠの信頼から一般的信頼に引かれている矢印に添えられている数字の値は＋0.108であり、またタイプⅡの信頼から一般的信頼に引かれている矢印に添えられている数字の値は＋0.205となっていた。これらの数字から判断されることは、日本社会において観察される一般的信頼は、（1）タイプⅠの信頼に由来するものとタイプⅡの信頼に由来するものの二つが同時に存在するということであり、（2）しかしタイプⅠの信頼に由来するものとタイプⅡの信頼に由来するものとの大きさを比較するならばタイプⅡの信頼に由来するものの方が相

対的に大きいということである。(30)したがって、分析結果からわかるこの事実に、ここでの推論を適用するならば、日本社会において高学歴化が進行すれば、タイプⅡの信頼に由来する一般的信頼が強化されることで社会全体の一般的信頼が高まり、それと同時に社会関係資本も強化されることになる。しかしその一方で、高学歴化が進行することによりタイプⅠの信頼に由来する一般的信頼は弱体化し、その結果として社会全体の一般的信頼の高まりも弱められてしまう。その結果、社会関係資本が強化される程度も弱められることになる。

本節の冒頭で、「日本社会における教育達成と社会関係資本との結びつきが弱い理由は何なのか」という問いを設定した。いま、私たちはこの問いに対する答えを手にしたことになる。日本社会において教育達成と社会関係資本との結びつきが弱い理由は、日本社会で観察される一般的信頼のなかに権威主義的な性格をもつタイプⅠの信頼に由来するものが含まれており、教育達成が社会関係資本に及ぼすプラスの影響が弱められているからなのである。したがって、もしかりに日本社会において観察される一般的信頼が（たとえばアメリカのように？）主としてタイプⅡの信頼に由来するものになったとすれば、教育達成と社会関係資本の関係は今よりも顕著なものになったはずなのである。

しかし、もしこのまま高学歴化が継続的に進行するならば、状況は異なってくるだろう。高学歴化が進行することによって、権威主義的な性格をもつタイプⅠの信頼が弱体化し、逆に平等感覚や公正感覚と関係しているタイプⅡの信頼が強化されるならば、日本社会で観察される一般的信頼は、次第にタイプⅡの信頼に由来する一般的信頼に変化していくはずである。そして、日本社会で観察される一般的信頼が、かつて日本社会で観察されていた一般的信頼とは異なり、平等感覚や公正感覚と結びついたタイプⅡの信頼を中心に構成されるようになれば、教育達成と社会関係資本の関係は今よりも強固なものに変化していくことが予測できる。確かに、高学歴化が一般的信頼や社会関係資本に与えるインパクトは、当初は弱いものでしかないかもしれない。しかし、高学歴化が持続的に進行していけば、それにともなって教育達成が一般的信頼や社会関係資本に与えるインパクトも次第に増大し、日本社会においても教育達成と一般的信頼との関係がよりはっきりと観察されるようになる。そしてさらには、教育達成と社会関係資本との関係もよりはっきりとしたものに変わっていくはずなのである。

第3節　社会に対する信頼

第Ⅰ部では、さまざまな領域について選択の自由度が上がったために、かえって「自由である」ことが難しくなってきていることを議論した。そして、私たちが「自由である」ためには、選択を可能にする枠組みそれ自体に対する信頼を確立することが重要になることを明らかにした。それでは、選択を可能にする枠組みそれ自体に対する信頼は、前節において問題にした一般的信頼と同じものであると考えてよいのだろうか。そして、もし「選択を可能にする枠組み」への信頼が社会一般のひとびとに対する信頼と密接な関係をもっているとするならば、私たちはそのような信頼を生成・維持するためにどのようなことをおこなうことができるのだろうか。本節では、「危ない橋は渡らない」というタイプⅠの信頼と、「リスクを全体で共有し、分散させる」ことで可能になるタイプⅡの信頼の違いに注目しながら、この問題を検討することにしたい。

まず、「危ない橋は渡らない」というタイプⅠの信頼について考えてみよう。このタイプの信頼は、ひとびとの選択の可能性を拡げるタイプの信頼というよりは、むしろひとびとの選択の可能性を限定するタイプの信頼だと考えることが適当である。

すでに確認してきたように、タイプⅠの信頼は、伝統や慣習といった社会全体に蓄積されてきた過去の体験や知識にもとづいた信頼である。その背景にあるのは、かつて成功したやり方を現在直面している問題にもあてはめることで選択にともなうリスクを低減させることができるという考え方である。確かに、過去おかれていた状況と現在おかれている状況との間に大きな違いがなければ、かつて成功したやり方を採用することによって、未来の失敗を回避できる可能性が高くなる。しかし、もし過去おかれていた状況と現在おかれている状況とがまったく異なっているとするならば、かつて成功したやり方だからといって、そのことが失敗の回避を保証してくれるわけではない。したがって、状況の変化が激しく、つねに新しい問題に直面しなければならないような状況では、タイプⅠの信頼を有効にもちいることは難しい。[31] タイプⅠの信頼を有効にもちいることができるのは、状況の変化に乏しく、処理すべき問題が何らかの意味でつねに既知のものであるようなときに限られるのである。

つぎに、「リスクを全体で共有し、分散させる」ことで可能になるタイプⅡの信頼について考えてみよう。このタイプの信頼は、タイプⅠの信頼とは逆に、ひとびとの選択の可能性を拡げるようなタイプの信頼だと考えることができる。

すでに確認してきたように、タイプⅡの信頼は平等感覚や公正感覚にも関係する信頼であり、成功のための機会が十分に与えられていることや、そして競争が公正な仕方でおこなわれていることに対する信頼をも含んでいた。そして、成功のための機会が十分に与えられているということは、ただ一回の失敗ですべてを失うわけではなく、たとえ失敗してもその失敗を取り返すことのできる途が残されているということでもある。あるいは、競争が公正なしかたでなされているということは、周囲の状況と自身の能力を正しく見究めることさえできれば、過去に経験したことのない問題であっても正しく対応することができるということである。つまり、もしタイプⅡの信頼を有効にもちいることができるとするならば、たとえ未知の問題に出会ったとしても失うことをおそれて選択をためらったり、あるいは自身の選択を「運を天にまかせる」ようなギャンブルにしてしまったりするようなことはない。過去に経験したことのない新しい問題に直面したとしても、タイプⅡの信頼が社会全体にあれば、無闇にリスクを恐れるのではなく、状況の変化を正しく把握することで、問題に対応することが可能になる。

それでは、私たちがいま必要としているタイプの信頼は、「危ない橋は渡らない」タイプの信頼なのだろうか、それとも「リスクを全体で共有し、分散させる」ことで可能になるタイプの信頼なのだろうか。

このとき考えなければならないことは、現代日本社会はかつての日本社会と比べると、多くの人にとって選択の自由度が増した社会になっているということである。第Ⅰ部で検討したように、現代日本社会では自分の仕事は自分で決めるようになってきているし、また自身の配偶者も自身で選ぶことが当たり前となってきている。その結果、私たちは、「自由である」ことによって、さまざまな不確定性に直面することになり、そのためにかえって選択することが難しくなってしまっている。私たちが正しく「自由である」ためには、このような不確定性を低減することが必要であった。

不確定性を低減するやり方として、ひとびとから再び選択の自由を奪うというやり方もあるかもしれない。このやり方は、「危ない橋は渡らない」というタイプⅠの信頼を確実にしようとするやり方に近い。しかし本書では、そのようなやり方を望ましいとは考えてこなかった。むしろ、ひとびとが手にした選択の自由を維持するために、ひとびとの選択の可能性を拡げるようなタイプの信頼、すなわちタイプⅡの信頼を確実にすることが望ましいのだと考えてきた。

本章前半で、日本社会において成立している一般的信頼はタイプⅠの信頼とタイプⅡの信頼の二つによって同時に組成されていることを指摘した。したがって、「選択を可能にする枠組み」への信頼がタイプⅡの信頼に相当するのだとすれば、一般的信頼そして社会関係資本を強化することは、選択の自由度が増したことで私たちが直面することになった新しい問題を解決するために益してくれることがわかる。つまり、いま私たちが必要としている「選択を可能にする枠組み」への信頼は、社会一般のひとびとに対する信頼とも確かに密接な関係をもっている。しかしこのとき注意しなければならないことは、いま私たちが必要としている一般的信頼そして社会関係資本はタイプⅠの信頼に由来するものではなく、タイプⅡの信頼に由来するものでなければならないということであった。たとえ一般的信頼そして社会関係資本が強化されたとしても、増大した一般的信頼そして社会関係資本がタイプⅠの信頼に由来するものであったとすれば、私たちが抱えている問題の解決に益する部分はさほど大きなものではなくなってしまうだろう。

では、このようなタイプⅡの信頼に由来する一般的信頼そして社会関係資本を強化するためには、いったい何が必要とされるのだろうか。今度は、この問いに答えを与えていこう。

このことを明らかにするために、ここで本章前半でもちいたのとは異なる調査データをもちいて分析をおこなうことにしよう。ここで新たにもちいられるデータは、SSP-W2012調査データ(32)（二〇一二年「格差と社会意識についてのWeb調査」データ）である。ちなみに、この調査は、調査会社のパネルに登録されているモニターを母集団とする、Webをもちいた調査法によって実施されたインターネット調査である。とはいえ、この調査では、調査会社のパネルに登録されているモニターから抽出されるサンプルの年齢層を二五歳から五九歳までの間に限定し、また特定の地域のひとびとに限定されないように人口規模を考慮した多段抽出法で選択されるなど、サンプルの構成についてかなりの程度配慮をおこなっている。ちなみに、有効回収数は二八三九である。

この調査では調査会社のパネルに登録されたモニターを母集団にしているため、調査対象者の構成は必ずしも日本社会全体を正しく反映したものになっているわけではない。たとえば、Webをもちいたアンケート調査であるために、サンプルには日本社会全体と比較するとインターネットの利用に精通するものが多く含まれている可能性が高い。実際に調査回答者には高学歴のものが通常よりも多く含まれており、この点に限っても調査にもちいられたサンプルが日本社会全体を正しく反映していると考えるには無理がある。しかし轟亮・歸山亜紀（2013）によれば、こうした限界にもかかわらず、調査データによって明らかにされる変数間の関連構造は、全国規模の無作為抽出にもとづいた社会調査データの結果とよく一致している。このことは、かりに構成に偏りがあったとしても、地域的なバランスを考慮したうえで規模を十分に大きくとったために、変数間の関連構造そのものは比較的正しく全体のそれを反映できていることを意味している。したがって、ひとびとの意識や行動の全体的な分布を知るというのではなく、ひとびとの意識や行動の潜在的な構造を知りたいと考えたときには、このSSP-W2012調査データは有益な情報をもたらしうる貴重な社会調査データとなっている。

また、このSSP-W2012調査データはひとびとの信頼に関連する質問項目を多く含んでいる。質問項目が同じではないので本章前半とまったく同じモデルで分析をおこなうことはできないけれども、この調査データをもちいた分析をおこなうことで、年齢、性別、教育をうけた年数、こういったひとびとの基本的な属性が信頼のもちかたにどのような影響を与えているのかを明らかにすることができる。

そこで本節では、第1節でおこなったときと同じように、構造方程式モデリングをもちいて、こうした基本的な属性がひとびとの信頼のもちかたに及ぼしている影響を明らかにし、さらに分析によって明らかにされた知見にもとづいてタイプⅡの信頼に由来する一般的信頼そして社会関係資本を強化するための道筋を明らかにしたい。

まずSSP-W2012調査をもちいて信頼の意識構造をとらえるために、筆者が取り上げた信頼に関連する質問項目の内容について確認しよう。

SSP-W2012調査は、一般的信頼に関連する項目を複数含んでいる。ここではそのなかから、「ほとんどの人は基本的に正直である」、「ほとんどの人は信頼できる」、「ほとんどの人は基本的に善良で親切である」、「ほとんどの人は他人を信頼している」の四つを選び出し、分析にもちいた。SSP-W2012調査ではこれらの意見についてどのように考えるか、それぞれ「1．そう思う　2．ややそう思う　3．あまりそう思わない　4．そう思わない　5．わからない」という五つの選択肢を調査対象者に提示し、そのなかから回答として一つを選ばせている。本節では、これらの質問項目に対する回答全体がそのひとの一般的信頼の度合いを反映していると考えた(33)。

またSSP-W2012調査は、「中央官庁」、「地方自治体」、「政府」に対する信頼の程度について質問をおこなっている。SSP-W2012調査では、これらに対してそれぞれ「1．とても信頼している　2．少しは信頼している　3．あまり信頼していない　4．まったく信頼していない　5．わからない」という五つの選択肢を調査対象者に提示し、そのなかから回答として一つを選ばせている。本節では、これらの質問項目に対する回答が公的な制度への信頼の度合いを反映していると考えた。(34)

図4-4は、SSP-W2012調査データの分析結果である。図4-4の見方は、本章第1節の図4-1と同じである。専門的になりすぎない程度に、結果の見方を簡単に説明しよう。

このモデルでは、二つの潜在的な因子の存在が仮定されている。一つは、一般的信頼に関する因子であり、この一般的信頼が強いほど、「ほとんどのひとは基本的に正直である」、「ほとんどのひとは信頼できる」、「ほとんどのひとは基本的に善良で親切である」、「ほとんどのひとは他人を信頼している」といった質問項目に対して肯定的な意見をもつようになる。もう一つは、公的な制度への信頼に関する因子であり、この公的な制度への信頼が強ければ強いほど、「中央官庁」や、「地方自治体」や、「政府」を信頼するようになる。本節では「選択を可能にする枠組み」への信頼がひとびとの一般的信頼を醸成するという仮説を立てていた。そこでこの仮説にしたがって、モデルでは公的な制度への信頼から一般的信頼に向けて矢印を引き、公的な制度への信頼の強弱が一般的信頼の強弱に影響を与えているという仮定をおこなった。

問題は、このモデルがSSP-W2012調査データと実際に合致しているかどうかである。モデルの妥当性を判断する基準であるRMSEA（値が0に近ければ近いほどよく、値が0.05以下であることが望ましい）とCFI（0から1の間の数値をとり、値が1に近ければ近いほどよい）をみると、RMSEAの値は0.038となっており、CFIの値は0.989となっている。これらの値はいずれも図4-4のモデ

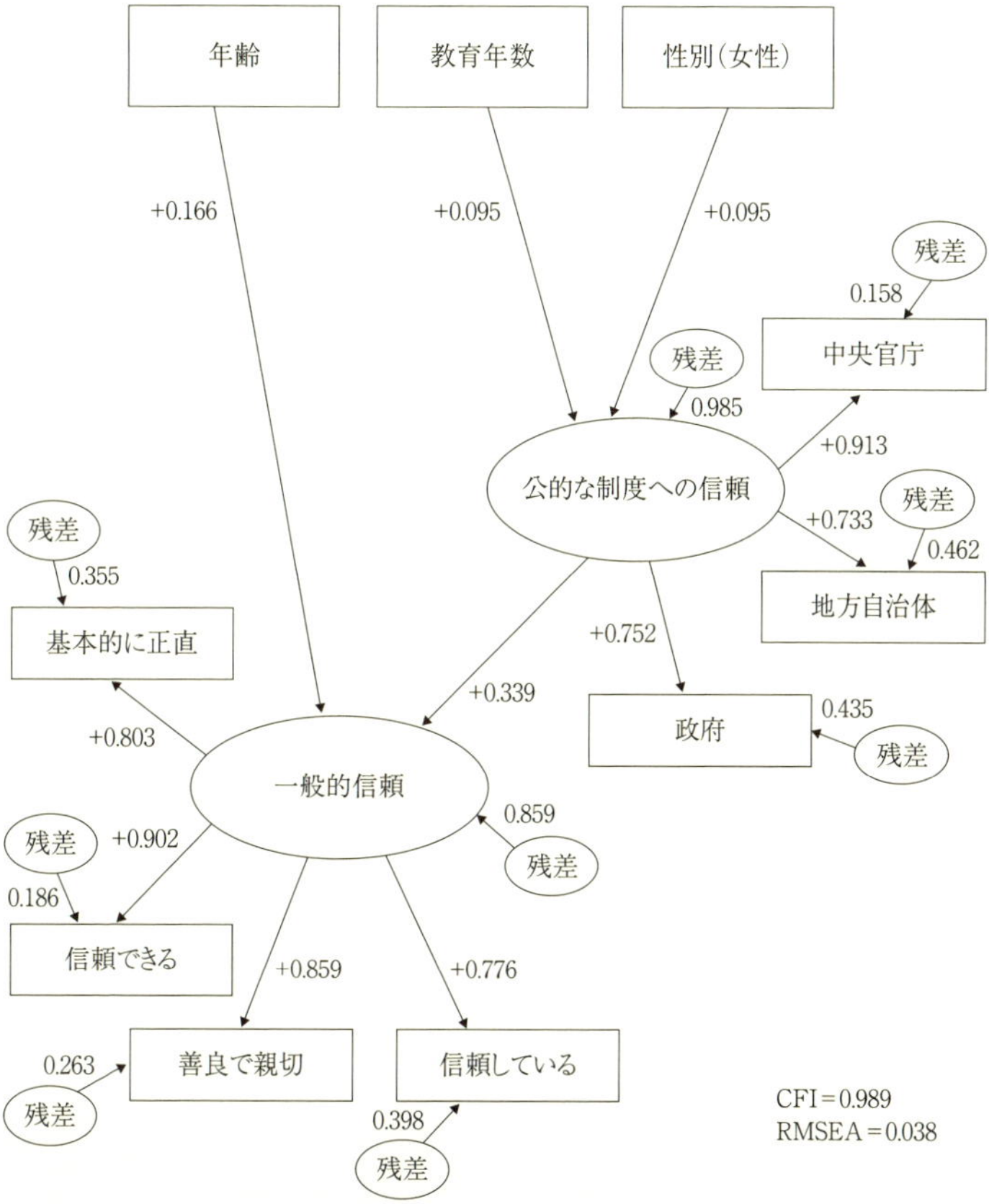

注：SSP-W2012 調査データをもちいた分析結果

図 4-4　公的な制度への信頼と一般的信頼

ルが現実のSSP-W2012調査データとよく一致していることを意味しており、図４－４のモデルが統計的にみて十分に受け入れ可能なものであることがわかる。

また、公的な制度への信頼と一般的信頼の関係をみてみると、公的な制度への信頼から一般的信頼に引かれた矢印には＋0.339という数値が添えられている。この数値は、公的な制度への信頼が増すと同時に一般的信頼も増すことを意味しており、その影響もやはり統計的にみても無視できないものである。いいかえれば、政府や、中央官庁や、地方自治体がしっかりと機能し、公的な制度がひとびとの信頼をしっかりと獲得できているような社会では、ひとびとは安心してほかのひとびとを信用できるようになることを図４－４にみいだすことができる。

政府や、中央官庁や、地方自治体の役割は、ひとびとの安全を保障することであり、また社会保障を通してひとびとの生活を保障することである。したがって、政府、中央官庁、そして地方自治体がひとびとの信頼を獲得できているということは、これらの公的な制度が提供している安全や生活に対する保障をひとびとが高く評価しているということになろう。それは、ひとびとが生きるうえで直面することになるさまざまなリスクを「社会全体で共有し、全体に分散させる」仕組みがしっかりと機能しているということであるから、本書での議論にしたがえばタイプⅡの信頼がしっかりしているということになる。したがって、公的な制度への信頼が一般的信頼を強化しているというこの分析結果は、タイプⅡの信頼が一般的信頼を強めることについての一つの例証にもなっているのである。

次に、年齢、教育、性別といった回答者の基本属性が一般的信頼に対してどのような影響をもっているかを確認しよう。

まず年齢をみてみると、年齢から一般的信頼へ矢印が引かれており、その矢印には +0.166 という数字が添えられている。これは、年齢が一般的信頼に対してポジティブな影響をもっており、年齢があがるにつれて一般的信頼が増すことを意味している。「年齢は、権威主義的な性格をもつタイプⅠの信頼を経由した一般的信頼を強める効果をもつけれども、平等感覚や公正感覚にもとづいたタイプⅡの信頼を経由した一般的信頼に対しては効果をもっていなかった」という本章前半での議論を想起すれば、ここで増大している一般的信頼は、タイプⅠの信頼に由来する一般的信頼であり、タイプⅡの信頼に由来する一般的信頼ではないと考えることができる。

今度は教育をみてみると、このモデルでは教育年数から一般的信頼へは矢印が引かれておらず、教育から一般的信頼への直接的な効果は存在していないことになっている。しかし、教育年数から公的な制度への信頼には矢印が引かれており、さらに公的な制度への信頼から一般的信頼にも矢印が引かれている。そして各矢印には、それぞれ +0.095 と +0.339 という数字が添えられている。これは、教育水準があがると公的な制度への信頼が増大し、公的な制度への信頼が増すと一般的信頼が増大するといった間接的な効果が存在していることを意味している。「教育は、一般的信頼に対して、平等感覚や公正感覚にもとづいたタイプⅡの信頼を経由したポジティブな効果をもっている」という本章前半での議論を想起すれば、公的な制度への信頼を媒介として増大する一般的信頼は、タイプⅡの信頼に由来する一般的信頼であり、タイプⅠの信頼に由来する一般的信頼ではないと考えることができる。

最後に性別をみてみると、女性から一般的信頼へは矢印は引かれていないので、少なくともこのモデルでは性別と一般的信頼との間には直接的な関連が存在しない。しかし、女性から公的な制度への信頼には矢印が引かれており、+0.095という数字が添えられている。すでに何度も確認してきたように公的な制度への信頼が増大すると一般的信頼も増大するという関係があるので、男性よりも女性の方が公的な制度への信頼が高く、さらに公的な制度への信頼を経て一般的信頼をも強めている。いいかえれば、このモデルでは、女性の方が（タイプⅡの信頼を経由した間接効果によって）男性よりも強い一般的信頼を抱いている。(35)

すでに、権威主義的な性格をもつタイプⅠの信頼は高齢者ほど強くもっており、また平等感覚や公正感覚にもとづいたタイプⅡの信頼は高学歴者ほど強くもっていることを、本章前半で明らかにしておいた。したがって、公的な制度への信頼によってもたらされる一般的信頼もタイプⅡの信頼に由来する一般的信頼だと考えることができ、そして高学歴者ほどタイプⅡの信頼に由来する一般的信頼を抱いているということがわかる。そして、それ以外のものによってもたらされる一般的信頼はタイプⅠの信頼に由来する一般的信頼であり、高齢者ほど、タイプⅠの信頼に由来する一般的信頼を抱いていることもわかる。

以上の結果から、タイプⅡの信頼に由来する一般的信頼を強化するために必要なことが明らかにされた。タイプⅡの信頼に由来する一般的信頼を強化するためには、教育から公的な制度に対する信頼への経路と、そして公的な制度に対する信頼から一般的信頼に至る経路を、それぞれ太くすればよいのである。

そしてまず、公的な制度への信頼を強化するためには、社会全体の教育水準を上げていけばよい。高学歴化が進み、かつてよりも多くのひとびとが高等専門教育を受けるようになることで、社会の仕組みに対する深い理解をもつものが増えることになり、そしてそのことが結果としてひとびとの間の（タイプⅡの信頼に由来する）一般的信頼を強めることになるのだ。

次に公的な制度が自身に課せられた公共的な役割を正しく果たし、自身への信頼を高めていけばよい。いいかえれば、中央官庁、地方自治体、そして政府のそれぞれが「ひとびとの安全と生活を保障する」という役割を力強く担うことで、ひとびとの信頼に値する制度になっていくことが大切になる。中央官庁、地方自治体、政府といった公的な制度がひとびとからタイプⅡの信頼を獲得することで、結果としてひとびとの間のタイプⅡの信頼に由来する一般的信頼を強めることになっていくからである。

第4節　いま社会を信じるために

本章の議論をまとめることにしよう。本章では、信頼のタイプを大きく二つに分けて考えてきた。

一つは、権威主義的な性格をもち、高齢者に多くみることのできるタイプⅠの信頼であった。そしてもう一つは、平等感覚や公正感覚にもとづいており、高学歴者に多くみることのできるタイプⅡの信頼であった。二つのタイプの信頼はいずれもひとびとの一般的信頼を強化するような影響をもっていたけれども、現代社会の変動状況を考えるならばタイプⅡの信頼に由来する一般的信頼を高めていくことの方が重要であると、本書では考えた。なぜならば、タイプⅠの信頼は選択の自由度を切り下げるような形で一般的信頼を強化するけれども、タイプⅡの信頼は選択の自由度を維持する形で一般的信頼を強化することができるからである。

第一章と第二章で論じたように、私たちの社会は、選択の自由度が増すことでかえって選択の自由を失うような社会であった。私たちは結婚相手を自由に選ぶことができるようになったけれども、しかしそのことがかえって結婚のハードルをあげている。また私たちは自分の仕事を自由に選ぶことができるようになったけれども、しかしそのことがかえって仕事に就くことを難しくしてしまった。こうした社会の大きな流れを変えて、またひとびとの選択の自由度を切り下げて、社会を昔のあり方に戻そうとするような対応は、とても現実的だとはいえない。そうではなく、こうした社会の大きな流れに適応して、与えられた選択の自由を有効に活用できるような社会の枠組みを整えていくことの方がより現実的な解決策なのである。

私たちは、選択の自由度が増えることで、かつてであれば頭を悩ませる必要のなかったさまざまな不確定性に対応することが迫られるようになった。その結果として、私たちはさまざまな不安のただ中におかれてしまっている。私たちに必要とされているのは、選択の自由度の増大にともなう不確定性を縮減し、そうした不安をできる限り取り除くことなのである。そしてそのためには、ひとびとの間の信頼関係を強化し、相互の振る舞いについて予見可能性を高めることが必要であった。

そのような信頼を強化することは、決して絵空事ではない。いま日本社会で急激に進んでいる高学歴化についてはさまざま意見があるかもしれないが、しかし本書の議論に照らし合わせれば、それは（タイプⅡの信頼に由来する）一般的信頼を育成・維持するという意味では望ましい変化だといえる。確かに世代交代が進むと、一般的信頼の強い高齢世代が社会から消えていくために、（タイプⅠの信頼に由来する）一般的信頼が衰えていくかもしれない。しかし高学歴化が進めば、高学歴者が社会に占める割合が増え、（タイプⅡの信頼に由来する）一般的信頼が強まっていくことになる。

もちろん、そのためには高等専門教育の質を維持することが、そしてさらには向上させていくことが必要になる。もし高等専門教育が大衆化することでその質を低下させてしまえば、高等専門教育がもっていたタイプⅡの信頼に対するポジティブな効果にも何らかの変化が生じてしまうかもしれない。したがって私たちにとって、教育の質の低下をともなわない形で高学歴化を進めていくことが望ましいし、さらに理想をいえば今よりも教育の質をさらに上げていくことが大切なのである。

ひとびとの間の連帯を強め、そして一般的信頼を強化するためには、地域コミュニティの活性化を目的とした政策を積極的に進めるべきだという議論がある（日本総合研究所 2005；広井 2009）。もちろん、そうした政策が必要であることはいうまでもない。しかしそれらは時計の針を逆に戻すような政策となっており、実現に困難のともなう政策となっている。むしろ、社会全体の一般的信頼を高めていくには、教育を通じて社会への理解を深め、公的なものへの信頼を高めていくことの方が効果的であるし、望ましいといえる。

もちろん、いくら教育水準を上げたとしても、公的なものへの信頼が自動的に高まるわけではないし、また無闇に公的なものへの信頼を高めていってもしかたない。公的なものへの信頼が十分に機能するためには、公的なもの自身がその信頼に値するものになっていなければならない。したがって私たちは、いま私たちが直面している問題を解決するために、社会全体の教育水準を上げていくと同時に、公的な制度がひとびとの安全や生活を保障する役割をさらに強化していく必要がある（Herreros 2012）。そうした公的な制度の役割が強化されることで、公的な制度は十分な教育を受けたものからより強い信頼を得ることが可能になるだろうし、またそうした役割を十分に果たすことでひとびとの間の連帯感であるとか、あるいは一般的信頼をさらに強いものに育てていくことができる。

それでは、公的な制度は、ひとびとの安全や生活を保障する役割を十全に果たすために、いったい何に注意すればよいのだろうか。このことについても、簡単に確認することにしよう。

公的な制度への信頼と深く関係していると思われるタイプⅡの信頼は、誰にとっても成功のための機会が十分に用意されていること、そして成功のための競争が公正になされていること、これらのことによって育まれるものであった。したがって、公的な制度がひとびとの信頼を得るためにまず必要とされることは、出身階層に関係なく、また年齢や性別に関係なく、そしてさらには学歴や職歴に関係なく、誰であっても努力をすれば拓かれる途を確保することであろう。いいかえればそれは、ひとびとの挑戦する気もちや意欲を支えるセーフティネットを充実させることである。(36)

また、公的な制度がひとびとの信頼を得るためにさらに必要とされることは、競争を公正なものにし、成功に必要とされる要件が何であるのかを明確にさせることである。競争になれば、そこに勝者と敗者が生まれてしまうことを避けることはできない。しかし、成功のために必要とされる能力と努力のしかたがわかれば、ひとびとはある程度の予見可能性をもって、いいかえれば十分に納得したうえで、自身のとるべき道を選択できるようになる。しかし、成功のために必要とされる能力や努力が曖昧で、そこに運の介在する程度が大きくなってしまうと、ひとびとは予見可能性のないまま自身のとるべき道を選択させられることになってしまう。そのときひとは、不安を抱え、不確定性に怯えながら、自身の将来に関わる選択をおこなうようになる。公的な制度は、競争を規制によって排除するのではなく、競争が正しいものになるように枠組みを設計し、管理することが必要なのである。

公的な制度が、ひとびとの安全や生活を保障するためのセーフティネットを強化したり、あるいは無秩序な競争に規制をかけたりすることは、「小さな政府がよい」と考えるひとびとにとっては、不必要な弱者救済にみえてしまうかもしれない。しかしそのような公的な制度による介入は、単に弱いものを救うことだけが目的なのではない。すべてのひとびとに対して機会を等しく提供し、そして競争においては誰であっても公正に扱われることを保証することは、健全な競争を促すということにほかならない。

いくら自由であっても、不確定に過ぎる世界のうちにおかれ、絶え間なく不安に苛まされているような状態では、ひとびとは何も選択できない。そして、ひとびとがそうした状態におかれている限り、健全な競争など期待すべくもない。自由でありさえすればいいのではない。選択の自由を意味あるものにするためには、「選択するための枠組み」に対する信頼を正しく築く必要があり、それは「公」が果たさなければならないもっとも重要な役割なのである。

第五章　信頼と民主主義

第1節　世界各国との比較

本書の第Ⅰ部において、現代日本社会では個人に選択を委ねられる部分が大きくなり、そしてそのことがひとびとに対してさまざまな困難をもたらしていることを議論してきた。それは、ひとびとの選択の自由度があがることによって個人と個人との間に存在する相互的な不確定性が上昇し、ひとびとは適切な選択をおこなうための手がかりを、まさに自分たちが自由であるために失ってしまうからであった。

そして本書の第Ⅱ部では、ひとびとが「自由である」ためにもたらされるこのような困難を乗り越えていくためには、個人が選択にともなう不確定性を受け容れることを可能にするような社会的な制度・ルールを確立することの必要性を議論してきた。そして、不確定性を受け容れることを可能にする社会的な制度・ルールとは、選択に伴うリスクを社会的に吸収し、誰もが未知の可能性に挑戦することを可能にするような一般的信頼のメカニズムのことを意味していた。

現代日本社会においてこのような一般的信頼のメカニズムを強化するためには、二つのことに注意する必要がある。

一つは、さまざまな公的な制度が、選択に伴うリスクを社会全体で共有し、そして分散させる機能を積極的に担うということである。社会がひとびとを公正に、そして平等に扱うことで、選択から結果に至るまでの可視性が高まり、またたとえ失敗したとしても、その後も平等に機会が与えられることを保障することで、リスクを恐れずに挑戦することが可能になる。

もう一つは、高等教育を通じた知的能力の訓練を通じて、平等や公正といった理念にもとづく批判的知性を備えたひとびとを増やしていくということであった。そのような批判的知性をもったひとびとに支えられることで、公的な制度は「全体でリスクを共有し、そして分散させる」機能を十分に果たすことができるようになるからである。

つまり、ここで考えられているのは、ひとびとの選択に伴う不確定性を吸収してくれる一般的信頼を供給するものとして公的な制度が存在し、そのような公的な制度を平等感覚や公正感覚にもとづく批判的知性をもったひとびとが支えていくという構図である。

このような構図は、純粋に理論的な検討だけでもって導かれたわけではない。ここで述べた構図は、現代日本社会に関する代表的な社会調査データの分析にもとづいて導かれた構図であった。したがって、この構図は実証的な根拠をもっており、少なくとも現代日本社会にあてはめる限りは、社会調査データによっても支持されていると主張することができる。しかしこの構図は、現代日本社会という枠組みを超えてすべての社会に対して普遍的に適用できるような議論になっているのだろうか。

確かに前章では、二〇〇五年に実施されたＳＳＭ調査データやそのほかの社会調査データをもちいることで、教育が平等感覚や公正感覚を経由して一般的信頼に影響を与えていることを明らかにした。しかし、もしかするとこれは現代日本社会だけにあてはまるような日本社会という文脈に固有な効果なのかもしれないし、いやそうではなく日本以外の多くの国や地域にもあてはまるきわめて一般的な説明である可能性もある。

本章では、前章で議論したことが、狭く日本にしかあてはまらない議論なのか、それとも国境を超えて多くの社会に一般的にあてはまることなのか、このことを検討することにしたい。

前章で議論した権威主義的な性格をもつ「危ない橋は渡らない」というタイプⅠの信頼と、平等感覚・公正感覚にもとづいた「リスクを全体で共有し、分散させる」というタイプⅡの信頼との関係が、狭く日本社会だけにあてはまる議論なのではなく、より広い国際社会という文脈をみてもあてはまるような議論であるのかないのか。このことを確認するためには日本社会だけに限定された社会調査データから少し離れ、日本以外の社会調査データについても注意を向ける必要があるだろう。もしかすると、日本以外の社会調査データをもちいて分析をおこなうことで、前章までの議論を修正するような結果が得られることもあるかもしれない。確かにそれは、前章までの議論が日本社会にローカルにあてはまることであり、必ずしもグローバルに成り立つことではなかったことを意味してしまうだろう。しかし、かりに前章までの議論がいわばある特定の社会について限定的にしか成り立たないようなものだったことが判明したとしても、そのことが直ちに信頼をめぐる論理の非一般性や特殊性を示すことにはならないだろう。むしろ、そのことによって、日本社会を一つのバリアントとして含む、信頼に関するより大きな一般理論を構想できるようになることもありうるはずだ。とうぜん、そうした可能性にも配慮しつつ検討を進める必要がある。

とくに前章までの議論において考慮すべきことがあるとすれば、それは政府などのような公的な制度の役割をどのように考えるかであろう。とうぜん、国や地域によって政治体制は異なっているし、またそうした政治体制の差異によって公的な制度の果たしている役割が異なってくることを予想することができる。

確かに前章では、政府などの公的な制度への信頼は主としてタイプⅡの信頼にもとづいており、それゆえ公的な制度への信頼は新しい時代に対応した望ましい一般的信頼を強化してくれるのではないかと主張した。しかし国や地域ごとの政治体制の違いを考慮すれば、この主張を安易にほかの国や地域にもあてはめて考えることは危険であるかもしれない。たとえば、その国ないし地域の政治体制がきわめて権威主義的なものであったとき、そしてひとびとの生活を保障するよりはむしろ権威や権力に対する服従をひとびとに対して要求するようなものであったとき、そのような政治体制下での（政府などのような）公的な制度への信頼は、平等感覚や公正感覚にもとづくタイプⅡの信頼に由来するようなものであるよりは、むしろ権威主義的な性格をもつタイプⅠの信頼に由来するようなものである可能性が高くなる(37)。

つまり、前章では公的な制度への信頼は平等感覚・公正感覚にもとづくタイプⅡの信頼によって支えられていると考えたけれども、実際は「公的な制度への信頼がタイプⅠの信頼にもとづいているか、それともタイプⅡの信頼にもとづいているか」は、その国や地域の民主主義の成熟の度合いに依存して決まっている可能性が高い（Putnam et al. 1993; Paxton 2002）。

かりに、ある国ないし地域において民主主義の成熟の度合いが十分に高いものであるとしよう。そして、相対的に民主主義が完成されているような社会では、ひとびとの生活を保障するという公的な制度の役割が高い水準で実現されているとしよう。このような社会では、確かに公的な制度への信頼は平等感覚・公正感覚にもとづくタイプⅡの信頼に支えられている度合いは高くなるであろう。したがって、すでにあることがらを従順に受け容れるのではなく、批判的に吟味し、納得したうえで受け容れるような知性を身につけているものほど、公的な制度への信頼を強くもつようになるはずだと予測することができる。

しかし逆に、ある国ないし地域において民主主義が浸透している度合いが高いものでなく、権威主義的な政治がおこなわれているとしよう。このように、民主主義国家としては依然として発展途上であるような社会では、ひとびとの生活を保障するという公的な制度は、その役割を十分に果たしていないと考えられる。したがって、このような社会では、公的な制度は平等感覚・公正感覚にもとづくタイプⅡの信頼に支えられるよりは、権威や権力に対して従順であることを求めるようなタイプⅠの信頼によって支えられる度合いの方が高くなってしまうだろう。いいかえれば、そのような社会において公的な制度を強く信頼し、積極的にそうした公的な制度を支えるひとびとというのは、すでにあることがらを従順に受け容れることを是とするようなひとびとであり、現実を批判的に吟味し、納得したうえで受け容れるような知性を備えたひとびととは異なっていることを予測することができる。

ここでは国や地域を、民主主義が十分に浸透した社会と民主主義がいまだ十分には浸透していない社会とに、大きく二つに分けて考えることができると述べた。もちろん、国や地域によって民主主義が浸透している度合いはさまざまであり、また浸透の仕方もそれぞれである。したがって、すべての国や地域がこの二つにきれいに分けられるわけではなく、とうぜん二つの社会のタイプの中間形態といったものを考えることもできる。

またひと口に公的な制度と述べたけれども、この公的な制度についてもさまざまな種類を考えることができる。たとえば現代社会では、NGO（非政府組織）やNPO（非営利組織）の国境を越えた活動がその存在感を増しているけれども、これらのＮＧＯやＮＰＯの活動も市民による政治参加の一形態と考えることができるし、したがってひとびとの生活を保障する役割を担った公的な制度の一つのあり方だと理解することもできる。このようにある国や地域のなかにひとびとの生活を保障する役割を担う多種多様な公的な制度が併存するとき、それらの公的な制度を支えるひとびとの信頼は、対象となる公的な制度の性格によって、あるものは権威主義的な性格をもつタイプⅠの信頼によって支えられるけれども、あるものは平等感覚・公正感覚にもとづくタイプⅡの信頼によって支えられるといった相違も現れてくるかもしれない。

したがって、前章までの議論を日本社会だけに限定して議論するのではなく、国際社会の文脈までに拡げて考える場合には、大きく二つのことに注意して考えることが有効である。一つは、その国や地域全体の民主主義の成熟の度合いである。そしてもう一つは、その国や地域の内部に併存するさまざまな公的な制度に対して、公的な制度が担うべきさまざまな役割がどのように割り当てられているかである。

とくに、国や地域の内部に同時に存在する多種多様な公的な制度ごとに信頼の構造を検討することで、さまざまな国や地域の一般的信頼の性格の違いをより深くみることが可能になる。たとえば、民主主義が十分に発達した国や地域においてはほとんどの公的な制度が平等感覚・公正感覚にもとづくタイプⅡの信頼によって支えられているかもしれない。そしてその一方で、民主主義がさほど発達していない国や地域においてはほとんどの公的な制度が権威主義的なタイプⅠの信頼によって支えられているかもしれない。さらに私たちは、公的な制度の種類の違いに注目することで、その中間形態を考えることも可能になる。つまり、民主主義が発達しつつある国や地域では、あるタイプの公的な制度はタイプⅡの信頼によって支えられているけれども、あるタイプの公的な制度はタイプⅠの信頼によって支えられているといったケースを捉えていくことも可能になる。

このように、社会全体の民主主義の成熟度、そして多種多様な公的な制度がそれぞれ割り当てられている役割の違い、こうしたことを軸にして国ごとの一般的信頼の意識構造の違いを確認することは、単に一般的信頼を成り立たせている国ごとの文脈の違いを明らかにするだけでなく、一般的信頼が社会構造の変動に呼応してどのように変化していくことになるのか、このことも明らかにしてくれるだろう。

現代社会では、私たちは民主主義をもっとも望ましい社会体制とみなす価値観を抱いている。では、社会を構想するうえでもっとも基本的な政治的価値観である民主主義は、どのような過程を経て社会全体に波及し、そしてどのような影響を私たちの意識（とくに、ひとびとに対する一般的な信頼）に及ぼすことになるのだろうか。一つの考えられる過程、そして影響としては、次のようなものを挙げることができる。

社会全体が大規模化し、そして複雑化するにつれ、個人が対処しなければならないリスクが増大する。いいかえれば、これまでの「危ない橋は渡らない」というタイプⅠの信頼では処理できないリスクが増大し、そうしたリスクを「社会全体で共有し、分散させる」ことで可能になるタイプⅡ

の信頼を構築する必要が発生する。そうしたタイプⅡの信頼は、既存の政治システムでは周辺に配置され、それゆえとりわけ高いリスクにさらされている領域を中心に最初は形成されることになる。しかし、そうしたタイプⅡの信頼は、社会全体のリスクがさらに増大するにつれ、既存の政治システム内にも必要とされるようになり、結果として既存の政治システム全体がタイプⅠの信頼ではなく、タイプⅡの信頼によって支えられるものへと変容していく。

このとき、ひとびとの一般的信頼は、最初の段階では衰退することになるであろう[38]。なぜならば、社会全体のリスクが増大すると、次第に「危ない橋は渡らない」というタイプⅠの信頼に由来する一般的信頼を維持できなくなっていくからである。しかし、ひとびとの一般的信頼は、最初の段階では衰退したとしても、その後はタイプⅡの信頼が構築されるとともに次第に強められることになるであろう。いわば、衰弱したタイプⅠの信頼による一般的信頼に代わって、「社会全体でリスクを共有し、分散させる」システムが整うことでタイプⅡの信頼による一般的信頼がひとびとの間に広く形成されるようになり、一般的信頼を再び高い水準で維持できるようになる。

また同時に、その社会における高等教育システムは、このような変化を促す触媒の役割を担うことになるだろう。権威主義的なタイプⅠの信頼において求められていたのは、伝統や権威に対する服従であり、すでにあるものを疑い、そして新しい可能性を検討する高い知的能力を必要としないタイプの信頼でもあった。しかし、平等感覚・公正感覚にもとづくタイプⅡの信頼において求められていたのは、タイプⅠの信頼とは異なり、すでにあるものにこだわることなく、絶えず新しい可能性を検討し、それに挑戦するような高い知的能力を必要とするタイプの信頼であった。したがって、既存の伝統や知識を疑い、新しい価値を創造することを志向する高等教育は、タイプⅠの信頼に対してはむしろマイナスに働き、タイプⅡの信頼に対して逆にプラスに働くはずである。つまり、社会全体の不確定性が上昇し、それにともなってさまざまなリスクが増大しているような局面では、高等教育の普及は、タイプⅠの信頼の衰退を促すとともに、タイプⅡの信頼をより強く求める心性をひとびとに植え付けることになる。つまり現象としては、高等教育の普及は、最初は（タイプⅠの信頼にもとづく）一般的信頼の衰退を加速させる要因として顕現するかもしれないが、しかし次第に（タイプⅡの信頼にもとづく）一般的信頼の形成を促す要因としても現れるようになり、その社会の一般的信頼を構成する主たる信頼のタイプがタイプⅠからタイプⅡにかわった段階では、一般的信頼をより堅固なものにする要因として顕現するようになるはずである。

以上のことを整理してまとめると、次のようになる。

民主主義が十分に根づいておらず、公的な制度への信頼が主としてタイプⅠの信頼によって支えられている社会では、一般的信頼は主としてタイプⅠの信頼によって導かれる。そして、このような社会では、高等教育の普及は、一般的信頼をむしろ低下させるような影響を社会に及ぼすであろう。しかし、民主主義がある程度その社会に根づきはじめると、タイプⅠの信頼によって支えられている既存の政治システムに対抗して、タイプⅡの信頼によって支えられる草の根の市民活動が盛んになる。そして、このような社会では、高等教育の普及は、（タイプⅠの信頼に由来する）一般的信頼を低下させると同時に、（タイプⅡの信頼に由来する）一般的信頼を増大させる。つまり、高等教育の一般的信頼に対するマイナスの効果とプラスの効果はそれぞれ相殺され、一般的信頼に与える影響はいずれにしても全体としては低いものにとどまってしまうはずだ。しかし最後に、民主主義がしっかりとその社会に根づくようになると、既存の政治システムもひとびとの生活を保障する機能を強めることでタイプⅡの信頼に基盤をみいだすようになり、多くの公的な制度がタイプⅠではなくタイプⅡの信頼に支えられるようになる。そして、このような社会では、高等教育の普及は、一般的信頼を増大させるような強い影響を及ぼすことになるだろう。

もちろん、ここで述べた一連の流れは、単なる仮説にしかすぎない。したがってここで述べた理論的な説明の妥当性を確認するためには、何らかの実証的なデータにもとづいた分析が必要になる。そこで次節以降では、日本に限定された社会調査データから離れて、より多くの国や地域を対象にした社会調査データにもとづいて分析をおこなうことを試みる。より多くの国や地域を対象にした社会調査データをもちいた分析によって、本節において展開した一般的信頼の形成に関する理論的な説明が、実際に妥当するものなのかどうか、このことを明らかにすることができるであろう。

また、一般的信頼を構成する信頼のタイプとして権威主義的な性格をもつタイプⅠの信頼と平等感覚・公正感覚にもとづくタイプⅡの信頼を想定した場合、そして二つのタイプの信頼による一般的信頼の構成がその社会の民主主義の成熟度に依存して決まっていると想定した場合、その見取り図のなかで日本社会がいったいどのような位置を占めることになるのか、最後にこのことについても簡単に確認することにしたい。前章において明らかにされたことは、日本ではタイプⅠの信頼は高齢者に特徴的な信頼であり、またタイプⅡの信頼は高学歴者に特徴的な信頼であること、そして一般的信頼は二つのタイプの信頼によって同時に構成されているために高等教育の一般的信頼に対する効果は弱くしか現れていないということであった。さらに前章では、日本では政府などの公的な制度に対する信頼も高等教育を受けたものほど強くなっており、タイプⅠの信頼に支えられているると考えるよりはタイプⅡの信頼によって支えられていると考える方が適切であるということも明らかにした。この二つからいえることは、日本社会では民主主義はそれなりに根づいており、多くの公的な制度がタイプⅡの信頼によって支えられているけれども、高齢者を中心にして依然としてタイプⅠの信頼も残存しているために、全体としてみれば高等教育が一般的信頼に対してもっている効果は弱いものにとどまっている、そういうことになろう[39]。

第2節　世界にみる公的な制度への信頼の意識構造

前節では、やや理論的に一般的信頼と公的な制度との関係を議論した。しかし、一般的信頼と公的な制度との関係を実証的なデータにもちいずにただ観念的に議論しても、やはり限界があるだろう。本節では、一般的信頼と公的な制度との関係を理論的にだけ論じるのではなく、実際の社会調査データをもちいて、実証的に論じることをおこなっていきたい。

もちろん、ひとびとの意識や行動を理解するうえで、社会調査データへの計量的な分析が万能であるかといえばそうとはいえないし、特に歴史や文化の違いを考慮しなければいけない国際比較をおこなうときには、社会調査データの計量的な分析にともなわざるをえない限界に十分に注意する必要がでてくる。しかし、歴史や文化の違いを無視して共通のフォーマットで異なる社会を分析することに限界があったとしても、社会調査データをもとに分析をおこなうことで、私たちは一般的信頼と公的な制度との関係をより正確に評価することが可能になるし、またそのことで私たちの日本社会に対する理解を深めることもできる。

本節において一般的信頼と公的な制度との関係を分析するためにもちいられる社会調査データは、世界価値観調査のデータである。世界価値観調査は、ミシガン大学社会調査研究所のR・イングルハートが中心になって推進している国際的なプロジェクトであり、一九八一年から四〜五年の間隔をあけて実施されている社会調査である（World Values Survey 2012）。世界価値観調査プロジェクトには数十の国・地域が参加しており、それぞれの国・地域はサンプルとして一八歳以上の男女を数千人抽出し、ほぼ共通のフォーマットにもとづいたアンケート調査をおこなっている。世界価値観調査はすでに六回おこなわれているが、本節でもちいられるデータセットは二〇〇五年から二〇〇六年にかけて実施された第五回調査のデータセットである。ちなみに、第五回調査のデータセットは完全版で実施された四八ヵ国と簡易版で実施された九カ国の二つに分けられているが、本節では前者の完全版で実施された四八ヵ国分のデータセットをもちいる。(40)

世界価値観調査では調査対象者に対して非常に多くの質問項目に回答させている（その詳細については、電通総研日本リサーチセンター編（2008）を参照のこと）が、本節でとくに注目するのは、一般的信頼に関する質問項目と、さまざまな公的な制度への信頼に関する項目である。

私たちの社会にはさまざまな公的な制度が存在するけれども、ひとびとによってそれらの公的な制度が信頼されているとき、そのときの信頼は主としてタイプⅠの信頼によるものもあれば、主としてタイプⅡの信頼によるものである場合もあるだろう。そして、タイプⅠの信頼によってひとびとの信頼を獲得しているのか、それともタイプⅡの信頼によってひとびとの信頼を獲得しているのか、これらは対象となる公的な制度によっても異なってくることが予想できる。

たとえば、政府は（どのような政体の下での政府であるのかにも依存してくるかもしれないが）、平等感覚や公正感覚にもとづいたタイプⅡの信頼によってひとびとの信頼を獲得している程度よりも、権威主義的な性格をもつタイプⅠの信頼によってひとびとの信頼を獲得している度合いが強いかもしれない。あるいは、NGOの形をとる国際的な人権団体は、権威主義的な性格をもつタイプⅠの信頼によってではなく、平等感覚・公正感覚にもとづいたタイプⅡの信頼によってひとびとの信頼を獲得している度合いが強いかもしれない。このように、さまざまな公的な制度に対するひとびとの信頼の背後には、本書がこれまで明らかにしてきた信頼に関する意識構造が潜んでいるはずであり、そしてその意識構造はその社会の一般的信頼とも何らかの関わりをもっていることが予想できる。

本章で世界価値観調査データを分析する際に注目したいのは、ひとびとの信頼の背後にあるこのような意識構造によって、公的な制度がどのように特徴づけられているのかということである。そして、私たちが現在進行形で直面している大きな社会変化は、公的な制度を介して、私たちの世界に対する信頼のもち方に対してどのような影響を及ぼしているのかということである。

このことを明らかにするために、タイプⅠの信頼と結びつきやすい種類の公的な制度は何であり、逆にタイプⅡの信頼と結びつきやすい種類の公的な制度は何であるか、このことの特定化を試みたい。また、どのような種類の公的な制度がどのようなタイプの信頼と結びつきやすいのかを明らかにした後には、そうした関係がその社会の歴史文化的な文脈によってどのように変化するのかについても検討を試みたい。こうした作業をおこなうことによって、純粋に理論的な検討だけではとうてい得ることのできなかったより深い知見を得ることができるようになる。

すでに述べたように、本章で分析に利用される二〇〇五年世界価値観調査データは、四八ヵ国・地域のデータを合併したものである。世界価値観調査のデータは、原則としてすべてがランダムサンプリングによってえられており、また面接調査法によって実施されている。しかし、ランダムサンプリングをおこなった方法は、国・地域ごとに層化のやり方が異なっていたり、あるいは重みづけを加えているものがあったり、若干の異同がある。また、すべての国が面接調査法で実施したわけでなく、一部の国・地域では調査対象者自身が調査票に回答を書き込む自記式で実施されている。とくに日本でおこなわれた世界価値観調査は面接法ではなく郵送法で実施されており、このことについては十分に注意しなければいけない。[41] また調査対象の年齢層も、国・地域によって若干のばらつきがある。ここでは、第三章での分析結果との比較も考慮して、「二〇歳以上かつ七〇歳以下」というように限定をかけた。さらに分析に使用した変数について欠損値を含んでいた調査回答者のデータは除いた。その結果、実際に分析にもちいられた調査回答者のデータは、四三九五八人分となった。

本章が分析に利用した質問項目は、まず一般的信頼に関する質問項目であり、さらにさまざまな組織・団体への信頼の程度に関する質問である。世界価値観調査では、調査対象者に「一般的にいって、人はだいたいにおいて信用できると思いますか、それとも人と付き合うには用心するにこしたことがないと思いますか」と聞き、回答として「1．だいたい信用できる、2．用心するにこしたことがない、9．わからない」のなかから一つを選択させている。ここでは、だいたい信用できる＝1、用心するにこしたことがない＝0、わからない＝0.5というように数値を割り当てた。また世界価値観調査では、「ではあなたは、次に挙げる組織や制度をどの程度信頼しますか。「非常に信頼する」「やや信頼する」「あまり信頼しない」「まったく信頼しない」のいずれかでお答えください」と聞き、宗教団体、自衛隊、新聞・雑誌、労働組合、警察、裁判所、政府などへの信頼の程度を回答させている。[42] 非常に信頼する＝4、やや信頼する＝3、あまり信頼しない＝2、まったく信頼しない＝1というように数値を割り当て、さらに事前におこなった因子分析の結果にもとづいて、政府、国会、政党、環境保護団体、女性団体、慈善団体の六つの項目を選び出し、分析に利用した。

本章でとくに注目したいのは、高等専門教育の経験が公的な制度への信頼に与える影響であり、そして高等専門教育が公的な制度への信頼を介して一般的信頼に与えている影響である。しかし教育について国際比較をおこなう場合に問題になるのは、国や地域によって教育制度がさまざまであるために各学校に付与される社会的な意味づけが異なってしまうことだ。したがって、教育年数あるいは学校卒業時の年齢で、個人がうけた教育の水準を国・地域をまたいで比較することが難しくなる。

たとえば、一八歳で高校を卒業していたとしても、その高校の課程が大学等の高等専門教育機関への進学を主たる目的としたものだったのか、それとも職業訓練を主たる目的としたものだったのかで、社会的な意味づけが異なってくる。そして、こうした課程の相違は、その国・地域の社会制度や文脈に依存して決まっている(43)。したがってただ単純に年数や年齢に注目してしまうと、こうした意味づけの相違がみえなくなってしまう。ここではこの問題の影響をできるだけ小さくし、しかし高い教育水準を確実に反映する指標として、「高等専門教育を受けたかいなか（学位を与える大学で教育を受けたかいなか）」だけに注目することにした。

調査対象者の年齢の幅も、問題になってくるだろう。世界価値観調査での調査対象者は、基本的には一八歳以上の男女となっているけれども、やはり各国の事情によって若干のぶれが存在する。既に述べたようにここでは、第四章で示した分析結果との比較可能性を考慮して、すべての回答者のデータを分析にもちいるのではなく、年齢が二〇歳以上かつ七〇歳以下の回答者のデータに限定して分析をおこなった。二〇歳以上かつ七〇歳以下というのは、第四章で分析にもちいたSSM調査データの調査対象者の年齢層である。したがって、この範囲に年齢層を限定することで、第四章の分析結果と本章の分析結果の調査対象者の年齢層を揃えることができる。

また、性別による意識の違いも考慮して、「調査対象者が女性であるか、ないか」が信頼にどのような影響を与えるかについても確認する。性別は、ひとびとの意識や行動を考えるうえで考慮すべきもっとも基本的な属性の一つだからである。

前章がそうであったように、本章でも調査データを分析する手法として構造方程式モデリングを採用した。構造方程式モデリングは、分析者の考えたモデルと実際のデータとがどの程度一致しているかを明らかにする分析手法である。つまり、分析者の考えたモデルが実際のデータと一致している度合いが高ければ高いほど、分析者の考えたモデルは現実を正しく説明することに成功していると考えるのが、この分析手法の特徴であるといえる。

それでは、構造方程式モデリングをもちいて世界価値観調査データを分析した結果を確認することにしよう。

図5－1は、筆者が分析を試みたモデルのなかでもっとも調査データに対するあてはまりのよかったモデルを示したものである。図5－1をみると、公的な制度への信頼に影響を与える二つの潜在変数（公的な制度への信頼Ⅰ、公的な制度への信頼Ⅱ）の存在が仮定されている。

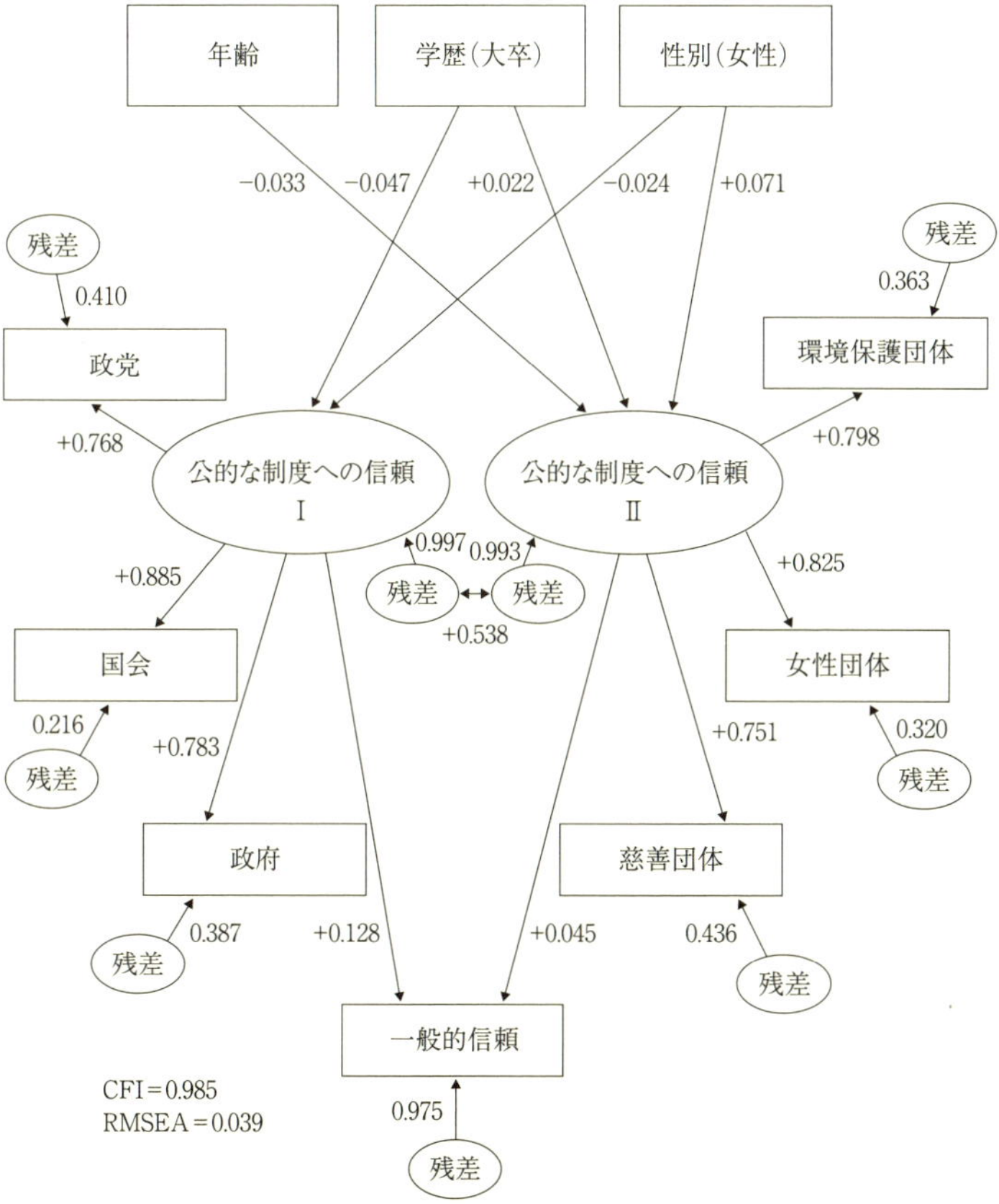

注：2005年WVS調査データをもちいた分析結果

図 5-1　公的な制度に対する信頼の意識構造

一つは、政党への信頼、国会への信頼、そして政府への信頼が増すような影響をもっている公的な制度への信頼Ⅰである。このタイプの信頼に対して、年齢は何も影響を与えていないけれども、大学教育を受けていること、そして女性であることは統計学的にみて無視できない影響を及ぼしている。とくに注目したいのは、大学教育を受けていることがこの公的な制度への信頼Ⅰに対して与えている影響である。大学教育から公的な制度への信頼Ⅰに向けられている矢印には−0.047という数字が添えられており、値がマイナスになっているので、大学教育を受けると公的な制度への信頼Ⅰが弱まってしまうことがわかる。そしてこれは、前章で検討した権威主義的な性格をもつタイプⅠの信頼の特徴にほかならなかった。つまり、ここで明らかにされている公的な制度への信頼Ⅰは、前章で検討したタイプⅠの信頼に相当しているということである。

もう一つは、環境保護団体への信頼、女性団体への信頼、そして慈善団体への信頼が増大するように影響を及ぼしている公的な制度への信頼Ⅱである。このタイプの信頼に対して、年齢、大学教育を受けていること、そして女性であることは、いずれも統計学的にみて無視できない影響を及ぼしている。とくに注目したいのは、年齢と大学教育の経験が公的な制度への信頼Ⅱに対して与えている影響である。年齢から公的な制度への信頼Ⅱに向けられている矢印には−0.033という数字が添えられており、値がマイナスになっているので、高齢であるとこのタイプの信頼が弱まってしまうことがわかる。逆に、大学教育から公的な制度への信頼Ⅱに向けられている矢印には＋0.022という数字が添えられており、値がプラスになっているので、大学教育を受けると公的な制度への信頼Ⅱが強まることがわかる。そしてこれは、前章で検討した平等感覚や公正感覚にもとづくタイプⅡの信頼の特徴にほかならなかった。つまり、ここで明らかにされている公的な制度への信頼Ⅱは、前章で検討したタイプⅡの信頼に相当しているということである。

また二つのタイプの信頼は、いずれも一般的信頼に対してプラスの影響をもっており、しかもその値は統計学的に無視できないものとなっている。したがって、どちらのタイプの信頼であっても、その強さが増せば一般的信頼も強化されることになる。そしてこの事実も、前章で明らかにしたタイプⅠの信頼とタイプⅡの信頼の特徴と一致している。

問題は、このモデルが実際のデータとどのくらい一致しているかである。モデルの適合度を判断する指標は、CFI（0から1の間の数値をとり、値が1に近いほど、データに対するモデルの適合度が高い）とRMSEA（値が0に近いほど、データに対するモデルの適合度が高く、0.05以下であることが望ましいとされている）である。図5－1をみると、CFIの値は0.985となっており、1に十分に近い値となっている。また、RMSEAの値は0.039となっており、0.05を下回っている。モデルの適合度を判断する指標から、図5－1のモデルは世界価値観調査データと一致している度合いがきわめて高いといえる。したがって図5－1で示されているモデルが、公的な制度への信頼と一般的な信頼の関係を説明するモデルとしてきわめて高い妥当性をもっていることがわかる。

では、この図5－1で示されている分析結果と第四章の図4－1で示されている分析結果を比較してみよう。

ひと目でわかるように、二つの分析結果はとてもよく似た結果を示している。二〇〇五年ＳＳＭ調査データを分析した図４－１のモデルでは二つのタイプの信頼があると仮定していたけれども、二〇〇五年世界価値観調査データを分析した図５－１のモデルでもやはり二つのタイプの信頼があると仮定されており、かつモデルのデータへのあてはまりは共によいものであった。このことは、信頼のタイプを二つに区別することがただ日本社会において妥当するだけでなく、世界的にみてもやはり妥当するものであったことを意味している。そして、ひとびとが一般的に他者をどの程度信頼しているのかという一般的信頼は、タイプⅠの信頼もしくはタイプⅡの信頼のいずれか一方に還元されるのではなく、双方のタイプの信頼から同じようにプラスの影響を受けていたという点でも、二つの分析結果は共通している。したがって、私たちがこれまで考えてきた一般的信頼は、タイプⅠの信頼に起因するものとタイプⅡの信頼に起因するものとに分けて考えることが適切であり、それはただ単に日本社会においてそうだというのではなく、世界的にみてもやはり成り立つことだったのである（数土 2013）。

では、世界的にみた場合、政党への信頼、国会への信頼、そして政府への信頼が主にタイプⅠの信頼によってもたらされていたことの意味を考えてみよう。

タイプⅠの信頼の大きな特徴は、教育との関係にあった。高い教育をうけているものと高い教育をうけていないものとを比較すると、タイプⅠの信頼は高い教育を受けているものよりも受けていないものの方により強く抱かれるという特徴があった。そのため、社会全体の教育水準があがると、権威主義的な性格をもつタイプⅠの信頼が弱まり、さらにタイプⅠの信頼に起因するところの一般的信頼感も弱まるのだと議論してきた。そして、世界的にみた場合、政党への信頼や、国会への信頼や、そして政府への信頼が主にタイプⅠの信頼によって導かれているとするならば、教育水準があがると、ひとびとの間で反権威主義的な態度が強まり、政党や、国会や、そして政府などへの信頼が低下し、ひとびとの間の一般的な信頼関係も損なわれることになる。

いいかえれば、世界全体をみたときには、政党や、国会や、政府への信頼は、権威への服従によってもたらされているということになろう。もちろん、政党や、国会や、政府といった公的な制度は、国や地域の体制によって異なっており、権威への服従を強いることで成り立っているような政体もあれば、市民の自発的な参加によって成り立っている政体もある。したがって、国や地域ごとに個別に検討すれば、政党や、国会や、政府への信頼が、権威への服従という意味でのタイプⅠの信頼によってではなく、市民の自発的な参加という意味でのタイプⅡの信頼によって成り立っているケースもあるだろう。実際に、第四章の図4‐4で示された分析結果では、日本社会では政府などの公的な制度への信頼は、タイプⅠの信頼に起因する部分よりもタイプⅡの信頼に起因する部分が大きいことが示唆されていた。しかし、かりにそういったケースがあったとしても、それは必ずしも万国共通のことではなかった。世界的にみれば、政党や、国会や、政府への信頼は、むしろ権威・権力への服従を意味していることの方が多いといえる。

次に、世界的にみた場合、環境保護団体への信頼、女性団体への信頼、そして慈善団体への信頼が主にタイプⅡの信頼によってもたらされていることの意味を考えてみよう。

タイプⅠの信頼がそうであったように、タイプⅡの信頼の大きな特徴も教育との関係にある。高い教育をうけているものと高い教育をうけていないものとを比較すると、タイプⅠの信頼のときとは逆に、タイプⅡの信頼は高い教育を受けていないものよりも受けているものの方により強く抱かれているという特徴があった。そのため、社会全体の教育水準があがると、平等感覚・公正感覚にもとづくタイプⅡの信頼も強められ、さらにタイプⅡの信頼に起因するところの一般的信頼感も強まることが予想される。そして、世界的にみたとき、環境保護団体、女性団体、そして慈善団体への信頼が主としてタイプⅡの信頼によって導かれているとするならば、教育水準があがることで、ひとびとの間の平等感覚・公正感覚が強められ、結果としてひとびとの間で成り立っている一般的な信頼関係も強化されることになる。

このように、世界価値観調査データを分析することによっても、信頼のタイプを二つに分けて考えることの適切さが明らかにされた。そして、世界価値観調査データをもちい信頼のタイプを二つにわけて分析することで、私たちは政党や国会や政府に対する信頼（いいかえれば、「オカミ」に対する信頼）が（世界的な文脈で考えれば）依然として権威や権力に対する服従によって導かれていることを知ることもできた。また世界的にみれば、タイプⅡの信頼は、政党や国会や政府といった「オカミ」に対する信頼として表出されるのではなく、環境保護団体や女性団体や慈善団体といった市民レベルの政治活動に対して表出されるものであったことも明らかにされた。

しかし繰り返し述べれば、図5－1の分析では、国や地域ごとの体制の違いによって政党や、国会や、政府への信頼が一般的信頼に与える影響も異なってくるという事実が無視されていることに注意しなければならない。とうぜん、民主的な政府の下で抱かれる政党・国会・政府に対する信頼と、非民主的な政府の下で抱かれる政党・国家・政府に対する信頼との間には、大きな質的な違いが存在する。そこでこの点については、第4節においてもう少し丁寧に検討することにしたい。

第3節　世界にみる一般的信頼と教育達成との関係

前節では、世界価値観調査データをもちいて、信頼を二つのタイプに区別することの妥当性を確認した。本節では、二つのタイプの信頼が存在することで、社会全体の教育水準の向上とひとびとの間の一般的な信頼とが、どのように連動することになるのかについて、やや詳しく検討したい。

もちろん、一般的な信頼に影響を与える個人の属性は学歴だけではない。前節の図5－1で示した分析結果でも、学歴以外に年齢や性別といった個人属性が二つのタイプの信頼を介して一般的信頼に影響を与えていることを確認することができた。しかし、年齢や性別といった生物学的な属性と異なって、学歴は社会的な属性であり、いわば社会変動の影響を大きく受けるような属性である。したがって、社会変動と一般的信頼との関係を考える場合には、より注目に値する属性だといえるだろう。また従来の社会関係資本に関する先行研究(44)では、一般的信頼をその一部とする社会関係資本と、その社会の教育水準との間には、ポジティブな相関関係が存在すると指摘されてきた。しかし図5－1で示されている分析結果はそのようなことは必ずしも一般的にはいえないということを含意しており、この点にも、とりわけ教育に注目しなければならない理由がある。

二つのタイプの信頼のうち、一つは権威主義的な性格をもつタイプIの信頼であり、このタイプの信頼は「危ない橋は渡らない」タイプの信頼に相当していた。また、このタイプの信頼と、大学教育の経験の有無との間には、ネガティブな相関関係が存在した。いいかえれば、大学で教育を受けたものは、権威主義的な性格をもっているタイプIの信頼をさほどもたなくなる。

しかし、大学で教育を受けたものは、なぜ反権威主義的になり、タイプIの信頼をもたなくなるのだろうか。さらにいえば、大学で教育を受けたものは、なぜオカミの権威や権力に対して信をおかなくなっているのだろうか。

もちろん世界的にみて、「大学でおこなわれる教育の内容は、一般に反政府的なものである」とは考えにくい。むしろ、大学での教育の内容が反政府的な色合いを帯びていると考えるよりは、高度な知的能力を身につけることで「大切な判断は、ひと任せにするのではなく、自分自身でおこなう」傾向が強まり、そのことが権威や権力に対する安易な服従を妨げてしまうのだと考えるべきであろう。そして問題は、このように既存の権威や権力に対してときに批判的になりえる高度な知的能力を身につけることが、一般的信頼に対してどのような影響を与えるかである。

とうぜんのことながら、権威主義的な性格をもつタイプⅠの信頼は、ひとびとが他者に対して抱く一般的信頼と無関係なわけではない。たとえ、権威主義的な性格をもつタイプⅠの信頼であっても、タイプⅠの信頼を強くもつものとそうでないものとを比較すると、タイプⅠの信頼をもっているものの方が他者をより信頼している傾向がある。したがって、もしその社会のうちの一般的信頼を高めることが望ましいのだとすれば、オカミの権威や権力に対する服従を導くようなタイプⅠの信頼を社会全体に広めていくことが望ましいということになってしまう。しかしこのとき気をつけなければいけないことは、確かに権威主義的な性格をもつタイプⅠの信頼からも一般的信頼は導かれているが、タイプⅠの信頼だけによって一般的信頼が構成されているわけではないということである。したがって、その社会の一般的信頼を高めるためにはタイプⅠの信頼を強化することが絶対に必要であるというわけではなく、それ以外の方途でもって一般的信頼を高めることもとうぜん可能なのである。

しかしいずれにしても、「タイプⅠの信頼を強くもつことは、他者を一般的に信頼する傾向を強める」という事実を無視することはできない。この事実に、大学教育を受けたものは権威主義的な性格をもつタイプⅠの信頼をさほど強くはもっていないという事実を組み合わせるならば、大学教育と一般的信頼（さらにいえば、教育と社会関係資本）との間の、これまで先行研究によって指摘されてきたのとはまったく逆の関係が明らかにされることになる。まず、大学教育を受けるとものごとに対して批判的にみることのできる判断能力をもつようになり、無闇に権威や権力に従うことをしなくなる。そして、タイプⅠの信頼が弱まり、いわれたことをただ信じるのではなく、自身でその真実を見極めようとする態度が強まると、他者一般を安易に信じることを止め、その真意を疑い、用心するようになる。つまり、ここで示されているのは、「社会全体の教育水準が上がると、ひとびとは他者をあまり信頼しなくなっていく」という、教育と社会関係資本の間のネガティブな関係なのである。

しかし、社会全体の教育水準が上がると、本当にひとびとは他者のことをあまり信頼しなくなり、そして社会関係資本は衰弱するのだろうか。

確かに、教育がタイプⅠの信頼と結びついた場合には、そのような関係が成り立つことを否定はできないだろう。しかし、もう一つのタイプの信頼、すなわち平等感覚や公正感覚にもとづいたタイプⅡの信頼に注目することで、今度は教育と社会関係資本の間に逆の関係を見いだすことができる。実は、タイプⅡの信頼と大学教育の経験の有無との間には、タイプⅠの信頼のときとは異なり、今度はポジティブな関係が存在する。いいかえれば、大学で教育を受けたものは、平等感覚や公正感覚にもとづくタイプⅡの信頼を抱く傾向が強められるのである。たとえば大学で教育を受けたものは、人権団体や、環境保護団体や、あるいは慈善団体といった市民活動に対する理解が高まり、平等であること、あるいは公正であることを重視するようになる。

では、このような平等感覚や公正感覚にもとづくタイプⅡの信頼は、ひとびとの一般的信頼に対してどのような影響をもっていたのだろうか。

実は、タイプⅠの信頼がひとびとの一般的信頼に対してポジティブな影響をもっていたように、タイプⅡの信頼もひとびとの一般的信頼に対してポジティブな影響をもっている。つまり、平等感覚や公正感覚にもとづくタイプⅡの信頼を強くもっているものは、タイプⅡの信頼をさほどもっていないものと比較すると、一般に他者を信頼している可能性が高いのである。もちろん、一般的信頼は、タイプⅠの信頼だけによってすべてが決まっているわけではなかったように、タイプⅡの信頼だけで決まっているわけでもない。しかし、社会全体の一般的信頼を高めたいと考えたとき、その目的を実現するためにとりうる方途は一つではなかった。平等感覚や公正感覚にもとづくタイプⅡの信頼を社会全体に広めていくことを、もう一つの方途として考えることができたのである。何もタイプⅠの信頼を強化することだけが可能な選択肢だったわけではない。タイプⅡの信頼を強化することによっても、それは可能だったのである。

したがって、私たちは「タイプⅠの信頼を強くもつことは、他者を一般的に信頼する傾向を強める」という事実と同時に、「タイプⅡの信頼を強くもつことは、他者を一般的に信頼する傾向を強める」という事実も見据える必要がある。この事実と、大学教育を受けたものは平等感覚や公正感覚にもとづくタイプⅡの信頼をより強く抱くようになるという事実を合わせて考えるならば、大学教育と一般的信頼（さらにいえば、教育と社会関係資本）との間の、タイプⅠの信頼を考慮したときとはまったく異なる関係が明らかにされる。まず、大学教育を受けると平等感覚や公正感覚にもとづいた判断をおこなうようになり、自己と他者を相互的に捉えることができるようになる。そして、タイプⅡの信頼が強められ、他者の立場を自己に置き換えて（あるいは、自己の立場を他者に置き換えて）ものごとを考えられるようになることで、他者の立場を尊重することを学び、他者への一般的な信頼を強められることになる。ここで示されているのは、「社会全体の教育水準が上がると、ひとびとは他者を自己と対等な存在として受容するようになる」という、教育と社会関係資本の間のポジティブな関係なのである。

このように、教育が社会関係資本に及ぼす影響は複雑なものであり、社会全体の教育水準を上げることが社会関係資本の強化に単純に結びつくわけではなかった。そして、教育と社会関係資本の関係がかくも複雑なものになってしまうのは、一般的信頼や、一般的信頼を核にして構成される社会関係資本が、多面的な性格を帯びていることに起因していた。ひと口に他者を信頼するといっても、あるいはひと口に社会関係を資本として利用するといっても、ひとが他者を信頼する理由は一つではないし、社会関係を利用する仕方もさまざまである(45)。そして、教育は、一般的信頼や社会関係資本のある側面に対してはネガティブな影響を及ぼすけれども、別の側面に対してポジティブな影響を及ぼしている。したがって、教育が一般的信頼や社会関係資本に対して及ぼす影響を考えるときには、いずれか一方の側面に注目するのではなく、双方の側面から総合的に考慮していくことが必要になるのである。

それでは実際のところ、教育水準が上がると、社会全体の一般的信頼はどのように変わるのだろうか。

一つの予想としては、タイプⅡの信頼を通して一般的信頼が強められる一方で、タイプⅠの信頼の弱化によって一般的信頼が弱められるので、社会全体をみれば一般的信頼はさほど変化しない可能性がある。そしてこれは、前章での日本社会における一般的信頼を分析した際にみいだされた結論でもあった。

しかし一般的信頼感の構成は、どの社会を対象とするかによって異なってくるだろう。たとえば、Aという社会ではタイプⅠの信頼が支配的で、タイプⅡの信頼はさほど強い力はもっていないとしよう。このような社会では、もし社会全体の教育水準が上昇すれば、一般的信頼は先の予想とは異なる仕方で変化することが予想できる。

タイプⅡの信頼よりもタイプⅠの信頼の方が勝っている社会では、教育水準の上昇によって一般的信頼が増す効果よりも、教育水準の上昇によって一般的信頼が減じる効果の方が大きくなると予想できる。したがって、社会全体でみれば、教育水準の上昇によって一般的信頼はより高い水準へと醸成されるのではなく、むしろ大きく損なわれてしまうだろう。いいかえれば、政治の場において権威や伝統に対する服従が前面に出てくるような社会では、権威や伝統に対して批判的な姿勢・態度をもつひとびとが増えてしまうために、教育水準の上昇はひとびとの間の一般的な信頼を大きく損なう可能性が存在するのである。しかしこれは、あくまでも「その社会においてタイプⅡの信頼が十分に根付いておらず、依然としてタイプⅠの信頼が大きな影響力をもっている社会については」という限定がつけられなければならない。

あるいは逆に、Bという社会ではタイプⅠの信頼はさほど強い力をもってはおらず、タイプⅡの信頼が支配的であるとしよう。このような社会でも、社会全体の教育水準が上昇することで、また異なった仕方で一般的信頼が変化することが予想できる。

タイプⅠの信頼よりもタイプⅡの信頼の方が勝っている社会では、今度は教育水準の上昇によって一般的信頼が減じる効果よりも、教育水準の上昇によって一般的信頼が増す効果の方が大きくなると予想できる。したがって、社会全体でみれば、教育水準の上昇によって一般的信頼は損なわれてしまうのではなく、より高い水準へと醸成されるであろう。いいかえれば、十分にデモクラシーが機能し、市民が政治へ積極的に参加できているような社会では、ひとびとは公共の場での対話・議論を通じて平等感覚や公正感覚を磨かれることになり、結果として教育水準の上昇はひとびとの間の一般的な信頼を強めてくれる可能性がある。そしてこれは、パットナムがイタリア社会やアメリカ社会に対する分析を通して明らかにしてきたことにほかならない（Putnam et al. 1993＝2001; Putnam 1995, 2001）。その意味で、従来の社会関係資本論は誤ったことを主張してきたわけではなかった。しかし同時に、私たちは、そうした議論が普遍的な妥当性をもっているわけではなく、むしろ「タイプⅡの信頼が十分に根付いており、もはやタイプⅠの信頼が大きな影響力をもたなくなっている社会」に限った場合に成り立つ議論であったことを知らなければならない。

このように、教育水準の上昇によってその社会の一般的信頼が変化するといっても、それはその社会の一般的信頼がタイプⅠの信頼とタイプⅡの信頼によってどのように構成されているのか、このことに依存して決まっていると考えることができる。

したがって、教育水準の上昇がその社会の一般的信頼感にどのような影響を及ぼすことになるのかを知るためには、その社会の一般的信頼感の構成をあらかじめ明らかにしておくことが必要になる。いいかえれば、教育と一般的信頼感の関係を正しく把握するためには、ひとびとがほかのひとのことを「どれだけ信頼しているか」を知るだけでなく、「なぜ信頼しているのか」を知らなければならない（Delhey 2011）。ほかのひとのことを同じように信頼しているようにみえても、そのひとを信じるに至った理由が伝統や慣習といった権威に対する従順さに由来するものだったのか、それとも自律的で相互的な社会関係に由来するものだったのか、この質的な違いはきわめて重要な意味をもっている。一般的信頼の問題を扱うとき、私たちの問題意識の焦点はどうしても信頼の強さ弱さに当てられがちである。しかし本当は、信頼の強さ弱さだけでなく、ひとを信じる理由の差異にも注目することが必要だったのである。

そしてこの問題は、他者一般に対する信頼についてだけでなく、実はさまざまな公的な制度に対する信頼についてもあてはまる。

世界価値観調査データにもとづいた分析では、市民活動一般に対する信頼はタイプⅡの信頼によって支えられている一方で、政党や国会や政府に対する信頼はタイプⅠの信頼によって支えられていることを示唆するような結果が得られていた。しかし、この結果はあくまでもデータ全体に対してあてはまることであって、国や地域を個別に検討すれば、その国や地域の特色に応じた違いも存在する。全世界的な傾向としていえば、政党や国会や政府といったオカミに対する信頼は、権威主義的な性格をもつタイプⅠの信頼によって支えられているかもしれない。しかし十分に成熟した民主主義社会に限れば、積極的に政治の場に参加することによって、ひとびとは政党や国家や政府に対してもタイプⅠの信頼ではなくタイプⅡの信頼を抱くようになる、そう考えることができる。つまり、民主主義がその社会に十分に根づくことによって、政党や国家や政府は権威や権力によってひとびとからの信頼を勝ち得るのではなく、平等や公正といった民主主義を支えるさまざまな理念によってひとびとからの信頼を勝ち得るようになる、そう予想することができる。

ここまで、社会全体の教育水準の上昇がその社会の一般的信頼感に与える影響は、その社会の一般的信頼が主にどのようなタイプの信頼によって構成されているかによって変わってくることを明らかにしてきた。最後に、この知見を踏まえたうえで、私たちはタイプⅠの信頼にもとづいた一般的信頼を強化することが望ましいのか、それともタイプⅡの信頼にもとづいた一般的信頼を強化することが望ましいのか、このことを確認することにしよう。

もちろん、タイプⅠの信頼とタイプⅡの信頼は単にタイプが違うというにすぎず、それだけで双方の間に優劣をつけることは難しいだろう。しかし、私たちが社会をどのように変えていくかに関しておおまかな合意があれば、優劣の判断をつけることが可能になる。第三章で確認したように、「危ない橋は渡らない」というタイプⅠの信頼では、私たちの自由はどうしても制限されることになる。一方、「リスクを全体で共有し、分散させる」ことで可能になるタイプⅡの信頼は、私たちの自由の可能性を拡げつつ、しかも私たちの自由にともなう不安を軽減させてくれる。もし私たちが今以上に世界に積極的に関わり、新しい可能性を追求することを望むのであれば、私たちに必要とされる一般的信頼は、タイプⅠの信頼に由来する一般的信頼ではなく、タイプⅡの信頼に由来する一般的信頼になるであろう。

では、タイプⅡの信頼にもとづいた一般的信頼を高めるためにはどうすればよいのだろうか。このとき重要になるのが、その社会全体の教育水準なのである。確かに、社会全体の教育水準が上がることで、場合によっては一般的信頼が下がることがあるかもしれない。しかし、かりに社会全体の教育水準が上がることで一般的信頼が低下することがあったとしても、そのとき低下している一般的信頼は権威主義的な性格をもつタイプⅠの信頼にもとづいた一般的信頼でしかない。そして、一般的信頼がそもそも必要とされていた理由を考えれば、それはさほど大きな問題ではない。私たちが現代社会において求めていた一般的信頼は低下しているところのタイプⅠの信頼にもとづく一般的信頼ではなく、それに置き換えられるところのタイプⅡにもとづく信頼だったからである。いいかえれば、かりに教育水準が上昇したためにトータルで考えて一般的信頼が低下することがあったとしても、そのことによって一般的信頼がタイプⅡの信頼によって構成されるようになるならば、むしろそちらの方に意味があったのである。そして、その社会の一般的信頼が主としてタイプⅡの信頼によって構成されるようになれば、さらなる教育水準の上昇は、今度は社会全体の一般的信頼の増大をもたらすことになるであろう。

また、タイプⅡの信頼にもとづいた一般的信頼を高めるためには、政府などの公的な制度の性格をかえていくことも重要になる。

もし政府などの公的な制度が権威的な性格をもち、またひとびとに対して権力に対する服従を要求するような性格をもっていたならば、そのような公的な制度はタイプⅡの信頼を傷つけ、むしろひとびとに対してタイプⅠの信頼を抱くように促すことになるだろう。しかし、もし政府などの公的な制度が平等や公正を重んじ、ひとびとの積極的な参加を促すようなものになっているのであれば、そのような公的な制度はタイプⅠの信頼ではなく、今度はタイプⅡの信頼を抱くようにひとびとに促すはずである。つまり、公的な制度は、ひとびとを権威でもって支配することよりも、個人が抱え込むさまざまなリスクを平等や公正の概念にもとづいて全体で共有し、そして分散させるための機能を積極的に担うことで、ひとびとがタイプⅡの信頼をもつように促していくことができる。

前節では、国や地域の違いを無視して世界価値観調査データ全体をいちどに分析したために、このことがややわかりにくくなっているかもしれない。次節では、今度は国や地域の違いに考慮して分析をおこない、その社会の多種多様な公的な制度の性格の違いが一般的信頼に対して及ぼす影響の差異を確認することにしたい。

第4節　権威主義から公正へ

第2節では、二〇〇五年から二〇〇六年にかけて各国・地域において実施された世界価値観調査データをもちいて、分析をおこなった。しかし、分析にもちいられた世界価値観調査データは、四八ヵ国・地域のデータを一つのデータセットとみなして、国や地域による違いを無視していちどに分析をおこなったものである。たとえば、政府への信頼といっても、信頼の対象となる政府はとうぜん国や地域によって異なってこざるをえない。政府を信頼するかいなかを問われて、ある調査回答者はきわめて民主的な政府を現実の政府としてイメージしている一方で、ある調査回答者はきわめて権威主義的な政府を現実の政府としてイメージしているかもしれない。そして、調査回答者が具体的にイメージしている政府が民主的であるのか、それとも権威主義的であるのか、このことによって政府に対して抱かれる信頼のタイプは、タイプⅡの信頼にもタイプⅠの信頼にもなりうるだろう。

そこで本節では、世界価値観調査データを、国や地域による違いを無視していちどに全体の信頼の意識構造を分析するのではなく、その国や地域の民主主義の成熟の程度による違いを考慮したうえで信頼の構造を分析することを試みたい。具体的には、エコノミスト誌（The Economist）の調査部門であるエコノミスト・インテリジェンス・ユニット（The Economist Intelligence Unit）が二〇〇七年に発表した二〇〇六年度の民主主義指数（Democracy Index）をもちいて、本章がもちいた世界価値観調査データを構成している四八ヵ国・地域を（1）完全民主主義、（2）部分民主主義、（3）混合体制・権威主義的体制の三つのカテゴリーに分類した（Kekic 2007）。ちなみに、エコノミスト誌が公表している民主主義指数は、たとえばフリーダム・ハウスが公表している政治的・市民的自由に関する指数（Freedom House 2013）が主として選挙制度に注目しているのに対して、政府の機能、政治参加の度合い、政治文化なども考慮した民主主義に関するより総合的な指数となっている。そして、このようにその国・地域の民主主義の成熟の度合いに注目して信頼の意識構造を分析することで、公的な制度を信頼することの意味の違いが一般的信頼に与える影響を明らかにできる。

まず、完全民主主義に分類される国・地域に限定して分析をおこなった場合の結果をみることにしよう。図5-2は、世界価値観調査データを完全民主主義に分類された国や地域に限定して分析をおこなったときの結果を示している。

ちなみに、本章の分析にもちいている四八ヵ国のデータのうち、完全民主主義に分類されたのは、スウェーデン、ノルウェー、フィンランド、オーストラリア、カナダ、スイス、ドイツ、スペイン、アメリカ、日本、スロベニア、ウルグアイの一二ヵ国である。これらの完全民主主義国に分類された国々をみると、基本的には北欧諸国、西欧諸国、そして北米諸国が中心であることがわかる(46)。しかし日本やスロベニア、そしてウルグアイといった国々も含まれており、必ずしも北欧、西欧、北米といった先進諸国のみに適用が限定される概念ではない。

分析を完全民主主義に分類される国に限定した結果、分析に使用されたケースの数は一一六一〇になった。モデルの適合度を意味するRMSEA（値が0.05以下であることが望ましい）とCFI（1.0に近いほど望ましい）はそれぞれ0.047と0.973となっており、図5－2で示されているモデルは実際の調査データに十分に適合していることがわかる。

しかし興味深いことに、分析に使用するケースを完全民主主義に分類される国のデータに限定して分析した結果は、すべてのケースを分析に使用したときとは異なった特徴をもっている。すべてのケースを分析に使用した場合には、大学での教育経験の有無は、公的な制度への信頼Ⅱに対してはポジティブな影響をもっていたのに対して、公的な制度への信頼Ⅰに対してはネガティブな影響をもっていた。そしてこのことは、市民活動に対する信頼は主として平等感覚・公正感覚にもとづくタイプⅡの信頼にもとづいていたのに対して、政党・国会・政府といったオカミに対する信頼は権威主義的な性格をもつタイプⅠの信頼にもとづいているというように解釈された。しかし、完全民主主義に分類される国のケースに限定して分析をおこなった場合には、大学での教育経験の有無は、公的な制度への信頼Ⅱに対してポジティブな影響（＋0.108）をもっているだけでなく、公的な制度への信頼Ⅰに対してもポジティブな影響（＋0.141）をもっている。そしてこのことは、完全民主主義に分類される国においては、市民活動への信頼が主として平等感覚・公正感覚にもとづくタイプⅡの信頼にもとづいていたのと同じように、政党・国会・政府に対する信頼すらも平等感覚・

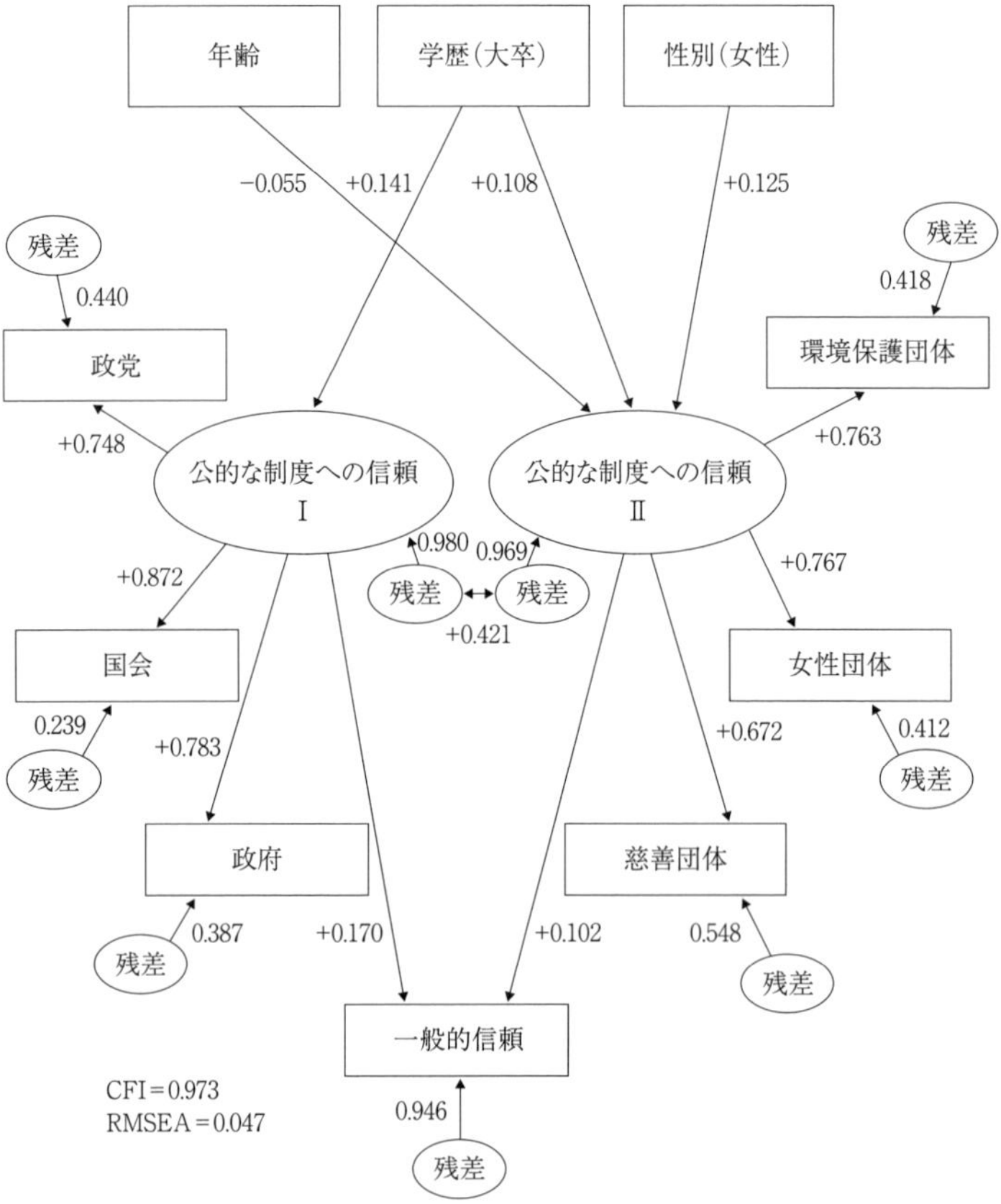

注：2005 年 WVS 調査データをもちいた分析結果

図 5-2　公的な制度に対する信頼の意識構造（完全民主主義の国・地域のみ）

公正感覚にもとづくタイプⅡの信頼にもとづいていたのだと解釈できる。

次に、部分民主主義に分類される国・地域に限定して分析をおこなった場合の結果をみることにしよう。ちなみに部分民主主義とは、民主主義が根付いているけれども、まだ完全ではない国や地域を意味している。本章の分析にもちいている四八ヵ国のデータのうち、部分民主主義に分類されたのは、南アフリカ、チリ、韓国、台湾、イタリア、インド、キプロス、ブラジル、ポーランド、トリニダードトバゴ、ブルガリア、ルーマニア、ウクライナ、メキシコ、セルビア、アルゼンチン、モルドバ、インドネシア、ペルー、グアテマラ、マリ、マレーシアの二二ヵ国である。部分民主主義に分類された国や地域をみると、基本的には経済的な伸張が著しい新興国や、あるいは東欧諸国が中心になっている。しかし韓国やイタリアのような先進国が含まれていたり、あるいは開発途上国も一部含まれており、必ずしも経済的な新興国や、東欧諸国に限られた概念ではない。

図5－3は、今度は世界価値観調査データを部分民主主義に分類された国や地域に限定して分析をおこなったときの結果を示している。

分析を部分民主主義に分類される国に限定した結果、分析に使用されたケースの数は二〇九九五になった。またモデルの適合度を意味するRMSEAとCFIをみると、それぞれ0.037と0.986となっている。したがって、図5－3で示されているモデルも、やはり実際の調査データに十分に適合していたことがわかる。

分析に使用するケースを部分民主主義に分類される国や地域のデータに限定して分析した結果、

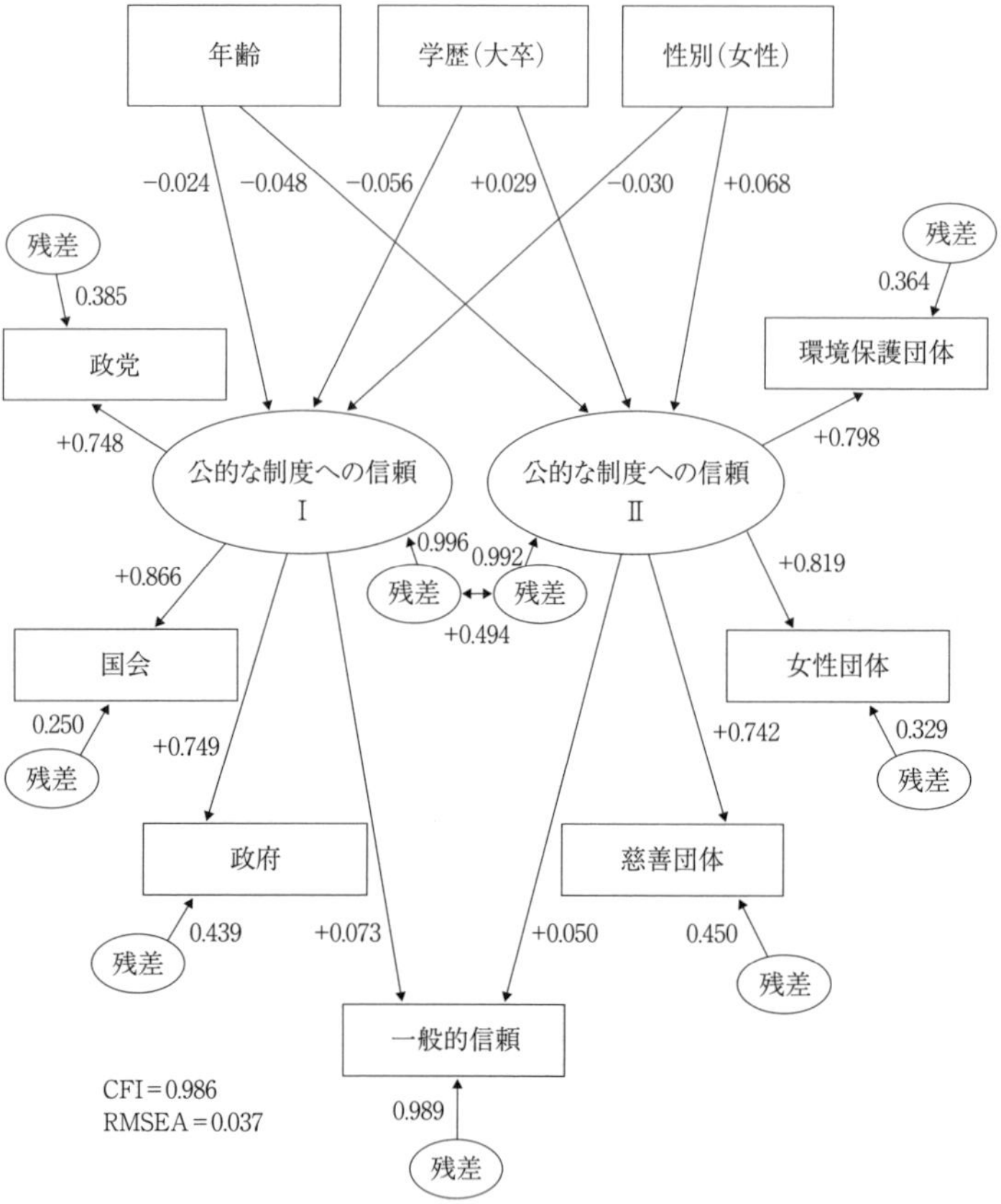

注：2005 年 WVS 調査データをもちいた分析結果

図 5-3　公的な制度に対する信頼の意識構造（部分民主主義の国・地域のみ）

分析に使用するケースを完全民主主義に分類される国のデータに限定して分析したときと異なり、すべてのケースを分析に使用したときと同じような特徴をもっていることがわかる。すべてのケースを分析に使用した場合、大学での教育経験の有無は、公的な制度への信頼Ⅱに対してはポジティブな影響をもっており、また公的な制度への信頼Ⅰに対してはネガティブな影響をもっていた。そして、部分民主主義に分類される国や地域のケースに限定して分析をおこなった場合にも、大学での教育経験の有無は、公的な制度への信頼Ⅱに対してはポジティブな影響（＋0.029）をもっているけれども、公的な制度への信頼Ⅰに対してはネガティブな影響（－0.056）をもっている。そしてこのことは、部分民主主義に分類される国や地域においては、市民活動への信頼は主として平等感覚・公正感覚にもとづくタイプⅡの信頼にもとづいていたのに対して、国会・政党・政府への信頼は権威主義的な性格をもつタイプⅠの信頼にもとづいているのだというように解釈できる。いいかえれば、民主主義が十分に根づいているような国や地域では公的な制度への信頼Ⅰは平等感覚や公正感覚にもとづいて形成されていたけれども、民主主義が十分に根づいていない国や地域では公的な制度への信頼Ⅰは権威に従順であるような態度によって形成されている。これは、その国や地域の公的な制度がひとびとの権利や生活を保障する機能を十分に担えているかどうか、あるいはその国や地域の公的な制度がひとびとを権威や権力でもって支配しているのかどうか、こうしたことによって、公的な制度への信頼の内実が異なってきてしまうことを示唆している。

最後に、権威主義体制と混合体制に分類される国・地域に限定して分析をおこなった場合の結果をみることにしよう。ちなみに権威主義体制は権威主義的な政治が支配的な国や地域を意味し、また混合体制は権威主義的な面と民主主義的な面とが混じっている国や地域を意味している。本章の分析にもちいている四八ヵ国のデータのうち、権威主義体制に分類されたのはヨルダン、モロッコ、エジプト、ルワンダ、ブルキナファソ、中国、ベトナム、アンドラの八ヵ国であり、混合体制に分類されたのは、トルコ、タイ、ガーナ、ザンビア、グルジア、エチオピアの六ヵ国である。権威主義体制もしくは混合体制に分類された国をみると、アフリカを中心とした開発途上国となっている。とはいえ、中国のような大国も含まれており、またそのなかにはすでに十分な経済成長をとげている国も含まれている。したがって、権威主義体制や混合体制の国や地域がつねに開発途上国であるわけではない。

図5－4は、世界価値観調査データを権威主義体制もしくは混合体制に分類された国に限定して分析をおこなったときの結果を示している。

分析を権威主義体制・混合体制に分類される国に限定した結果、分析に使用されたケースの数は一一三五三になった。またモデルの適合度を意味するRMSEAとCFIをみると、それぞれ0.044と0.983となっている。したがって、完全民主主義や部分民主主義を分析したときと同様に、図5－4で示されているモデルも実際の調査データに十分に適合していたことがわかる。

分析に使用するケースを権威主義体制・混合体制に分類される国や地域のデータに限定して分析した結果、すべてのケースを分析に使用したときとはまったく異なる特徴が現れている。そして、

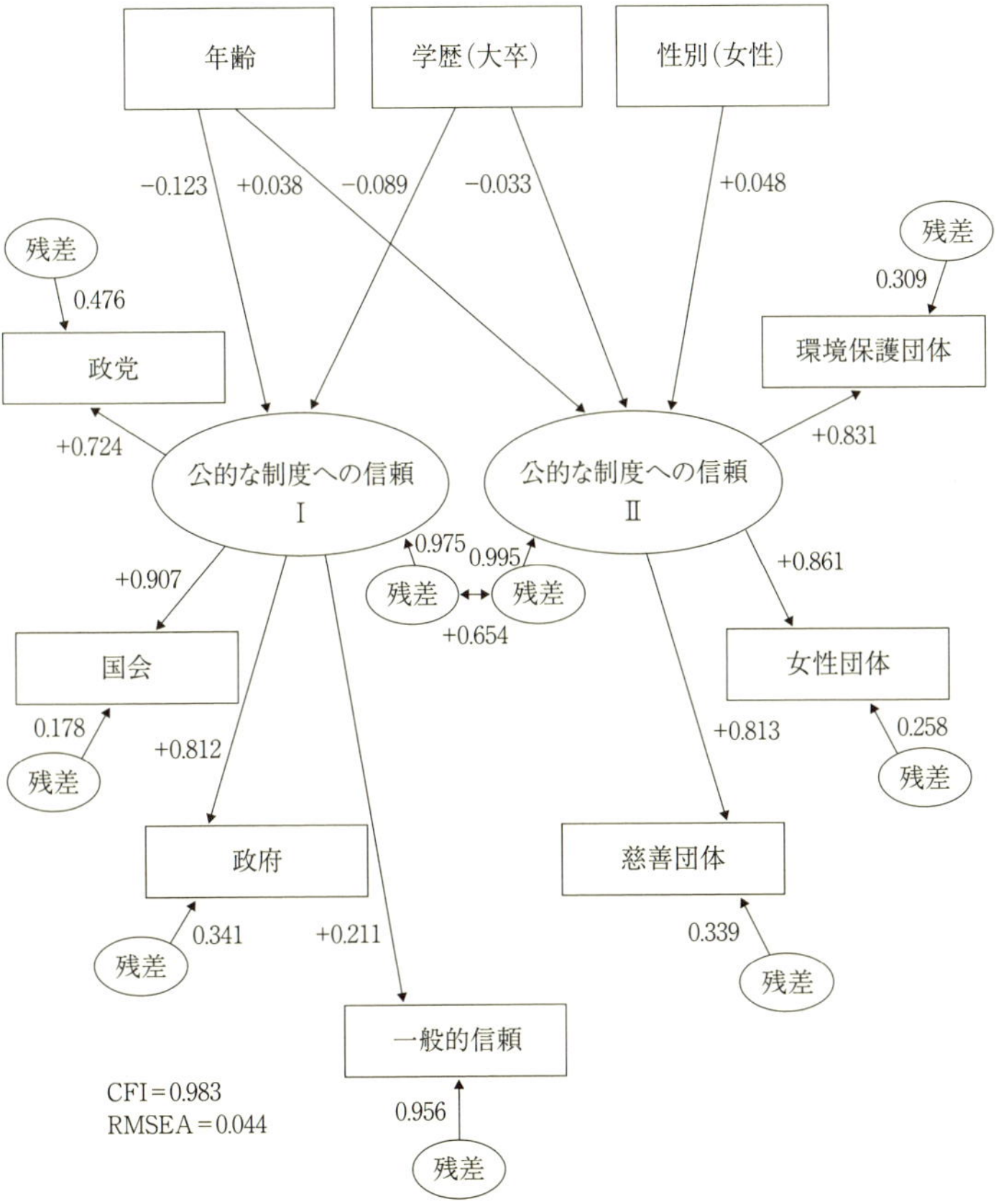

注：2005 年 WVS 調査データをもちいた分析結果

図 5-4　公的な制度に対する信頼の意識構造
（権威主義体制・混合体制の国・地域のみ）

それは、完全民主主義のときともまったく異なっている。完全民主主義であっても、あるいは部分民主主義であっても、大学での教育経験の有無は、公的な制度への信頼Ⅱに対してはポジティブな影響をもっていた。しかし、分析の対象を権威主義体制・混合体制に分類しておこなうと、大学での教育経験の有無は、公的な制度への信頼Ⅱに対してネガティブな影響（−0.033）をもっていることがわかる。一方、公的な制度への信頼Ⅰに対しては、部分民主主義に限定して分析したときと同様に、やはりネガティブな影響（−0.089）をもっている。

このことは、まず権威主義体制や混合体制に分類される国においては公的な制度への信頼Ⅰは権威主義的な性格をもつタイプⅠの信頼にもとづいているのだということを意味している。そしてそれだけでなく、権威主義体制や混合体制に分類される国においては、公的な制度への信頼Ⅱすらも権威主義的な性格をもつタイプⅠの信頼にもとづいて形成されている。いわば、民主主義がほとんど根づいていないような国や地域では、単に国会・政党・政府といった公的な制度だけでなく、人権団体・環境保護団体・慈善団体などの活動すらも、自らの積極的な政治参加によって生じるものではなく、いわば外部からもたらされるものであり、それを信頼するということは「与えてくれるものがもつ権威」に対する服従を意味していたのである。

以上の結果をまとめると、次のようになるであろう。

ひと口に一般的信頼といっても、一般的信頼は決して一種類ではなく、権威主義的な性格をもつタイプⅠの信頼によって導かれる一般的信頼と、平等感覚・公正感覚によって導かれるタイプⅡの信頼にもたらされる一般的信頼とが存在する。そして教育との関係に注目しながら、「一般的信頼が主としてタイプⅡの信頼によって構成されているのか、それともタイプⅠの信頼によって構成されているのか」を判断したとき、いずれのタイプの信頼によって一般的信頼が構成されているのかは、その社会の民主主義の成熟の度合いと深く関係していることがわかった。民主主義が十分に成熟しており、公的な制度がひとびとの生活を保障する機能を十分に果たしている（と信頼されている）ような社会では、一般的信頼は主として平等感覚や公正感覚にもとづくタイプⅡの信頼によって構成されることになる。しかし、民主主義が十分に根付いておらず、公的な制度のひとびとの生活を保障する機能が十分に果たされていない（と感じられている）ような社会では、一般的信頼は主として権威主義的な性格をもつタイプⅠの信頼によって構成されているのである。

そして、「一般的信頼が主としてタイプⅠの信頼によって導かれているのか、それとも主としてタイプⅡの信頼によって導かれているのか」によって、その社会の教育水準の上昇が一般的信頼に与える影響も異なってくる。

民主主義が十分に成熟しており、公的な制度がひとびとの生活を保障する機能を十分に果たしている（と信頼されている）ような社会では、大学への進学率が上昇し、社会全体の教育水準が上がっても、そのことによってタイプⅡの信頼が強化され、結果として一般的信頼も強まることになると予想される。しかし、民主主義が十分に根付いておらず、公的な制度のひとびとの生活を保障する機能が十分に果たされていない（と感じられている）ような社会では、大学への進学率が上昇し、社会全体の教育水準が上がっても、そのことによってタイプⅠの信頼が弱まり、結果として社会全体の一般的信頼は損なわれることになる。つまり、教育と一般的信頼の関係は、問題とされる一般的信頼が主としてタイプⅠの信頼によって形成されたものであるのか、それともタイプⅡの信頼によって構成されたものであるのか、このことによって、正反対のものになってしまう。前者の場合には両者の関係はネガティブなものになってしまうが、後者の場合であればそれはポジティブなものになる。

したがって、もし単純に一般的信頼を高めることが望ましいのだと考えるのならば、教育が信頼に対して及ぼす影響は両義的だといえるだろう(47)。しかし、単に一般的信頼を高めることが望ましいのではなく、平等感覚・公正感覚にもとづいたタイプⅡの信頼による一般的信頼を高めることが望ましいのだとすれば、教育が信頼に対して及ぼす影響はポジティブなものであり、社会全体において「より望ましい一般的信頼」を高めるためには、積極的に教育水準を上げていくことはいわば欠かすことのできない戦略となる。

そしてこれは、かりに教育水準の高まりが富裕国からの人道的援助に対する疑いや権威主義的な政府に対する批判を強めてしまい、その結果、社会全体の一般的信頼が低下することがあったとしてもなお妥当することなのである。なぜならば、そのことによって低下する一般的信頼は、権威主義的な性格をもつタイプⅠの信頼による一般的信頼であったのであり、教育水準を上げることで強化が期待されていた一般的信頼とは異なる種類の一般的信頼であったからである。

ここまでの議論から、教育と一般的信頼の関係は、その社会の政治的な性格によって大きく異なってくることがわかった。そしてさらに、ターゲットにしている一般的信頼がどのようなタイプに分類される一般的信頼なのかに十分に注意しなければいけないということが明らかにされた。これらのことは、国家という単位で問題を考えたときにだけあてはまることではないだろう。そうではなく、たとえばより小さな単位の地域コミュニティに対してもあてはまるはずである。

社会関係資本の重要性を主張するひとびとは、ひとびとの間の連帯や一般的信頼を強化する方策として地域コミュニティの再生の重要さを説く。しかし、ターゲットとされる地域コミュニティの政治的な性格、あるいはターゲットとされる一般的信頼のタイプについて十分な注意を払わなければ、このような見解にもとづいたさまざまな行動は、思いがけない落とし穴に陥ることになるかもしれない。

もしターゲットとされる地域コミュニティの性格が民主主義的なものではなく、権威主義的なものだったとすれば、かりに地域コミュニティを再生することでひとびとの結びつきが強まり、一般的信頼が強化されたとしても、それは本来目指されていたものとは異なる結果を帰結している可能性が高い。なぜならば、そのとき強化されている一般的信頼のタイプは、平等感覚・公正感覚にもとづくタイプⅡの信頼から導かれたものではなく、権威主義的な性格をもつタイプⅠの信頼に導かれたものだと考えられるからである。また、そのとき強化されている一般的信頼は、その地域コミュニティ内の教育達成とのつながりは弱いだろうし、むしろ逆にネガティブな関連をもってしまうことも予想される。

社会関係資本論では、しばしばコミュニティの再生が目標とされてしまうが、ほんとうは単にコミュニティを再生・強化すればいいということでない。単に再生・強化すればよいということではなく、コミュニティの政治的な性格の変革を伴っていなければならなかったのである。

もちろん、ここで権威主義的な性格をもつコミュニティを悪だと断じているわけではない。伝統や慣習に対する従順さを特徴とするコミュニティも、場合によってはそのつながりの強さを発揮することもあるだろう（Ostrom 1990）。だからここで、伝統や慣習に支配されたコミュニティには積極的な意味などないといっているわけではない。しかし、ひとびとの自由の増大にともなった「制御できない不確定性」の増大を事実として受け止めなければいけない現代社会にあっては、必要とされる一般的信頼は、権威主義的な性格をもつタイプⅠの信頼に由来する一般的信頼ではなかった。現代社会において私たちが必要としている一般的信頼は、ひとびとの未知なる可能性への挑戦を後押ししてくれる、平等感覚・公正感覚にもとづいたタイプⅡの信頼に由来する一般的信頼だったのである。そう考えるならば、私たちは、コミュニティの政治的な性格にも十分に注意を払っていくことが必要になる。私たちは、コミュニティを伝統や権威でもってひとびとを支配するようなものではなく、ひとびとのリスクを全体で吸収することで、ひとびとの未知なる可能性への挑戦を支援するようなものへと変えていかなければならない。そうでなければ、たとえひとびとが高い知性を得たとしても、それを公共の場に還流させていくことなどかなわないだろう。本書が示そうとしてきたこととは、まさにこのことであったのである。

最後に、今まで述べてきたことをひと言で象徴的に要約することにしよう。「権威主義から、公正へ」、これである。

注

（1）人口動態統計（厚生労働省 2013）では五〇歳以上のカテゴリーについても初婚率が示されているが、図では生涯未婚率を算出する際の目安となっている五〇歳であえて区切り、五〇歳以降の年齢階級についてはデータを示していない。

（2）これは、社会学理論において二重の不確定性と定式化されている問題に相当する。二重の不確定性については、T・パーソンズ（Parsons 1951＝1974）やN・ルーマン（Luhmann 1984＝1993-1995）を参照のこと。また、自由と不自由の原理的な関係については、数土（2000, 2001, 2005）を参照のこと。

（3）もちろん晩婚化は出産のタイミングの遅れを意味してしまうので、それだけが少子化の原因になるわけではないが、少子化を進行させるという別の大きな問題をもたらしてしまう（廣嶋 2001）。

（4）ちなみに、佐藤俊樹は上層ホワイトカラーにおいてはむしろ世代間での継承性が高まっていると主張し、大きな注目を浴びた（佐藤 2000）。佐藤の見解については異論（中央公論編集部 2001；盛山 2003；石田・三輪 2011）も少なくないが、社会移動の量的な増大の背後に隠された潜在的な格差の問題について、ひとびとの関心を広く喚起したという意味では重要な貢献があったといえるだろう。

（5）山田昌弘が提示したパラサイトシングル仮説は、基本的にはこのような発想の延長上にあったといえよう（山田 1999）。もっとも山田は、その後になって、U・ベックのリスク社会論（Beck

1986＝1998）などを参考に、若者の結婚できないリスク・就職できないリスクに焦点をシフトさせた議論を展開させるようになっていく（山田 2001, 2004, 2006）。

（6）一九八五年に実施された「社会階層と社会移動に関する全国調査」については、（直井・盛山 1990）を参照のこと。また、二〇一〇年に実施された「格差と社会意識についての全国調査」については、（前田編 2012, 2013）を参照のこと。

（7）本節では主として大学生の就職活動を問題として取り上げるが、もちろんこれは「大学生がとりわけ就職について深刻な問題に直面している」ということを意味するものではない。就職については高学歴の若者よりもむしろ低学歴の若者の方が抱えている問題は深刻である。本節で述べられている問題はより大きな問題の一部分に過ぎず、日本社会全体はここで扱っている問題を一部とするより深刻な問題を抱え込んでいる。玄田（2001, 2005）、本田（2005a）、Brinton（2008）、OECD（2010）などを参照のこと。

（8）道徳的な正しさや政治的な正しさ（political correctness）は、このような意味での正しさを問題にしている典型的なケースといえよう。

（9）たとえば、アレのパラドックスを参照のこと（Allais & Hagen 1979；加藤 2004）。また、リスクの認知が意思決定に及ぼす影響については、行動経済学において詳細に議論されている（友野 2006；川越 2007；依田 2010）。あるいは、河野（2013）も参照のこと。

（10）社会的ジレンマについては、山岸（1990）、盛山・海野編（1991）、木村（2002）、土場・篠木編（2008）などを参照のこと。

（11）いいかえれば、上乗せされたコスト分はリスクプレミアムだといえる。リスクプレミアムの考え方については、酒井（1991）、神戸（2004）などを参照のこと。

（12）この論点については、ルーマンが展開した信頼とリスクに関する議論（Luhmann 1973＝

1990；小松 2003）を参照することができる。

(13) これはルーマンが考える「予期の予期を一般化する」ということであり、その限りでは、ここでいう信頼は文脈によって、法とも、権力とも、読みかえられてしまう可能性がある（Luhmann 1972＝1977；橋爪 1985；宮台 1989）。しかしこれは、概念が混乱しているということではなく、法も、権力も、抽象的なレベルにまで遡行すれば、ひとびとの間に信頼をもたらすことを重要な機能にしていることを意味している。

(14) 数学的には高度な技法を駆使する金融工学が、しかしリーマン・ショックのような金融破綻を避けえなかった理由の一つとして、このことを十分に理論に取り込めえなかったことがあげられるだろう。Mandelbrot & Hudson（2004＝2008）を参照のこと。

(15) 理念型については、Weber（1904＝2003）を参照のこと。

(16) 社会的ジレンマに関する先駆的な研究として Olson（1971＝1996）；Hardin（1982）などを挙げることができる。

(17) これは、ゲーム理論におけるコミットメントの概念（神戸 2004）に相当するといえる。

(18) ただし、相手を固定するといっても、必ずしも私は顔見知りの人間とだけしかつきあえないということではない。安心のメカニズムが働いていれば、かりに相手のことを直接的には知らなくても、その相手が仲間集団のメンバーであることさえ知っていれば協力行動を選択できるからである。いわば、仲間集団のメンバーであることがシグナルになっているといえる（Spence 1973, 1974；小山 2004）。

(19) しかし、高い信頼感をもっているものは裏切りの危険を察知する能力が高いという主張について、林直保子と与謝野有紀（林・与謝野 2005；Hayashi & Yosano 2005）は一定程度の留保をおいており、その妥当性について注意深く検討する必要がある。

(20) たとえば、三隅一人(Misumi 2005; 三隅 2009; 三隅・岩渕 2011)は、一般的信頼を含む社会関係資本に、階層構造がもたらすさまざまな格差を超えるひとびとの連帯を生みだす役割を見いだそうとしている。社会関係資本のそのような役割が十分に実証されたというわけではないが、一つの注目すべき方向性であろう。

(21) 山岸・吉開(2009)や数土(2008)では、不十分ながらも、このようなメカニズムを積極的に構想しようとする意図が伺われる。

(22) 二〇〇五年SSM調査に関する詳細は、佐藤編(2013)および佐藤・尾嶋編(2011)を参照のこと。

(23) 構造方程式モデリングの詳細を統計学に関する専門的な予備知識なしに説明することは難しい。したがって、構造方程式モデリングの専門的な説明については類書(豊田ほか 1992; 豊田 1998)に譲るとして、以下では構造方程式モデリングの基本的な考え方と、構造方程式モデリングをもちいることでいったい何を明らかにしようとしているのかということについてだけ、簡単に触れておくことにしたい。

(24) ただし、以下に取り上げる質問項目は、二〇〇五年SSM調査のすべての調査対象者に尋ねているわけではなく、A票(留置)を割り当てられた対象者のみに尋ねられたものである(二〇〇五年社会階層と社会移動調査研究会 2007)。

(25) 本書がもちいた統計ソフトは、Mplus である。Mplus については、Muthén & Muthén (2010)を参照のこと。

(26) あるモデルがデータにあてはまっている度合いを測る代表的な指標として CFI(0から1の間の数値をとり、1に近いほどあてはまりの度合いが高い)と RMSEA(0に近いほどあてはまりの度合いが高く、0.05以下であることが望ましいとされる)があるが、このモデルの CFI は

0.974であり、RMSEA は0.037である。

（27）ただしこの分析では、年齢をそのまま分析にもちいているわけではなく、年齢を自乗した変数をもちいている。したがって、年齢がタイプⅠの信頼に対して及ぼしている影響は、年齢とともに連続的に変化するものというよりは、ある年代を境にして急激にタイプⅠの信頼をもつものが増えるという非線形なものになっていることが伺える。

（28）権威主義的な態度と学歴との間の関連については、すでに先行研究（吉川・轟 1996；吉川 1998）においても指摘されている。

（29）ちなみに、教育達成のもう一つの指標である大学進学率は、「大都市圏ほど高い」という傾向があり、社会関係資本との相関はさらに希薄なものになってくる。これは、その地域における進学希望者の収容力の差がほぼそのまま大学進学率の差になっていることの反映であるといえる（佐々木 2006）。

（30）実際に、統計ソフトをもちいてタイプⅠの信頼を経由したマイナスの間接効果とタイプⅡの信頼を経由したプラスの間接効果の二つを併せた全体効果を計算すると、弱いながらもプラスになっており、かつ統計的にも有意といえる大きさになっている。

（31）A・ギデンズによればこれこそがモダニティの特徴であり、現代はこのようなモダニティがより徹底化されたハイ・モダニティの時代なのだといえる（Giddens 1990＝1993, 1991＝2005, 1992＝1995）。

（32）二〇一二年「格差と社会意識についての Web 調査」については、SSPプロジェクトのサイト（http://ssp.hus.osaka-u.ac.jp/）およびSSPプロジェクト ウェブ調査実施部門（2012）を参照のこと。

（33）分析をおこなう際に、各質問項目に対する回答に対して、そう思う＝4、ややそう思う＝3、あまりそう思わない＝2、そう思わない＝1、わからない＝2.5というように数値を割り当てた。ここでは、「わからない」を中間回答と考えて2.5の数値を割り当てていることに注意してほしい。いくつかの研究から、中間回答には「わからない」の意味が含まれている傾向が強いこと（金澤2012；神林 2013）がわかっていることと、欠損値としないことで、できるだけ多くのケースを分析に利用したいと考えたからである。

（34）ここでも、分析をおこなう際に、とても信頼している＝4、少しは信頼している＝3、あまり信頼していない＝2、まったく信頼していない＝1、わからない＝2.5というように数値を割り当てた。やはり、「わからない」を中間回答と考えて2.5の数値を割り当てたことに注意しなければならない。

（35）この結果は、いっけんすると女性の方が一般的信頼は低いという二〇〇五年ＳＳＭ調査データの分析結果と整合的ではないようにみえる。このような結果が現れた理由として、SSP-W2012調査がWeb調査であるということ以外に、SSP-W2012調査と二〇〇五年ＳＳＭ調査データとで、想定されている母集団の年齢構成が異なっていることが考えられる。SSP-W2012調査の調査対象者の年齢層は二五歳～五九歳であったが、二〇〇五年ＳＳＭ調査では二〇歳～七〇歳であった。たとえば、もし高齢女性が一般的に保守的である傾向が強く、タイプⅡの信頼を経由した一般的信頼を弱くしかもっていないのだとすれば、この層を母集団から外したことで性別と一般的信頼との関連の仕方が異なってしまうことがありうる。

（36）積極的な福祉を唱えた第三の道は、いわばこうした志向性をもった社会変革プログラムの一つであったと評価することができるだろう。Giddens（1994＝2002, 1998＝1999, 1999＝2001, 2000＝2003）、Giddens ＆ 渡辺（2009）、佐和（2000）を参照のこと。

（37）世界価値観調査によるともっとも一般的信頼の高い国の一つは中国であるが、後でみるように中国は民主主義体制よりは権威主義体制に分類される国家である。こうした事実からも、一般的信頼と権威主義との関係は、必ずしも背反するものではなく、場合によっては親和的になりうることがわかる。ちなみに、権威主義と結びつく一般的信頼を区別する方法として、Delhey（2011）はひとびとが「一般的」と考える範囲の違いに注目している。

(38) ゲマインシャフトとゲゼルシャフトを区別したF・テンニース（Tönnies 1912＝1957）などにはじまり、近代化とともに人間関係が個人主義化してきたというテーゼは社会学のなかで繰り返し観察されてきたものである。社会関係資本の衰退をメインテーマとするパットナムの社会関係資本論も、大きく考えればこの文脈のなかに位置づけることができる。

(39) 同一の時代において異なる世代が異なるタイプの信頼に導かれた一般的信頼を抱いていることの背景に、日本社会が数十年という比較的短い期間で近代化を成し遂げたという、いわゆる「凝縮された近代」(Chang 2010: Chang & Song 2010) の特徴をみいだすことができるかもしれない。

(40) ちなみに、Andorra, Argentina, Australia, Brazil, Bulgaria, Burkina Faso, Canada, Chile, China, Cyprus, Egypt, Ethiopia, Finland, Georgia, Germany, Ghana, Guatemala, India, Indonesia, Italy, Japan, Jordan, Malaysia, Mali, Mexico, Moldova, Morocco, Norway, Peru, Poland, Romania, Rwanda, Serbia, Slovenia, South Africa, South Korea, Spain, Sweden, Switzerland, Taiwan, Thailand, Trinidad Tobago, Turkey, Ukraine, Uruguay, USA, Vietnam, Zambia の四八ヵ国である。

(41) 面接法であるか、郵送法であるか、あるいはWeb調査であるか、こうした調査のモードの違いが結果に与える影響の考察については、谷岡（2012）や小林（2013）などを参照のこと。

(42) ちなみに、項目として挙げられている組織や制度の内容は、各国・地域の間で、若干の異同がある。

(43) たとえば日本では、ほとんどの高校生は高校で普通教育をうけているが、少なくない国ではかなりの割合の高校生が高校で職業教育をうけている（文部科学省 2009）。

（44）ただし、ここで述べている社会関係資本論は、公共財の供給に関わるJ・コールマン（Coleman 1998, 1990＝2004-2006）やR・パットナム（Putnam 2001）らが唱えた社会関係資本論を念頭においている。たとえば、R・バート（Burt 1992＝2006, 2005）やN・リン（Lin 2001＝2008）らが考える、社会ネットワーク上のポジションから得られ、個人に利益をもたらす資本としての社会関係資本ではないことに注意してほしい。社会関係資本論全体に関する概観については、野沢編（2006）、金光（2003）、稲葉（2007, 2011）などを参照のこと。

（45）社会関係資本論では、しばしばM・グラノベッターの「弱い紐帯の強さ」が貴重な知見として引用される（Granovetter 1973, 1995＝1998）。しかし、社会や文化が異なれば、グラノベッターが明らかにした知見とは異なり、「強い紐帯」の方が「弱い紐帯」よりも強さを発揮することもある（Bian 1997）。こうした事例は、社会関係を資本として利用するとひと口にいってもその効力は文脈によって異なっており、利用の仕方の優劣を安易に一般化することはできないということを示唆している。

（46）またG・エスピン－アンデルセンの福祉国家の類型（Esping-Andersen 1990＝2001, 1999＝2000）にしたがえば、ここで完全民主主義に分類された国のなかにも公的な制度の果たす役割に違いがあることに注意する必要があるだろう。

（47）またそれとは別に、先進諸国における教育システムがしばしば選抜の装置として働き、階級や格差の再生産に寄与していることにも注意しなければいけない（Bourdieu & Passeron 1970＝1991；Bernstein 1996＝2000；Breen & Goldthorpe 1997；苅谷 2001）。なぜならば、社会内の格差は、その社会の一般的信頼に対してネガティブな影響をもっているからである（Wilkinson 2005＝2009；Wilkinson & Pickett 2009＝2010）。

索　引

アルファベット

あ　行

か　行

さ　行

た　行

な　行

は　行

ま　行

や　行

ら　行

わ 行

文　献

2005年社会階層と社会移動調査研究会．2007．『2005年SSM調査コード・ブック―― 2005年社会階層と社会移動調査研究会』．

Allais, Maurice, and GM Hagen. 1979. *Expected Utility Hypotheses and the Allais Paradox: Contemporary Discussions of the Decisions Under Uncertainty with Allais' Rejoinder*. Springer.

天野郁夫．1983．『試験の社会史――近代日本の試験・教育・社会』東京大学出版会．

天野郁夫．2006．『教育と選抜の社会史』筑摩書房．

荒井一博．2001．『文化・組織・雇用制度――日本的システムの経済分析』有斐閣．

Beck, Ulrich. 1986. *Risikogesellschaft auf dem Weg in eine andere Moderne*. Suhrkamp.（= 1998．東廉ほか訳『危険社会――新しい近代への道』法政大学出版局．）

Becker, Gary Stanley. 1993. *Human capital: a theoretical and empirical analysis, with special reference to education*. 3rd ed. University of Chicago Press.（= 1976．佐野陽子訳『人的資本――教育を中心とした理論的・経験的分析』東洋経済新報社．）

Berger, Peter L. and Thomas Luckmann. 1967. *The Social Construction of Reality: A Treatise in The Sociology of Knowledge*. Doubleday.（= 1977．山口節郎訳『日常世界の構成――アイデンティティと社会の弁証法』新曜社．）

Bernstein, Basil B. 1996. *Pedagogy, symbolic control, and identity: theory, research, critique*. Taylor & Francis.（= 2000．久冨善之訳『「教育」の社会学理論――象徴統制，「教育（ペダゴジー）」の言説，アイデンティティ』法政大学出版局．）

Bian, Yanjie. 1997. "Bringing strong ties back in: Indirect ties, network bridges, and job searches in China," *American sociological review* : 366–85.

Breen, Richard, and John H. Goldthorpe. 1997. "Explaining educational

differentials towards a formal rational action theory." *Rationality and Society* 9(3) : 275-305.

Brinton, Mary C.（池村千秋訳）. 2008.『失われた場を探して――ロストジェネレーションの社会学』NTT 出版.

Bourdieu, Pierre and Jean Claude Passeron. 1970. *La reproduction: éléments pour une théorie du système d'enseignement.* Éditions de Minuit.（= 1991. 宮島喬訳『再生産――教育・社会・文化』藤原書店.）

Burt, Ronald S. 1992. *Structural holes: the social structure of competition.* Harvard University Press.（= 2006. 安田雪訳『競争の社会的構造――構造的空隙の理論』新曜社.）

Burt, Ronald S. 2005. *Brokerage and closure : an introduction to social capital.* Oxford University Press.

Chang , Kyung-Sup. 2010. "The second modern condition? Compressed modernity as internalized reflexive cosmopolitization." *The British journal of sociology* 61(3) : 444-64.

Chang, Kyung-Sup, and Song Min-Young. 2010. "The stranded individualizer under compressed modernity: South Korean women in individualization without individualism." *The British journal of sociology* 61(3) : 539-64.

中央公論編集部, 中央公論新社. 2001.『論争・中流崩壊』中央公論新社.

Coleman, James S. 1988. "Social capital in the creation of human capital." *American journal of sociology*: S95-S120.

Coleman, James Samuel. 1990. *Foundations of social theory.* Belknap Press of Harvard University Press.（= 2004-2006. 久慈利武ほか訳『社会理論の基礎』青木書店.）

Damasio, Antonio R. 1996. *Descartes' error: emotion, reason, and the human brain.* Papermac.（= 2000. 田中三彦訳『生存する脳――心と脳と身体の神秘』講談社.）

Damasio, A. 2003. *Looking for Spinoza: Joy, Sorrow, and the Feeling Brain.* Houghton Mifflin Harcourt.（= 2005. 田中三彦訳『感じる脳――情動と感情の脳科学よみがえるスピノザ』ダイヤモンド社.）

Delhey, Jan, Kenneth Newton, and Christian Welzel. 2011. "How general is trust in "most people"? Solving the radius of trust problem." *American sociological review* 76(5) : 786-807.

電通総研 日本リサーチセンター編. 2008.『世界主要国価値観データブック』

同友館.
土場学・篠木幹子編. 2008.『個人と社会の相克——社会的ジレンマ・アプローチの可能性』ミネルヴァ書房.
Esping-Andersen, Gøsta. 1990. The three worlds of welfare capitalism. Princeton University Press.（= 2001. 岡沢憲芙訳『福祉資本主義の三つの世界——比較福祉国家の理論と動態』ミネルヴァ書房.）
Esping-Andersen, Gøsta. 1999. *Social foundations of postindustrial economies*. Oxford University Press.（= 2000. 渡辺雅男訳『ポスト工業経済の社会的基礎——市場・福祉国家・家族の政治経済学』桜井書店.）
Freedom House. 2013. *Freedom House*（http://www.freedomhouse.org/）
Garfinkel, Harold. 1967. *Studies in ethnomethodology*. Prentice-Hall.（= 1989. 北沢裕ほか訳『日常性の解剖学——知と会話』マルジュ社.）
玄田有史. 2001.『仕事のなかの曖昧な不安——揺れる若年の現在』中央公論新社.
玄田有史. 2005.『働く過剰——大人のための若者読本』NTT 出版.
Giddens, A. 1979. *Central Problems in Social Theory: Action, Structure and Contradictions in Social Analysis*. University of California Press.（= 1989. 友枝敏雄・今田高俊訳『社会理論の最前線』ハーベスト社.）
Giddens, Anthony. 1981. *A contemporary critique of historical materialism*. University of California Press.
Giddens, Anthony. 1984. *The Constitution of Society: Outline of the theory of structuration*. Polity Press.
Giddens, Anthony. 1985. *The nation-state and violence*. Polity Press.（= 1999. 松尾精文ほか訳『国民国家と暴力』而立書房.）
Giddens, Anthony. 1990. *The consequences of modernity*. Polity Press.（= 1993. 松尾精文・小幡正敏訳.『近代とはいかなる時代か？——モダニティの帰結』而立書房.）
Giddens, Anthony. 1991. *Modernity and self-identity : self and society in the late modern age*. Polity Press.（= 2005. 秋吉美都ほか訳『モダニティと自己アイデンティティ——後期近代における自己と社会』ハーベスト社.）
Giddens, Anthony. 1992. *The transformation of intimacy : sexuality, love and eroticism in modern societies*. Polity Press.（= 1995. 松尾精文・松川昭子訳『親密性の変容——近代社会におけるセクシュアリティ，愛

情，エロティシズム』而立書房.）

Giddens, Anthony. 1994. *Beyond left and right : the future of radical politics.* Polity Press.（= 2002．松尾精文・立松隆介訳『左派右派を超えて——ラディカルな政治の未来像』而立書房.）

Giddens, Anthony. 1998. *The third way: the renewal of social democracy.* Polity Press.（= 1999．佐和隆光訳『第三の道——効率と公正の新たな同盟』日本経済新聞社.）

Giddens, Anthony. 1999. *Runaway world : how globalisation is reshaping our lives.* Profile Books.（= 2001．佐和隆光訳『暴走する世界——グローバリゼーションは何をどう変えるのか』ダイヤモンド社.）

Giddens, Anthony. 2000. *The third way and its critics.* Polity Press.（= 2003．今枝法之・干川剛史訳『第三の道とその批判』晃洋書房.）

Giddens, Anthony・渡辺聰子．2009．『日本の新たな「第三の道」——市場主義改革と福祉改革の同時推進』ダイヤモンド社.

Granovetter, Mark S. 1973. "The strength of weak ties." *American journal of sociology:* 1360-1380.

Granovetter, Mark S. 1995. *Getting a job : a study of contacts and careers.* University of Chicago Press.（= 1998．渡辺深訳『転職——ネットワークとキャリアの研究』ミネルヴァ書房.）

濱中義隆．2010．「1990 年代以降の大卒労働市場　就職活動の 3 時点比較.」苅谷剛彦・本田由紀編『大卒就職の社会学——データからみる変化』東京大学出版会.

原純輔．2008．『広がる中流意識—— 1971-1985』日本図書センター.

原純輔・盛山和夫．1999．『社会階層——豊かさの中の不平等』東京大学出版会.

Hardin, Russell. 1982. *Collective action.* Johns Hopkins University Press.

橋爪大三郎．1985．『言語ゲームと社会理論——ヴィトゲンシュタイン・ハート・ルーマン』勁草書房.

林直保子・与謝野有紀．2005．「適応戦略としての信頼——高信頼者・低信頼者の社会的知性の対称性について」『実験社会心理学研究』44(1) : 27-41.

Hayashi, Nahoko and Arinori Yosano. 2005. "Trust and Belief about Others."『理論と方法』20(1) : 59-80.

Herreros, Francisco. 2012. "The state counts: State efficacy and the

development of trust." *Rationality and Society* 24(4) : 483-509.
広井良典. 2009.『コミュニティを問いなおす――つながり・都市・日本社会の未来』筑摩書房.
廣嶋清志, 2001,「出生率低下をどのようにとらえるか？――年齢別有配偶出生率の問題性.」『理論と方法』16(2) : 163-183.
本田由紀. 2005a.『若者と仕事――「学校経由の就職」を超えて』東京大学出版会.
本田由紀. 2005b.『多元化する「能力」と日本社会――ハイパー・メリトクラシー化のなかで』NTT 出版.
稲葉陽二. 2007.『ソーシャル・キャピタル――「信頼の絆」で解く現代経済・社会の諸課題』生産性出版.
稲葉陽二. 2011.『ソーシャル・キャピタル入門――孤立から絆へ』中央公論新社.
石田浩. 2000.「産業社会の中の日本」『日本の階層システム 1』東京大学出版会 : 219-48.
石田浩・三輪哲. 2009.「階層移動から見た日本社会――長期的趨勢と国際比較（〈特集〉階層論の拡大する可能性)」『社会学評論』59(4) : 648-62.
石田浩・三輪哲. 2011.「上層ホワイトカラーの再生産」石田浩・近藤博之・中尾啓子編『現代の階層社会』東京大学出版会 : 21-36.
石田浩・近藤博之・中尾啓子編. 2011.『現代の階層社会』東京大学出版会.
Iyengar, Sheena. 2010. *The art of choosing*. Little, Brown.（= 2010. 櫻井祐子訳『選択の科学――コロンビア大学ビジネススクール特別講義』文藝春秋.）
岩渕亜希子. 2008.「一般的信頼感の規定要因　階層, 地域, 社会関係」轟亮編『2005 年 SSM 調査シリーズ 8　階層意識の現在』2005 年 SSM 調査研究会.
香川めい. 2007.「就職氷河期に「自己分析」はどう伝えられたのか――就職情報誌に見るその変容過程」『ソシオロゴス』31 : 137-51.
香川めい. 2010.「「自己分析」を分析する 就職情報誌に見るその変容過程」苅谷剛彦・本田由紀編.『大卒就職の社会学――データからみる変化』東京大学出版会.
金光淳. 2003.『社会ネットワーク分析の基礎――社会的関係資本論にむけて』勁草書房.

神戸伸輔．2004．『入門ゲーム理論と情報の経済学』日本評論社．

神林博史．2013．「よくわからないから「中」なのか——帰属階層判断の主観的正確性の基礎的検討」『東北学院大学教養学部論集』164 : 1-20.

金澤悠介．2012．「階層帰属意識は何を測定しているのか？　潜在クラス分析によるアプローチ」前田忠彦編．2012．『社会調査関連資源の利活用（1）SSP-I2010 調査の活用事例——統計数理研究所共同研究リポート 287』統計数理研究所．

Kant, Immanuel. 1785. *Grundlegung zur Metaphysik der Sitten*. Bey Johann Friedrich Hartknoch.（= 1976．篠田英雄訳『道徳形而上学原論』岩波書店．）

Kant, Immanuel. 1788. *Kritik der praktischen Vernunft*. Bey Johann Friedrich Hartknoch.（= 1979．宮元和吉ほか訳『実践理性批判』岩波書店．）

苅谷剛彦．1995．『大衆教育社会のゆくえ——学歴主義と平等神話の戦後史』中央公論社．

苅谷剛彦．2001．『階層化日本と教育危機——不平等再生産から意欲格差《インセンティブ・》社会《ディバイド》へ』有信堂高文社．

苅谷剛彦．2010．「大卒就職の何が問題なのか　歴史的理論的検討」苅谷剛彦・本田由紀編『大卒就職の社会学——データからみる変化』東京大学出版会．

苅谷剛彦・本田由紀編．2010．『大卒就職の社会学——データからみる変化』東京大学出版会．

加藤尊秋．2004．「なぜソンをする「くじ」を選んでしまうのか」土場学ほか編『社会を「モデル」でみる——数理社会学への招待』勁草書房 : 30-33.

川越敏司．2007．『実験経済学』東京大学出版会．

川村遼平．2011．「2011 年度 POSSE アンケート調査「若者の仕事とうつ」中間報告 就活に追い詰められる学生たち——就活生の 7 人に 1 人がうつ状態（特集〈シューカツ〉は，終わらない？）」『Posse』10 : 9-18.

Kekic, Laza. 2007. “The Economist Intelligence Unit’s index of democracy.” *The Economist* 21 : *The World in 2007* : 1-11.

吉川徹．1998．『階層・教育と社会意識の形成——社会意識論の磁界』ミネルヴァ書房．

吉川徹．2006．『学歴と格差・不平等——成熟する日本型学歴社会』東京大

学出版会.
吉川徹・轟亮. 1996.「学校教育と戦後日本の社会意識の民主化」『教育社会学研究』58 : 87-101.
木村邦博. 2002.『大集団のジレンマ――集合行為と集団規模の数理』ミネルヴァ書房.
北見由奈・茂木俊彦・森和代. 2009.「大学生の就職活動ストレスに関する研究 : 評価尺度の作成と精神的健康に及ぼす影響」『学校メンタルヘルス』12(1) : 43-50.
小林大祐. 2008.「階層意識に対する従業上の地位の効果について」轟亮編『2005 年 SSM 調査シリーズ 8　階層意識の現在』2005 年 SSM 調査研究会.
小林大祐. 2011.「雇用流動化社会における働き方と階層帰属意識」斎藤友里子・三隅一人編『現代の階層社会 3　流動化のなかの社会意識』東京大学出版会.
小林大祐. 2013.「SSP-P2010, SSP-I2010 を用いた階層帰属意識項目の調査モード間比較」前田忠彦編『社会調査関連資源の利活用 (2)　階層意識の調査などをめぐって――統計数理研究所共同研究リポート 296』統計数理研究所.
小松丈晃. 2003.『リスク論のルーマン』勁草書房.
厚生労働省. 2013a.『人口動態統計』(http://www.mhlw.go.jp/toukei/list/81-1a.html).
厚生労働省. 2013b.『雇用動向調査』(http://www.mhlw.go.jp/toukei/list/9-23-1.html).
国立社会保障・人口問題研究所. 2011.『第 14 回出生動向基本調査』(http://www.ipss.go.jp/site-ad/index_Japanese/shussho-index.html).
河野敬雄. 2013.「自明なゲームをどう理解するべきか　ナッシュ均衡に代わる合理的選択規準」『第 55 回数理社会学会大会研究報告要旨集』数理社会学会.
小山治. 2008.「なぜ新規大卒者の採用基準はみえにくくなるのか　事務系総合職の面接に着目して」『年報社会学論集』21: 143-54.
小山治. 2010.「なぜ企業の採用基準は不明確になるか　大卒事務系総合職の面接に着目して」苅谷剛彦・本田由紀編『大卒就職の社会学――データからみる変化』東京大学出版会.
小山治 . 2012.「学生による企業の採用基準の認識過程　社会科学分野に着目

して」『年報社会学論集』25 : 73-83.

小山友介. 2004.「なぜ有名大学というだけで就職に強いのか」土場学ほか編『社会を「モデル」でみる——数理社会学への招待』勁草書房 : 162-165.

Libet, Benjamin. 2004. *Mind time: The temporal factor in consciousness.* Harvard University Press.（= 2005. 下條信輔訳『マインド・タイム——脳と意識の時間』岩波書店.）

Lin, Nan. 2001. *Social capital : a theory of social structure and action.* Cambridge University Press.（= 2008. 筒井淳也ほか訳『ソーシャル・キャピタル——社会構造と行為の理論』ミネルヴァ書房.）

Luhmann, Niklas. 1972. *Rechtssoziologie.* Rowohlt.（= 1977. 村上淳一ほか訳『法社会学』岩波書店.）

Luhmann, Niklas. 1973. *Vertrauen: ein Mechanismus der Reduktion sozialer Komplexität.* F. Enke.（= 1990. 大庭健ほか訳『信頼——社会的な複雑性の縮減メカニズム』勁草書房.）

Luhmann, Niklas. 1984. *Soziale Systeme: Grundriß einer allgemeinen Theorie.* Suhrkamp.（= 1993-1995. 佐藤勉監訳『社会システム理論』恒星社厚生閣.）

前田忠彦編. 2012.『社会調査関連資源の利活用（1）SSP-I2010 調査の活用事例——統計数理研究所共同研究リポート 287』統計数理研究所.

前田忠彦編. 2013.『社会調査関連資源の利活用（2） 階層意識の調査などをめぐって——統計数理研究所共同研究リポート 296』統計数理研究所.

牧野智和. 2010.「「就職用自己分析マニュアル」が求める自己とその機能——「自己のテクノロジー」という観点から」『社会学評論』61(2) : 150-67.

Mandelbrot, Benoît B., & Richard L. Hudson. 2004. *The (mis) behavior of markets : a fractal view of risk, ruin, and reward.* Published by Basic Books.（= 2008. 雨宮絵理ほか訳『禁断の市場——フラクタルでみるリスクとリターン』東洋経済新報社.）

Misumi, Kazuto. 2005. "Whole-Net Base and Social Capital."『理論と方法』20(1) : 5-25.

三隅一人. 2009.「社会関係資本と階層研究——原理問題としての機会の平等再考（〈特集〉階層論の拡大する可能性）」『社会学評論』59(4) : 716-33.

三隅一人・岩渕亜希子．2011.「中間集団による連帯の可能性」斎藤友里子・三隅一人編『現代の階層社会 3　流動化のなかの社会意識』東京大学出版会．

三浦展．2005.『下流社会――新たな階層集団の出現』光文社．

宮台真司．1989.『権力の予期理論――了解を媒介にした作動形式』勁草書房．

宮川公男・大守隆編．2004.『ソーシャル・キャピタル――現代経済社会のガバナンスの基礎』東洋経済新報社．

文部科学省．2009.『教育指標の国際比較』平成 21 年版．

文部科学省．2013.『全国学力・学習状況調査』(http://www.mext.go.jp/a_menu/shotou/gakuryoku-chousa/)．

村上泰亮．1984.『新中間大衆の時代――戦後日本の解剖学』中央公論社．

Muthén, Linda K, and Bengt O Muthén. 2010. *Mplus: Statistical analyses with latent variables: User's guide: 6th*. Los Angeles, Muthén and Muthén.

内閣府．2009.『第 8 回世界青年意識調査』(http://www8.cao.go.jp/youth/kenkyu/worldyouth8/html/mokuji.html)．

内閣府国民生活局．2003.『ソーシャル・キャピタル――豊かな人間関係と市民活動の好循環を求めて』国立印刷局．

中村真由美．2011.「書評『「婚活」現象の社会学――日本の配偶者選択のいま』山田昌弘編著」理論と方法 26(1) : 232-235.

中村高康．2010.「「OB・OG 訪問」とは何だったのか　90 年代初期の大卒就職と現代」苅谷剛彦・本田由紀編．『大卒就職の社会学――データからみる変化』東京大学出版会．

中村高康．2011.『大衆化とメリトクラシー ――教育選抜をめぐる試験と推薦のパラドクス』東京大学出版会．

直井優・盛山和夫．1990.『社会階層の構造と過程』東京大学出版会．

日本総合研究所．2005.『コミュニティ機能再生とソーシャル・キャピタルに関する研究――調査報告書』日本総合研究所．

野沢慎司編．2006.『リーディングスネットワーク論――家族・コミュニティ・社会関係資本』勁草書房．

落合恵美子．[1994] 2004.『21 世紀家族へ』有斐閣．

OECD（中島ゆり・濱口桂一郎訳）．2010.『日本の若者と雇用―― OECD 若年者雇用レビュー：日本』明石書店．

Olson, Mancur. 1971. *The logic of collective action : public goods and the theory of groups.* Harvard University Press.（= 1996. 依田博ほか訳『集合行為論――公共財と集団理論』ミネルヴァ書房.）

大澤真幸. 2008.『「自由」の条件』講談社.

大澤真幸. 2010a.『生きるための自由論』河出書房新社.

大澤真幸. 2010b.『脳はひとつの社会である』左右社.

Ostrom, Elinor. 1990. *Governing the commons. the evolution of institutions for collective action.* Cambridge University Press.

Parsons, Talcott. 1951. *The social system.* Routledge & Kegan Paul.（= 1974. 佐藤勉訳『社会体系論』青木書店.）

Paxton, Pamela. 2002. "Social capital and democracy: An interdependent relationship." *American sociological review* : 254-77.

Putnam, Robert D. 1995. "Bowling alone: America's declining social capital." *Journal of democracy* 6(1) : 65-78.

Putnam, R.D. 2001. *Bowling Alone.* Simon & Schuster.（= 2006. 柴内康文訳『孤独なボウリング――米国コミュニティの崩壊と再生』柏書房.）

Putnam, Robert D., Robert Leonardi, and Raffaella Y. Nanetti. 1993. *Making democracy work : civic traditions in modern Italy.* Princeton University Press.（= 2001. 河田潤一訳.『哲学する民主主義――伝統と改革の市民的構造』NTT 出版.）

リクルートワークス研究所. 2013.『ワークス大卒求人倍率調査』(http://www.works-i.com).

酒井泰弘. 1991.『リスクと情報：新しい経済学』勁草書房.

斎藤貴男. 2000.『機会不平等』文藝春秋.

佐々木洋成. 2006.「教育機会の地域間格差：高度成長期以降の趨勢に関する基礎的検討」『教育社会学研究』78 : 303-20.

佐藤俊樹. 2000.『不平等社会日本――さよなら総中流』中央公論新社.

佐藤嘉倫編. 2013.『社会階層調査研究資料集―― 2005 年 SSM 調査報告書』日本図書センター.

佐藤嘉倫・尾嶋史章編. 2011.『現代の階層社会 1 格差と多様性』東京大学出版会.

佐和隆光. 2000.『市場主義の終焉――日本経済をどうするのか』岩波書店.

Schutz, A. [1932] 1960. *Der sinnhafte Aufbau der sozialen Welt: eine Einleitung in die verstehende Soziologie.* Springer-Verlag.（= 2006. 佐

藤嘉一訳『社会的世界の意味構成——理解社会学入門』木鐸社.)

Schutz, A. and M. A. Natanson. 1962. *Collected Papers: The problem of social reality / Alfred Schutz; ed. and introd. by Maurice Natanson. 1.* M. Nijhoff.（= 1983-1985. 渡部光ほか訳『社会的現実の問題 I-II』マルジュ社.)

盛山和夫. 2003.「階層再生産の神話」樋口美雄・財務省財務総合政策研究所編『日本の所得格差と社会階層』日本評論社 : 85-103.

盛山和夫・海野道郎編. 1991.『秩序問題と社会的ジレンマ』ハーベスト社.

下條信輔. 1996.『サブリミナル・マインド——潜在的人間観のゆくえ』中央公論社.

下條信輔. 1999.『「意識」とは何だろうか——脳の来歴, 知覚の錯誤』講談社.

Simon, Herbert Alexander. 1977. *The new science of management decision.* Prentice-Hall.（= 1979. 稲葉元吉ほか訳『意思決定の科学』産業能率大学出版部.)

Simon, Herbert Alexander. 1996. *The sciences of the artificial.* MIT Press.（= 1999. 稲葉元吉ほか訳『システムの科学』パーソナルメディア.)

総務省. 2009.『日本標準職業分類』(http://www.stat.go.jp/index/seido/shokgyou/21index.htm).

総務省. 2013.『平成 22 年国勢調査』(http://www.stat.go.jp/data/kokusei/2010/).

Spence, A. Michael. 1973. "Job market signaling." *The quarterly journal of Economics* 87(3) : 355-74.

Spence, A. Michael. 1974. "Competitive and optimal responses to signals: An analysis of efficiency and distribution." *Journal of Economic Theory* 7(3) : 296-332.

SSP プロジェクト ウェブ調査実施部門. 2012.『SSP-W2012 コード・ブックおよび基礎集計表』SSP プロジェクト ウェブ調査実施部門.

数土直紀. 2000.『自由の社会理論』多賀出版.

数土直紀. 2001.『理解できない他者と理解されない自己——寛容の社会理論』勁草書房.

数土直紀. 2005.『自由という服従』光文社.

数土直紀. 2006.「Public への関心を喪わせるもの *Bowling Alone* の検討を通じて」盛山和夫編.『高齢化社会の公共性と共同性の基盤的構想に関する社会学的総合研究——科研費報告書』東京大学文学部社会学研究室.

数土直紀. 2008.「信頼はどこからやってくるのか（特集 信頼研究の最前線)」『社会学研究』: 103-128.

数土直紀. 2010. 『日本人の階層意識』講談社.

数土直紀. 2012a.「未婚者の階層意識」『理論と方法』27(2) : 225-42.

数土直紀. 2012b.「結婚が地位として意識されるとき――晩婚化が階層帰属意識に与えた影響」『第 85 回日本社会学会大会』日本社会学会.

数土直紀. 2012c.「随想――信頼とは確率的な予測だろうか？」『TASC Monthly』2012 年 8 月号 : 3.

数土直紀. 2013.「公的な制度に対する信頼の二つのタイプ」『第 56 回数理社会学会大会研究報告要旨集』日本社会学会.

鈴木譲. 2000.「ニューコーム問題と逆因果律――「プロテスタンティズムの倫理」のフォーマライゼーション」『理論と方法』15(2) : 331-44.

橘木俊詔. 1998.『日本の経済格差――所得と資産から考える』岩波書店.

谷岡謙. 2012.「SSP-I2010 に見る格差社会の階層帰属意識」前田忠彦編. 2012.『社会調査関連資源の利活用（1）SSP-I2010 調査の活用事例――統計数理研究所共同研究リポート 287』統計数理研究所.

太郎丸博. 2009.『若年非正規雇用の社会学 ――階層・ジェンダー・グローバル化』大阪大学出版会.

富永健一編. 1979.『日本の階層構造』東京大学出版会.

富永健一・友枝敏雄. 1986.「日本社会における地位非一貫性の趨勢 1955-1975 とその意味」『社会学評論』37(2) : 152-174.

友野典男. 2006.『行動経済学――経済は「感情」で動いている』光文社.

轟亮・歸山亜紀. 2013.「変数間関連からみた SSP-W12 データの特徴―SSP-I 2010 との比較から―」前田忠彦編『社会調査関連資源の利活用(2): 階層意識の調査などをめぐって――統計数理研究所共同研究リポート 296』統計数理研究所.

豊田秀樹. 1998.『共分散構造分析――構造方程式モデリング』朝倉書店.

豊田秀樹・前田忠彦・柳井晴夫. 1992.『原因をさぐる統計学――共分散構造分析入門』講談社.

Tönnies, Ferdinand. 1912. *Gemeinschaft und Gesellschaft: Grundbegriffe der reinen Soziologie*. Karl Curtius.（= 1957. 杉之原寿一訳『ゲマインシャフトとゲゼルシャフト――純粋社会学の基本概念』岩波書店.）

Weber, M. 1904. “Die Objektivität sozial wissenschaftlicher und sozialpolitischer Erkenntnis.” *Archiv für Sozialwissenschaft und*

sozialpolitk. Bd 19：S. 22-87.（= 2003.　富永祐治ほか訳『社会科学と社会政策にかかわる認識の「客観性」』岩波書店.）

Wilkinson, Richard G. 2005. *The impact of inequality: how to make sick societies healthier*. The New Press.（= 2009.　池本幸生ほか訳『格差社会の衝撃——不健康な格差社会を健康にする法』書籍工房早山.）

Wilkinson, Richard G., and Kate E. Pickett. 2009. *The spirit level : why more equal societies almost always do better*. Allen Lane.（= 2010.　酒井泰介訳『平等社会——経済成長に代わる，次の目標』東洋経済新報社.）

World Values Survey. 2012. *World Values Survey* (http://www.worldvaluessurvey.org/).

安田三郎．1971．『社会移動の研究』東京大学出版会.

山田昌弘．1999．『パラサイト・シングルの時代』筑摩書房.

山田昌弘．2001．『家族というリスク』勁草書房.

山田昌弘．2004．『希望格差社会——「負け組」の絶望感が日本を引き裂く』筑摩書房.

山田昌弘．2006．『新平等社会——「希望格差」を超えて』文藝春秋.

山岸俊男．1990．『社会的ジレンマのしくみ——「自分１人ぐらいの心理」の招くもの』サイエンス社.

山岸俊男．1998．『信頼の構造——こころと社会の進化ゲーム』東京大学出版会.

山岸俊男．1999．『安心社会から信頼社会へ——日本型システムの行方』中央公論新社.

山岸俊男・吉開範章．2009．『ネット評判社会』NTT 出版.

Yamagishi, Toshio, and Midori Yamagishi. 1994. "Trust and commitment in the United States and Japan." *Motivation and emotion* 18(2) : 129-66.

Yamagishi, Toshio, Karen S Cook, and Motoki Watabe. 1998. "Uncertainty, Trust, and Commitment Formation in the United States and Japan 1." *American journal of sociology* 104(1). 65-94.

依田高典．2010．『行動経済学——感情に揺れる経済心理』中央公論新社.

渡邊秀樹ほか編．2004．『現代家族の構造と変容——全国家族調査(NFRJ98)による計量分析』東京大学出版会.

著者略歴

1965 年　メキシコに生まれる（神奈川県で育つ）
1995 年　東京大学大学院社会学研究科博士課程修了, 博士（社会学）
現　在　学習院大学法学部教授
主　著　『理解できない他者と理解されない自己——寛容の社会理論』（勁草書房, 2001 年）『階層意識のダイナミクス——なぜ, それは現実からずれるのか』（勁草書房, 2009 年）

信頼にいたらない世界　権威主義から公正へ

2013年11月20日　第 1 版第 1 刷発行

著　者　数《す》　土《ど》　直《なお》　紀《き》

発行者　井　村　寿　人

発行所　株式会社　勁《けい》　草《そう》　書　房

112-0005 東京都文京区水道2-1-1　振替　00150-2-175253
（編集）電話 03-3815-5277／FAX 03-3814-6968
（営業）電話 03-3814-6861／FAX 03-3814-6854
本文組版 プログレス・日本フィニッシュ・青木製本所

ISBN978-4-326-65385-0　　Printed in Japan